I0008773

Fri kultur

Hvordan store medieaktører bruker teknologi og rettsvesenet til å begrense kulturen og kontrollere kreativiteten

Lawrence Lessig

Petter Reinholdtsen

Oslo

Fri kultur: Hvordan store medieaktører bruker teknologi og rettsvesenet til å begrense kulturen og kontrollere kreativiteten / Lawrence Lessig.

Opphavsrettbeskyttet © 2004 Lawrence Lessig. Noen rettigheter forbeholdt.

http://free-culture.cc/

Utgitt i 2015. Utgitt første gang i 2004 av The Penguin Press.

Denne utgaven på engelsk og bokmål er utgitt av Petter Reinholdtsen med hjelp fra mange frivillige.

Typesatt ved hjelp av dblatex med skriftsnittet Crimson Text.

Utdrag fra lederartikkel «The Coming of Copyright Perpetuity,» *The New York Times*, 16. januar 2003. Opphavsrettsbeskyttet © 2003 The New York Times Co. Gjengitt med tillatelse.

Vitsetegningen i figur 10.18 (s. 126) er laget av Paul Conrad. Opphavsretten tilhører Tribune Media Services, Inc. Alle rettigheter forbeholdt. Gjengitt med tillatelse.

Diagrammet i figur 10.19 (s. 130) kommer fra kontoret til FCC-kommisjonæren, Michael J. Copps.

Omslag er laget av Petter Reinholdtsen ved hjelp av inkscape.

Sitatene på omslaget ble hentet fra http://free-culture.cc/jacket/.

Portrettet på omslaget ble laget i 2013 av ActuaLitté og lisensiert med en Creative Commons Attribution-ShareAlike 2.0-lisens. Det ble lastet ned fra https://commons. wikimedia.org/wiki/File%3ALawrence_Lessig_(11014343366)_(cropped).jpg.

Klassifiseringer:

(Dewey) 306.4, 306.40973, 306.46, 341.7582, 343.7309/9

(UDK) 347.78

(USAs kongressbibliotek) KF2979.L47 2004

(ACM CRCS) K.4.1

Trykking ble sponset av NUUG Foundation, http://www.nuugfoundation.no/.

Inkluderer register.

Docbook-kildekoden er tilgjengelig fra https://github.com/petterreinholdtsen/ free-culture-lessig. Rapporter ethvert problem med boken dit.

Format / MIME-type	ISBN
US Trade-utgave fra lulu.com	978-82-690182-3-3
application/pdf	978-82-690182-4-0
application/epub+zip	978-82-690182-5-7

Innhold

IV Maktfordeling   161

Om forfatteren

Lawrence Lessig (http://www.lessig.org) er professor i rettsvitenskap og John A. Wilson Distinguished Faculty Scholar ved Stanford Law School. Han er stifteren av Stanford Center for Internet and Society og styreleder i Creative Commons (http://creativecommons.org). Forfatteren har gitt ut The Future of Ideas (Random House, 2001) og Code: And other Laws of Cyberspace (Basic Books, 1999), samt er medlem av styrene i Public Library of Science, the Electronic Frontier Foundation, og Public Knowledge. Han har vunnet Free Software Foundation's Award for the Advancement of Free Software, to ganger vært oppført i BusinessWeeks «e.biz 25,» og omtalt som en av Scientific Americans «50 visjonærer.» Etter utdanning ved University of Pennsylvania, Cambridge University, og Yale Law School, assisterte Lessig dommer Richard Posner ved USAs syvende ankekrets.

Andre bøker av Lawrence Lessig

- The USA is lesterland: The nature of congressional corruption (2014)
- Republic, lost: How money corrupts Congress - and a plan to stop it (2011)
- Remix: Making art and commerce thrive in the hybrid economy (2008)
- Code: Version 2.0 (2006)
- The Future of Ideas: The Fate of the Commons in a Connected World (2001)
- Code: And Other Laws of Cyberspace (1999)

Til Eric Eldred – hvis arbeid først trakk meg til denne saken, og for hvem saken fortsetter.

Forord

I slutten av sin gjennomgang av min første bok *Code: And Other Laws of Cyberspace*, skrev David Pogue, en glimrende skribent og forfatter av utallige tekniske og datarelaterte tekster, dette:

> I motsetning til rettslige lover, har ikke Internett-programvare evnen til å straffe. Den påvirker ikke folk som ikke er online (og bare en svært liten minoritet av verdens befolkning er online). Og hvis du ikke liker systemet med Internett, kan du alltid skru av modemet.[1]

Pogue var skeptisk til bokens hovedpoeng – at programvare, eller «kode,» fungerte som en slags lov – og foreslo i sin anmeldelse den lykkelige tanken at hvis tilværelsen i cyberspace ble slett, kan vi alltid, liksom på magisk vis, slå over en bryter og være hjemme igjen. Skru av modemet, koble fra datamaskinen, og eventuelle problemer som finnes i *den* virkeligheten ville ikke «påvirke» oss mer.

Pogue kan ha hatt rett i 1999 – jeg er skeptisk, men det kan hende. Men selv om han hadde rett da, er ikke argumentet lenger gyldig. *Fri kultur* er om problemene Internett forårsaker selv etter at modemet er slått av. Den er et argument om hvordan slagene som nå utkjempes om livet online fundamentalt påvirker «folk som ikke er pålogget.» Det finnes ingen bryter som kan isolere oss fra Internetts påvirkning.

Men i motsetning til boken *Code*, er tema her ikke så mye Internett i seg selv. I stedet er boken om konsekvensen av Internett for en del av vår tradisjon som er mye mer grunnleggende, og uansett hvor hardt dette er for en geek-wanna-be å innrømme, mye viktigere.

Den tradisjonen er hvordan vår kultur blir skapt. Som jeg vil forklare i sidene som følger, kommer vi fra en tradisjon av «fri kultur» – ikke «fri» som i «fri bar» (for å låne et uttrykk fra stifteren av fri programvarebevegelsen[2]), men «fri» som i «talefrihet,» «fritt marked,» «frihandel,» «fri konkurranse,» «fri vilje» og «frie valg.» En fri kultur støtter og beskytter skapere og oppfinnere. Dette gjør den direkte ved å tildele immaterielle rettigheter. Men det gjør den indirekte ved å begrense rekkevidden for disse rettighetene, for å garantere at neste generasjon skapere og oppfinnere forblir *så fri som mulig* fra kontroll fra fortiden. En fri kultur er ikke en kultur uten eierskap, like lite som et fritt marked er et marked der alt er gratis. Det motsatte av fri kultur er «tillatelseskultur» – en kultur der skapere kun kan skape med tillatelse fra de mektige, eller fra skaperne fra fortiden.

11

Hvis vi forsto denne endringen, så tror jeg vi ville stå imot den. Ikke «vi» på venstresiden eller «dere» på høyresiden, men vi som ikke har investert i den spesifikke kulturindustrien som har definert det tjuende århundre. Uansett om du er på venstresiden eller høyresiden, eller er uinteressert i det skillet, så bør historien jeg forteller her forstyrre deg. For endringene jeg beskriver påvirker verdier som begge sider av vår politiske kultur anser som grunnleggende.

Vi så et glimt av dette tverrpolitiske raseriet på forsommeren i 2003. Da Federal Communications Commission (FCC) vurderte endringer i reglene for medieeierskap som ville slakke på begrensningene rundt mediekonsentrering, sendte en ekstraordinær koalisjon mer enn 700 000 brev til FCC for å motsette seg endringen. Mens William Safire beskrev å marsjere «ubehagelig sammen med CodePink Women for Peace og the National Rifle Association, mellom liberale Olympia Snowe og konservative Ted Stevens,» formulerte han kanskje det enkleste uttrykket for hva som var på spill: konsentrering av makt. Så spurte han:

> Høres dette ikke-konservativt ut? Ikke for meg. Denne konsentreringen av makt – politisk, selskapsmessig, pressemessig, kulturelt – bør være bannlyst av de konservative. Spredningen av makt gjennom lokal kontroll, og derigjennom oppmuntre til individuell deltagelse, er essensen i føderalismen, og det største uttrykk for demokrati.[3]

Denne idéen er et element i argumentet til *Fri kultur*, selv om min fokus ikke bare er på konsentreringen av makt som følger av konsentreringen i eierskap, men mer viktig, og fordi det er mindre synlig, på konsentreringen av makt som er resultat av en radikal endring i det effektive virkeområdet til rettsvesenet. Rettsvesenet er i endring, og endringen forandrer hvordan vår kultur blir skapt. Den endringen bør bekymre deg – uansett om du bryr deg om Internett eller ikke, og uansett om du er til venstre for Safires eller til høyre.

Inspirasjonen til tittelen og mye av argumentet i denne boken kommer fra arbeidet til Richard Stallman og Free Software Foundation. Faktisk, da jeg leste Stallmans egne tekster på nytt, spesielt essayene i *Free Software, Free Society*, innser jeg at alle de teoretiske innsiktene jeg utvikler her, er innsikter som Stallman beskrev for tiår siden. Man kan dermed godt argumentere for at dette verket «kun» er et avledet verk.

Jeg godtar kritikken, hvis det faktisk er kritikk. Arbeidet til en advokat er alltid avledede verk, og jeg mener ikke å gjøre noe mer i denne boken enn å minne en kultur om en tradisjon som alltid har vært deres egen. Som Stallman forsvarer jeg denne tradisjonen på grunnlag av verdier. Som Stallman tror jeg dette er verdiene til frihet. Og som Stallman, tror jeg dette er verdier fra vår fortid som må forsvares i vår fremtid. En fri kultur har vært vår fortid, men vil bare være vår fremtid hvis vi endrer retningen vi følger akkurat nå. På samme måte som Stallmans argumenter for fri programvare, treffer argumenter for en fri kultur på forvirring som er vanskelig å unngå, og enda vanskeligere å forstå. En fri kultur er ikke en kultur uten eierskap.

Det er ikke en kultur der kunstnere ikke får betalt. En kultur uten eierskap, eller en der skaperne ikke kan få betalt, er anarki, ikke frihet. Anarki er ikke hva jeg fremmer her.

I stedet er den frie kulturen som jeg forsvarer i denne boken en balanse mellom anarki og kontroll. En fri kultur, i likhet med et fritt marked, er fylt med eierskap. Den er fylt med regler for eierskap og kontrakter som blir håndhevet av staten. Men på samme måte som det frie markedet blir pervertert hvis dets eierskap blir føydalt, så kan en fri kultur bli ødelagt av ekstremisme i eierskapsrettighetene som definerer den. Det er dette jeg frykter om vår kultur i dag. Det er som motpol til slik ekstremisme at denne boken er skrevet.

Introduksjon

Den 17. desember 1903, på en vindfylt strand i Nord-Carolina i nesten hundre sekunder, demonstrerte Wright-brødrene at et selvdrevet fartøy tyngre enn luft kunne fly. Øyeblikket var elektrisk, og dets betydning ble allment forstått. Interessen for denne nye teknologien som gjorde bemannet luftfart mulig eksploderte nesten umiddelbart, og en hærskare av oppfinnere begynte å bygge videre på den.

Da Wright-brødrene fant opp flymaskinen, hevdet rettsvesenet i USA at en grunneier ble antatt å eie ikke bare overflaten på området sitt, men også alt landet under bakken, helt ned til senterpunktet i jorda, og alt volumet over bakken, «i ubestemt grad, oppover.»[4] I mange år undret lærde over hvordan en best skulle tolke idéen om at eiendomsretten gikk helt til himmelen. Betød dette at du eide stjernene? Kunne en dømme gjess for at de regelmessig og med vilje tok seg inn på annen manns eiendom?

Så kom flymaskiner, og for første gang hadde dette prinsippet i lovverket i USA – og som er helt grunnleggende for vår tradisjon, og akseptert av de viktigste juridiske tenkerne i vår fortid – en betydning. Hvis min eiendom rekker til himmelen, hva skjer når United flyr over mitt område? Har jeg rett til å nekte dem å bruke min eiendom? Har jeg mulighet til å inngå en eksklusiv avtale med Delta Airlines? Kan vi gjennomføre en auksjon for å finne ut hvor mye disse rettighetene er verdt?

I 1945 ble disse spørsmålene en føderal sak. Da bøndene Thomas Lee og Tinie Causby i Nord-Carolina begynte å miste kyllinger på grunn av lavtflygende militære fly (vettskremte kyllinger ble hevdet å fly i låveveggene og dø), saksøkte Causbyene regjeringen for å ha trengt seg inn på deres eiendom. Flyene rørte selvfølgelig aldri overflaten på Causbys eiendom. Men hvis det stemte som Blackstone, Kent, og Coke hadde sagt, at deres eiendom strakk seg «i ubestemt grad, oppover,» så hadde regjeringen trengt seg inn på deres eiendom, og Causbyene ønsket å sette en stopper for dette.

Høyesterett gikk med på å ta opp Causbys sak. Kongressen hadde vedtatt at luftfartsveiene var tilgjengelige for alle, men hvis ens eiendom virkelig rakk til himmelen, da kunne muligens Kongressens vedtak ha vært i strid med Grunnlovens forbud mot å «ta» eiendom uten kompensasjon. Retten erkjente at «det er gammel doktrine etter rettspraksis at en eiendom rakk til utkanten av universet.» Men dommer Douglas hadde ikke tålmodighet for forhistoriske doktriner. I et enkelt avsnitt ble hundrevis av år med eiendomslovgivning strøket. Som han skrev på vegne av retten:

[Denne] doktrinen har ingen plass i den moderne verden. Luften er en offentlig motorvei, slik Kongressen har erklært. Hvis det ikke var tilfelle, ville hver eneste transkontinentale flyrute utsette operatørene for utallige søksmål om inntrenging på annen manns eiendom. Idéen er i strid med sunn fornuft. Å anerkjenne slike private krav til luftrommet ville blokkere disse motorveiene, seriøst forstyrre muligheten til kontroll og utvikling av dem i fellesskapets interesse, og overføre til privat eierskap det som kun fellesskapet har et rimelig krav til.[5]

«Idéen er i strid med sunn fornuft.» Det er slik rettsvesenet vanligvis fungerer. Ikke ofte like brått eller utålmodig, men til slutt er dette slik loven fungerer. Det var ikke stilen til Douglas å utbrodere. Andre dommere ville ha skrevet mange flere sider før de nådde sin konklusjon, men for Douglas holdt det med en enkel linje: «Idéen er i strid med sunn fornuft.» Men uansett om det tar flere sider, eller kun noen få ord, så er det en genial egenskap med et rettspraksissystem, slik som vårt er, at rettsvesenet tilpasser seg til de aktuelle teknologiene. Og mens den tilpasser seg, så endres den. Idéer som var solide som fjell i en tidsalder knuses i en annen.

Eller, det er hvordan ting skjer når det ikke er noen mektige på motsatt side av endringen. Causbyene var bare bønder. Og selv om det uten tvil var mange som dem som var lei av den økende trafikken i luften (og en håper ikke for mange kyllinger flakset inn i vegger), ville Causbyene i verden finne det svært hardt å samles for å stoppe den idéen og teknologien som Wright-brødrene hadde ført til verden. Wright-brødrene spyttet flymaskiner inn i den teknologiske meme-dammen. Idéen spredte seg deretter som et virus i en kyllingfarm. Causbyene i verden fant seg selv omringet av «det synes rimelig» gitt teknologien som Wright-brødrene hadde produsert. De kunne stå på sine gårder, med døde kyllinger i hendene, og hytte knyttneven mot disse nye teknologiene så mye de ville. De kunne ringe sine representanter, eller til og med saksøke. Men når alt kom til alt, ville kraften i det som virket «åpenbart» for alle andre – makten til «sunn fornuft» – vinne frem. Deres «personlige interesser» ville ikke få lov til å nedkjempe en åpenbar fordel for fellesskapet.

Edwin Howard Armstrong er en av USAs glemte oppfinnergenier. Han dukket opp på oppfinnerscenen etter titaner som Thomas Edison og Alexander Graham Bell. Alle hans bidrag på området radioteknologi gjør han til kanskje den viktigste av alle enkeltoppfinnere i de første femti årene av radio. Han var bedre utdannet enn Michael Faraday, som var bokbinderlærling da han oppdaget elektrisk induksjon i 1831. Men han hadde like god intuisjon om hvordan radioverden virket, og ved minst tre anledninger fant Armstrong opp svært viktig teknologier som brakte vår forståelse av radio et hopp videre.

Dagen etter julaften i 1933, ble fire patenter utstedt til Armstrong for hans mest signifikante oppfinnelse – FM-radio. Inntil da hadde forbrukerradioer vært amplitude-modulert (AM) radio. Tidens teoretikere hadde sagt at frekvens-modulert (FM) radio ikke kunne fungere. De hadde rett når det gjelder et smalt bånd av spektrumet. Men Armstrong oppdaget at frekvens-modulert radio i et vidt bånd i spektrumet leverte en forbløffende gjengivel-se av lyd, med mye lavere senderstyrke og mindre støy.

Den 5. november 1935 demonstrerte han teknologien på et møte hos Institutt for Radioingeniører ved Empire State-bygningen i New York City. Han vred radiosøkeren over en rekke AM-stasjoner, inntil radioen låste seg mot en kringkasting som han hadde satt opp 27 kilometer unna. Radioen ble helt stille, som om den var død, og så, med en klarhet ingen andre i rommet noen gang hadde hørt fra et elektrisk apparat, produserte det lyden av en opplesers stemme: «Dette er amatørstasjon W2AG ved Yonkers, New York, som opererer på frekvensmodulering ved to og en halv meter.»

Publikum hørte noe ingen hadde trodd var mulig:

> Et glass vann ble fylt opp foran mikrofonen i Yonkers, og det hør-tes ut som et glass som ble fylt opp…. Et papir ble krøllet og revet opp, og det hørtes ut som papir og ikke som en sprakende skog-brann. … Sousa-marsjer ble spilt av fra plater, og en pianosolo og et gitarnummer ble utført. … Musikken ble presentert med en livaktighet som sjeldent, om noen gang før, hadde vært hørt fra en radio-«musikk-boks.»[6]

Som vår egen sunne fornuft forteller oss, hadde Armstrong oppdaget en mye bedre radioteknologi. Men på tidspunktet for hans oppfinnelse, jobbet Armstrong for RCA. RCA var den dominerende aktøren i det da domineren-de AM-radiomarkedet. I 1935 var det tusen radiostasjoner over hele USA, men alle stasjonene i de store byene var eid av en liten håndfull selskaper.

Presidenten i RCA, David Sarnoff, en venn av Armstrong, var ivrig etter å få Armstrong til å oppdage en måte å fjerne støyen fra AM-radio. Så Sarn-off var ganske spent da Armstrong fortalte ham at han hadde en enhet som fjernet støy fra «radio.» Men da Armstrong demonstrerte sin oppfinnelse, var ikke Sarnoff fornøyd.

> Jeg trodde Armstrong ville finne opp et slags filter for å fjerne skurring fra AM-radioen vår. Jeg trodde ikke han skulle starte en revolusjon – starte en hel forbannet ny industri i konkurranse med RCA.[7]

Armstrongs oppfinnelse truet RCAs AM-herredømme, så selskapet lan-serte en kampanje for å kvele FM-radio. Mens FM kan ha vært en overlegen teknologi, var Sarnoff en overlegen taktiker. En forfatter beskrev det slik:

> Kreftene til fordel for FM, i hovedsak ingeniørfaglige, kunne ikke overvinne tyngden til strategien utviklet av avdelingene for salg, patenter og juss for å undertrykke denne trusselen til sel-skapets posisjon. For FM utgjorde, hvis det fikk utvikle seg uten begrensninger … en komplett endring i maktforholdene rundt radio … og muligens fjerningen av det nøye begrensede AM-systemet som var grunnlaget for fremveksten av RCAs makt.[8]

RCA holdt først teknologien innomhus, og insisterte på at det var nødvendig med ytterligere tester. Da Armstrong, etter to år med testing, ble utålmodig, begynte RCA å bruke sin makt hos myndighetene til holde tilbake den generelle spredningen av FM-radio. I 1936, ansatte RCA den tidligere lederen av FCC, og ga ham oppgaven med å sikre at FCC tilordnet radiospekteret på en måte som ville kastrere FM – hovedsakelig ved å flytte FM-radio til et annet band i spekteret. I første omgang lyktes ikke disse forsøkene. Men mens Armstrong og nasjonen var distrahert av andre verdenskrig, begynte RCAs arbeid å bære frukter. Like etter at krigen var over, annonserte FCC et sett med avgjørelser som ville ha en klar effekt: FM-radio ville bli forkrøplet. Lawrence Lessing beskrev det slik:

> Serien med slag mot kroppen som FM-radio mottok rett etter krigen, i en serie med avgjørelser manipulert gjennom FCC av de store radiointeressene, var nesten utrolige i deres kraft og underfundighet.[9]

For å gjøre plass i spektrumet for RCAs nyeste satsingsområde, televisjon, skulle FM-radioens brukere flyttes til et helt nytt band i spektrumet. Sendestyrken til FM-radioene ble også redusert, og gjorde at FM ikke lenger kunne brukes for å sende programmer fra en del av landet til en annen. (Denne endringen ble sterkt støttet av AT&T, på grunn av at fjerningen av FM-videresendingsstasjoner ville bety at radiostasjonene ville bli nødt til å kjøpe kablede linjer fra AT&T.) Spredningen av FM-radio var dermed kvalt, i hvert fall midlertidig.

Armstrong sto imot RCAs innsats. Som svar motso RCA Armstrongs patenter. Etter å ha bakt FM-teknologi inn i den nye standarden for TV, erklærte RCS patentene ugyldige – uten grunn, og nesten femten år etter at de ble utstedet. De nektet dermed å betale ham for bruken av patentene. I seks år kjempet Armstrong en dyr søksmålskrig for å forsvare patentene sine. Til slutt, samtidig som patentene utløp, tilbød RCA et forlik så lavt at det ikke engang dekket Armstrongs advokatregning. Beseiret, knust og nå blakk, skrev Armstrong i 1954 en kort beskjed til sin kone, før han gikk ut av et vindu i trettende etasje og falt i døden.

Dette er slik rettsvesenet virker noen ganger. Ikke ofte like tragisk, og sjelden med heltemodig drama, men noen ganger er det slik det virker. Fra starten har myndigheter og myndighetsorganer blitt tatt til fange. Det er mer sannsynlig at de blir fanget når en mektig interesse er truet av enten en juridisk eller teknologisk endring. Denne mektige interessen utøver for ofte sin innflytelse hos myndighetene for å få myndighetene til å beskytte seg. Retorikken for denne beskyttelsen er naturligvis alltid med fokus på fellesskapets beste. Realiteten er noe annet. Idéer som kan være solide som fjell i en tidsalder, men som overlatt til seg selv, vil falle sammen i en annen, er videreført gjennom denne subtile korrupsjonen av vår politiske prosess. RCA hadde hva Causbyene ikke hadde: Makten til å undertrykke effekten av en teknologisk endring.

Det er ingen enkeltoppfinner av Internett. Ei heller er det en god dato som kan brukes til å markere når det ble født. Likevel har Internett i løpet av svært kort tid blitt en del av vanlige amerikaneres liv. Ifølge the Pew Internet and American Life-prosjektet, har 58 prosent av amerikanerne hatt tilgang til Internett i 2002, opp fra 49 prosent to år tidligere.[10] Det tallet kan uten problemer passere to tredjedeler av nasjonen ved utgangen av 2004.

Etter hvert som Internett er blitt en integrert del av det vanlige liv, har ting blitt endret. Noen av disse endringene er tekniske – Internett har gjort kommunikasjon raskere, det har redusert kostnaden med å samle inn data, og så videre. Disse tekniske endringene er ikke fokus for denne boken. De er viktige. De er ikke godt forstått. Men de er den type ting som ganske enkelt ville blir borte hvis vi alle bare slo av Internett. De påvirker ikke folk som ikke bruker Internett, eller i det minste påvirker det ikke dem direkte. De er et godt tema for en bok om Internett. Men dette er ikke en bok om Internett.

I stedet er denne boken om effekten av Internett ut over Internettet i seg selv. En effekt på hvordan kultur blir skapt. Min påstand er at Internett har ført til en viktig og ukjent endring i denne prosessen. Denne endringen vil forandre en tradisjon som er like gammel som republikken selv. De fleste, hvis de la merke til denne endringen, ville avvise den. Men de fleste legger ikke engang merke til denne endringen som Internett har introdusert.

Vi kan få en følelse av denne endringen ved å skille mellom kommersiell og ikke-kommersiell kultur, ved å knytte rettsvesenets reguleringer til hver av dem. Med «kommersiell kultur» mener jeg den delen av vår kultur som er produsert og solgt, eller produsert for å bli solgt. Med «ikke-kommersiell kultur» mener jeg alt det andre. Da gamle menn satt rundt i parker eller på gatehjørner og fortalte historier som unger og andre lyttet til, så var det ikke-kommersiell kultur. Da Noah Webster publiserte sin «Reader,» eller Joel Barlow sin poesi, så var det kommersiell kultur.

Fra historisk tid, og i omtrent hele vår tradisjon, har ikke-kommersiell kultur i hovedsak ikke vært regulert. Selvfølgelig, hvis din historie var utuktig, eller hvis dine sanger forstyrret freden, kunne rettsvesenet gripe inn. Men rettsvesenet var aldri direkte interessert i skapingen eller spredningen av denne form for kultur, og lot denne kulturen være «fri.» Den alminnelige måten som alminnelige individer delte og formet sin kultur – historiefortelling, formidling av scener fra teater eller TV, delta i fan-klubber, deling av musikk, laging av kassetter – ble ikke styrt av rettsvesenet.

Fokuset på loven var kommersiell kreativitet. I starten forsiktig, etter hvert betraktelig, beskytter loven incentivet til skaperne ved å tildele dem en eksklusiv rett til deres kreative verk, slik at de kan selge disse eksklusive rettighetene på en kommersiell markedsplass.[11] Dette er også, naturligvis, en viktig del av kreativitet og kultur, og det har blitt en viktigere og viktigere del i USA. Men det var på ingen måte dominerende i vår tradisjon. Det var i stedet bare en del, en kontrollert del, balansert mot det frie.

Denne grove inndelingen mellom den frie og den kontrollerte har nå blitt fjernet.[12] Internett har satt scenen for denne fjerningen, og presset frem av store medieaktører har loven nå påvirket den. For første gang i vår tradisjon, har de vanlige måtene som individer skaper og deler kultur havnet innen rekkevidde for reguleringene til loven, som har blitt utvidet til å dra inn i sitt dekningsområde den enorme mengden kultur og kreativitet som den aldri tidligere har nådd over. Teknologien som tok vare på den historiske balansen – mellom bruken av den delen av vår kultur som var fri, og bruken av vår kultur som krevde tillatelse – er blitt borte. Konsekvensen er at vi er mindre og mindre en fri kultur, og mer og mer en tillatelseskultur.

Denne endringen blir rettferdiggjort som nødvendig for å beskytte kommersiell kreativitet. Og ganske riktig, proteksjonisme er nøyaktig det som motiverer endringen. Men proteksjonismen som rettferdiggjør endringene som jeg skal beskrive lenger ned er ikke den begrensede og balanserte typen som har definert loven tidligere. Dette er ikke en proteksjonisme for å beskytte artister. Det er i stedet en proteksjonisme for å beskytte bestemte forretningsformer. Selskaper som er truet av potensialet hos Internett til å endre måten både kommersiell og ikke-kommersiell kultur blir skapt og delt, har samlet seg for å få lovgiverne til å bruke loven til å beskytte selskapene. Dette er historien om RCA og Armstrong, og det er drømmen til Causbyene.

For Internett har sluppet løs en ekstraordinær mulighet for mange til å delta i prosessen med å bygge og kultivere en kultur som rekker lagt utenfor lokale grenselinjer. Den makten har endret markedsplassen for å lage og kultivere kultur generelt, og den endringen truer i neste omgang etablerte innholdsindustrier. Internett er dermed for industriene som bygget og distribuerte innhold i det tjuende århundret hva FM-radio var for AM-radio, eller hva traileren var for jernbaneindustrien i det nittende århundret: begynnelsen på slutten, eller i hvert fall en markant endring. Digitale teknologier, knyttet til Internett, kunne produsere et mye mer konkurransedyktig og levende marked for å bygge og kultivere kultur. Dette markedet kunne inneholde et mye videre og mer variert utvalg av skapere. Disse skaperne kunne produsere og distribuere et mye mer levende utvalg av kreativitet. Og avhengig av noen få viktige faktorer, så kunne disse skaperne tjene mer i snitt fra dette systemet enn skaperne gjør i dag – så lenge RCA-ene av i dag ikke bruker loven til å beskytte dem selv mot denne konkurransen.

Likevel, som jeg argumenterer for i sidene som følger, er dette nøyaktig det som skjer i vår kultur i dag. Disse dagens ekvivalenter til tidlig tjuende århundres radio og nittende århundres jernbaner bruker deres makt til å få loven til å beskytte dem mot denne nye, mer effektive, mer levende teknologien for å bygge kultur. De lykkes i deres plan om å gjøre om Internett før Internett gjør om på dem.

Det ser ikke slik ut for mange. Kamphandlingene over opphavsrett og Internett er fjernt for de fleste. For de få som følger dem, virker de i hovedsak å handle om et enklere sett med spørsmål – hvorvidt «piratvirksomhet» vil bli akseptert, og hvorvidt «eiendomsretten» vil bli beskyttet. «Krigen» som har blitt erklært mot teknologiene til Internett – det presidenten for Motion Picture Association of America (MPAA), Jack Valenti, kaller sin «egen terroristkrig»[13] – har blitt rammet inn som en kamp om å følge loven og respektere eiendomsretten. For å vite hvilken side vi bør ta i denne krigen tenker de fleste at vi kun trenger å bestemme om hvorvidt vi er for eiendomsrett eller mot den.

Hvis dette virkelig var alternativene, så ville jeg være enig med Jack Valenti og innholdsindustrien. Jeg tror også på eiendomsretten, og spesielt på viktigheten av hva Herr Valenti så pent kaller «kreativ eiendomsrett.» Jeg tror at «piratvirksomhet» er galt, og at loven, riktig innstilt, bør straffe «piratvirksomhet,» både på og utenfor Internett.

Men disse enkle trosoppfatninger maskerer et mye mer grunnleggende spørsmål, og en mye mer dramatisk endring. Min frykt er at, med mindre vi begynner å legge merke til denne endringen, så vil krigen for å befri verden fra Internetts «pirater» også fjerne verdier fra vår kultur som har vært integrert i vår tradisjon helt fra starten.

Disse verdiene bygget en tradisjon som, for i hvert fall de første 180 årene av vår republikk, garanterte skaperne retten til å bygge fritt på sin fortid, og beskyttet skaperne og innovatørene fra både statlig og privat kontroll. Det første grunnlovstillegget beskyttet skaperne fra statlig kontroll. Og som professor Neil Netanel med kraft argumenterer,[14] åndsverkslov, skikkelig balansert, beskyttet skaperne mot privat kontroll. Vår tradisjon var dermed hverken Sovjet eller tradisjonen til velgjørere. I stedet skar det ut et bredt manøvreringsrom hvor skapere kunne kultivere og utvide vår kultur.

Likevel har lovens respons til Internett, når det knyttes sammen til endringer i teknologien i Internett selv, ført til massiv økning av den effektive reguleringen av kreativitet i USA. For å bygge på eller kritisere kulturen rundt oss må en spørre, som Oliver Twist, om tillatelse først. Tillatelse blir, naturligvis, ofte innvilget – men det blir ofte ikke innvilget til den kritiske eller den uavhengige. Vi har bygget en slags kulturell adel. De innenfor dette adelskapet har et enkelt liv, mens de på utsiden har det ikke. Men det er adelskap i alle former som er fremmed for vår tradisjon.

Historien som følger er om denne krigen. Det er ikke om «betydningen av teknologi» i vanlig liv. Jeg tror ikke på guder, hverken digitale eller andre typer. Det er heller ikke et forsøk på å demonisere noen individer eller gruppe, jeg tror heller ikke på en djevel, selskapsmessig eller på annen måte. Dette er ikke en moralsk historie. Ei heller er det et rop om hellig krig mot en industri.

Det er i stedet et forsøk på å forstå en håpløst ødeleggende krig som er inspirert av teknologiene til Internett, men som rekker langt utenfor dets kode. Og ved å forstå denne kampen er dette en innsats for å finne veien til fred. Det er ingen god grunn for å fortsette dagens batalje rundt Internettteknologiene. Det vil være til stor skade for vår tradisjon og kultur hvis den får lov til å fortsette ukontrollert. Vi må forstå kilden til denne krigen. Vi må finne en løsning snart.

Lik Causbyenes kamp er denne krigen, delvis, om «eiendomsrett.» Eiendommen i denne krigen er ikke like håndfast som den til Causbyene, og ingen uskyldige kyllinger har så langt mistet livet. Likevel er idéene rundt denne «eiendomsretten» like åpenbare for de fleste som Causbyenes krav om ukrenkeligheten til deres bondegård var for dem. De fleste av oss tar for gitt de uvanlig mektige krav som eierne av «immaterielle rettigheter» nå fremmer. De fleste av oss, som Causbyene, behandler disse kravene som åpenbare. Og dermed protesterer vi, som Causbyene, når ny teknologi griper inn i denne eiendomsretten. Det er så klart for oss som det var for dem at de nye teknologiene til Internett «tar seg til rette» mot legitime krav til «eiendomsrett.» Det er like klart for oss som det var for dem at loven skulle ta affære for å stoppe denne inntrengingen i annen manns eiendom.

Og dermed, når nerder og teknologer forsvarer sin tids Armstrong og Wright-brødrenes teknologi, får de lite sympati fra de fleste av oss. Sunn fornuft gjør ikke opprør. I motsetning til saken til de uheldige Causbyene, er sunn fornuft på samme side som eiendomseierne i denne krigen. I motsetning til hos de heldige Wright-brødrene, har Internett ikke inspirert en revolusjon til fordel for seg.

Mitt håp er å skyve denne sunne fornuften videre. Jeg har blitt stadig mer overrasket over kraften til denne idéen om immaterielle rettigheter og, mer viktig, dets evne til å slå av kritisk tanke hos lovmakere og innbyggere. Det har aldri før i vår historie vært så mye av vår «kultur» som har vært «eid» enn det er nå. Og likevel har aldri før konsentreringen av makt til å kontrollere *bruken* av kulturen vært mer akseptert uten spørsmål enn det er nå.

Gåten er, hvorfor det? Er det fordi vi fått en innsikt i sannheten om verdien og betydningen av absolutt eierskap over idéer og kultur? Er det fordi vi har oppdaget at vår tradisjon ved å avvise slike absolutte krav tok feil?

Eller er det på grunn av at idéer om absolutt eierskap over idéer og kultur gir fordeler til RCA-ene i vår tid, og passer med vår ureflekterte intuisjon?

Er denne radikale endringen vekk fra vår tradisjon om fri kultur en forekomst av USA som korrigerer en feil fra fortiden, slik vi gjorde det etter en blodig krig mot slaveri, og slik vi sakte gjør det med forskjeller? Eller er denne radikale endringen vekk fra vår tradisjon med fri kultur nok et eksempel på at vårt politiske system er fanget av noen få mektige særinteresser?

Fører sunn fornuft til det ekstreme i dette spørsmålet på grunn av at sunn fornuft faktisk tror på dette ekstreme? Eller står sunn fornuft i stillhet i møtet med dette ekstreme fordi, som i Armstrong mot RCA, at den mer mektige siden har sikret seg at det har et mye mer mektig standpunkt?

Jeg forsøker ikke å være mystisk. Mine egne synspunkter er klare. Jeg mener det var riktig for sunn fornuft å gjøre opprør mot ekstremismen til Causbyene. Jeg mener det ville være riktig for sunn fornuft å gjøre opprør mot de ekstreme krav som gjøres i dag på vegne av «immaterielle rettigheter.» Det som loven krever i dag er i større og større grad like dumt som om lensmannen skulle arrestere en flymaskin for å trenge inn på annen manns eiendom. Men konsekvensene av den nye dumskapen vil bli mye mer dyptgripende.

Basketaket som pågår akkurat nå sentrerer seg rundt to idéer: «piratvirksomhet» og «eiendom.» Mitt mål med denne bokens neste to deler er å utforske disse to idéene.

Metoden min er ikke den vanlige metoden for en akademiker. Jeg ønsker ikke å pløye deg inn i et komplisert argument, steinsatt med referanser til obskure franske teoretikere – uansett hvor naturlig det har blitt for den rare sorten vi akademikere har blitt. Jeg vil i stedet begynne hver del med en samling historier som etablerer en sammenheng der disse tilsynelatende enkle idéene kan bli fullt ut forstått.

22

De to delene setter opp kjernen til påstanden i denne boken: at mens Internett faktisk har produsert noe fantastisk og nytt, bidrar våre myndigheter, presset av store medieaktører for å møte dette «noe nytt,» til å ødelegge noe som er svært gammelt. I stedet for å forstå endringene som Internett kan gjøre mulig, og i stedet for å ta den tiden som trengs for å la «sunn fornuft» finne ut hvordan best svare på utfordringen, så lar vi de som er mest truet av endringene bruke sin makt til å endre loven – og viktigere, å bruke sin makt til å endre noe fundamentalt om hvordan vi alltid har fungert.

Jeg tror vi tillater dette, ikke fordi det er riktig, og heller ikke fordi de fleste av oss tror på disse endringene. Vi tillater det på grunn av at de interessene som er mest truet er blant de mest mektige aktørene i vår deprimerende kompromitterte prosess for å utforme lover. Denne boken er historien om nok en konsekvens for denne type korrupsjon – en konsekvens de fleste av oss forblir ukjent med.

Del I

«Piratvirksomhet»

Helt siden rettsvesenet begynte å regulere kreative eierrettigheter, har det vært en krig mot «piratvirksomhet.» Det presise omrisset av dette konseptet, «piratvirksomhet,» har vært vanskelig å tegne opp, men bildet av urettferdighet er enkelt å beskrive. Som Lord Mansfield skrev i en sak som utvidet omfanget av engelsk åndsverkslov til å inkludere noteark:

> En person kan bruke kopien til å spille den, men han har ingen rett til å robbe forfatteren for profitten, ved å lage flere kopier og distribuere etter eget forgodtbefinnende.[15]

I dag er vi midt inne i en annen «krig» mot «piratvirksomhet.» Internett har fremprovosert denne krigen. Internett gjør det mulig å effektivt spre innhold. Peer-to-peer (p2p) fildeling er blant den mest effektive av de effektive teknologier Internett muliggjør. Ved å bruke distribuert intelligens, kan p2p-systemer muliggjøre enkel spredning av innhold på en måte som ingen forestilte seg for en generasjon siden.

Denne effektiviteten respekterer ikke de tradisjonelle skillene i opphavsretten. Nettet skiller ikke mellom deling av opphavsrettsbeskyttet og ikke opphavsrettsbeskyttet innhold. Dermed har det vært deling av en enorm mengde opphavsrettsbeskyttet innhold. Denne delingen har i sin tur ansporet til krigen, på grunn av at eiere av opphavsretter frykter delingen vil «robbe forfatteren for profitten.»

Krigerne har snudd seg til domstolene, til lovgiverne, og i stadig større grad til teknologi for å forsvare sin «eiendom» mot denne «piratvirksomheten.» En generasjon amerikanere, advarer krigerne, blir oppdratt til å tro at «eiendom» skal være «gratis.» Glem tatoveringer, ikke tenk på kroppspiercing – våre barn blir *tyver*!

Det er ingen tvil om at «piratvirksomhet» er galt, og at pirater bør straffes. Men før vi roper på bødlene, bør vi sette dette «piratvirksomhets»-begrepet i en sammenheng. For mens begrepet blir mer og mer brukt, har det i sin kjerne en ekstraordinær idé som nesten helt sikkert er feil.

Idéen høres omtrent slik ut:

> Kreativt arbeid har verdi. Når jeg bruker, eller tar, eller bygger på det kreative arbeidet til andre, så tar jeg noe fra dem som har verdi. Når jeg tar noe av verdi fra noen andre, bør jeg få tillatelse fra dem. Å ta noe som har verdi fra andre uten tillatelse er galt. Det er en form for piratvirksomhet.

Dette synet går dypt i de pågående debattene. Det er hva jussprofessor Rochelle Dreyfuss ved New York University kritiserer som «hvis verdi, så rettighet»-teorien for kreative eierrettigheter [16] – hvis det finnes verdi, så må noen ha rettigheten til denne verdien. Det er perspektivet som fikk komponistenes rettighetsorganisasjon, ASCAP, til å saksøke jentespeiderne for å ikke betale for sangene som jentene sang rundt sine leirbål.[17] Det fantes «verdi» (sangene), så det måtte ha vært en «rettighet» – til og med i forhold til jentespeiderne.

Denne idéen er helt klart en mulig forståelse om hvordan kreative eierrettigheter bør virke. Det er helt klart et mulig design for et lovsystem som beskytter kreative eierrettigheter. Men teorien om «hvis verdi, så rettighet» for kreative eierrettigheter har aldri vært USAs teori for kreative eierrettigheter. Det har aldri vært vår rettspraksis.

I vår tradisjon har immaterielle rettigheter i stedet vært et instrument. Det bidrar til fundamentet for et rikt kreativt samfunn, men forblir underordnet verdien til kreativitet. Dagens debatt har snudd dette helt rundt. Vi har blitt så opptatt av å beskytte instrumentet at vi mister verdien av syne.

Kilden til denne forvirringen er et skille som loven ikke lenger bryr seg om å markere – skillet mellom å publisere på nytt noens verk på den ene siden, og bygge på og gjøre om verket på den andre. Da opphavsretten kom var det kun publisering som ble berørt. Opphavsretten i dag regulerer begge.

Før teknologiene til Internett dukket opp, betød ikke denne begrepsmessige sammenblandingen mye. Teknologiene for å publisere var kostbare, som betød at det meste av publisering var kommersiell. Kommersielle aktører kunne håndtere byrden pålagt av loven – til og med byrden med den bysantiske kompleksiteten som åndsverksloven har blitt. Det var bare nok en kostnad ved å drive forretning.

Men da Internett dukket opp, forsvant denne naturlige begrensningen til lovens virkeområde. Loven kontrollerer ikke bare kreativiteten til kommersielle skapere, men effektivt sett kreativiteten til alle. Selv om utvidelsen ikke ville bety stort hvis åndsverksloven kun regulerte «kopiering,» så betyr utvidelsen mye når loven regulerer så bredt og obskurt som den gjør. Byrden denne loven gir oppveier nå langt fordelene den ga da den ble vedtatt – helt klart slik den påvirker ikke-kommersiell kreativitet, og i stadig større grad slik den påvirker kommersiell kreativitet. Dermed, slik vi ser klarere i de kommende kapitler, er rettsstatens rolle i stadig mindre grad å støtte kreativitet, og i stadig større grad å beskytte enkelte industrier mot konkurranse. Akkurat på det tidspunktet da digital teknologi kunne sluppet løs en ekstraordinær mengde med kommersiell og ikke-kommersiell kreativitet, tynger loven denne kreativiteten med sinnsykt kompliserte og vage regler, og med trusselen om uanstendig harde straffer. Vi ser kanskje, som Richard Florida skriver, «Fremveksten av den kreative klasse»[18] Dessverre ser vi også en ekstraordinær fremvekst av reguleringer av denne kreative klassen.

Disse byrdene gir ingen mening i vår tradisjon. Vi bør begynne med å forstå den tradisjonen litt mer, og ved å plassere dagens slag om oppførsel med merkelappen «piratvirksomhet» i sin rette sammenheng.

Kapittel en: Skaperne

I 1928 ble en tegnefilmfigur født. En tidlig Mikke Mus debuterte i mai dette året, i en stille flopp ved navn *Plane Crazy*. I november, i Colony-teateret i New York City, ble den første vidt distribuerte tegnefilmen med synkronisert lyd, *Steamboat Willy*, vist frem med figuren som skulle bli til Mikke Mus.

Film med synkronisert lyd hadde blitt introdusert et år tidligere i filmen *The Jazz Singer*. Suksessen fikk Walt Disney til å kopiere teknikken og mikse lyd med tegnefilm. Ingen visste hvorvidt det ville virke eller ikke, og om det ville fungere, hvorvidt publikum ville ha sans for det. Men da Disney gjorde en test sommeren 1928, var resultatet entydig. Som Disney beskriver dette første eksperimentet:

> Et par av guttene mine kunne lese noteark, og en av dem kunne spille munnspill. Vi stappet dem inn i et rom hvor de ikke kunne se skjermen, og gjorde det slik at lyden de spilte ble sendt videre til et rom hvor våre koner og venner var plassert for å se på bildet.
>
> Guttene brukte et note- og lydeffekt-ark. Etter noen dårlige oppstarter, kom endelig lyd og handling i gang med et smell. Munnspilleren spilte melodien, og resten av oss i lydavdelingen slamret på tinnkasseroller og blåste på slidefløyte til rytmen. Synkroniseringen var nesten helt riktig.
>
> Effekten på vårt lille publikum var intet mindre enn elektrisk. De reagerte nesten instinktivt til denne union av lyd og bevegelse. Jeg trodde de tullet med meg. Så de puttet meg i publikum og satte i gang på nytt. Det var grufullt, men det var fantastisk. Og det var noe nytt![19]

Disneys daværende partner, og en av animasjonsverdenens mest ekstraordinære talenter, Ub Iwerks, uttalte det sterkere: «Jeg har aldri vært så begeistret i hele mitt liv. Ingenting annet har noensinne vært like bra.»

Disney hadde laget noe helt nytt, basert på noe relativt nytt. Synkronisert lyd ga liv til en form for kreativitet som sjeldent hadde – unntatt fra Disneys hender – vært noe annet en fyllstoff for andre filmer. Gjennom animasjonsfilmens tidligere historie var det Disneys oppfinnelser som satte standarden som andre måtte sloss for å oppfylle. Og ganske ofte var Disneys store geni, hans gnist av kreativitet, bygget på arbeidet til andre.

29

Dette er kjent stoff. Det du kanskje ikke vet er at 1928 også markerer en annen viktig overgang. I samme år laget et komedie-geni (i motsetning til tegnefilm-geni) sin siste uavhengig produserte stumfilm. Dette geniet var Buster Keaton. Filmen var *Steamboat Bill, Jr.*

Keaton ble født inn i en vaudeville-familie i 1895. I stumfilm-æraen hadde han mestret bruken av bredpenslet fysisk komedie på en måte som tente ukontrollerbar latter fra hans publikum. *Steamboat Bill, Jr.* var en klassiker av denne typen, berømt blant film-elskere for sine utrolige stunts. Filmen var en klassisk Keaton – fantastisk populær og blant de beste i sin sjanger.

Steamboat Bill, Jr. kom før Disneys tegnefilm Steamboat Willie. Det er ingen tilfeldighet at titlene er så like. Steamboat Willie er en direkte tegneserie-parodi av Steamboat Bill,[20] og begge bygger på en felles sang som kilde. Det er ikke kun fra nyskapningen med synkronisert lyd i *The Jazz Singer* at vi får *Steamboat Willie*. Det er også fra Buster Keatons nyskapning Steamboat Bill, Jr., som igjen var inspirert av sangen «Steamboat Bill,» at vi får Steamboat Willie. Og fra Steamboat Willie får vi så Mikke Mus.

Denne «låningen» var ikke unik, hverken for Disney eller for industrien. Disney apet alltid etter helaftensfilmene rettet mot massemarkedet rundt ham.[21] Det samme gjorde mange andre. Tidlige tegnefilmer er stappfulle av etterapninger – små variasjoner over suksessfulle temaer, gamle historier fortalt på nytt. Nøkkelen til suksess var brillliansen i forskjellene. Med Disney var det lyden som ga gnisten i hans animasjonsfilmer. Senere var det kvaliteten på arbeidet hans i forhold til de masseproduserte tegnefilmene som han konkurrerte med. Likevel var disse bidragene bygget på toppen av et lånt fundament. Disney bygget på arbeidet til andre som kom før han, og skapte noe nytt ut av noe som bare var litt gammelt.

Noen ganger var etterligningen begrenset, og noen ganger var den betydelig. Tenk på eventyrene til brødrene Grimm. Hvis du er like ubevisst som jeg var, så tror du sannsynligvis at disse fortellingene er glade, søte historier som passer for ethvert barn ved leggetid. Realiteten er at Grimm-eventyrene er, for oss, ganske dystre. Det er noen sjeldne og kanskje spesielt ambisiøse foreldre som ville våge å lese disse blodige moralistiske historiene til sine barn, ved leggetid eller hvilket som helst annet tidspunkt.

Disney tok disse historiene og fortalte dem på nytt på en måte som førte dem inn i en ny tidsalder. Han ga historiene liv, med både karakterer og lys. Uten å fjerne bitene av frykt og fare helt, gjorde han morsomt det som var mørkt og satte inn en ekte følelse av medfølelse der det før var frykt. Og ikke bare med verkene av brødrene Grimm. Faktisk er katalogen over Disney-arbeid som baserer seg på arbeidet til andre ganske forbløffende når den blir samlet: *Snøhvit* (1937), *Fantasia* (1940), *Pinocchio* (1940), *Dumbo* (1941), *Bambi* (1942), *Song of the South* (1946), *Askepott* (1950), *Alice in Wonderland* (1951), *Robin Hood* (1952), *Peter Pan* (1953), *Lady og landstrykeren* (1955), *Mulan* (1998), *Tornerose* (1959), *101 Dalmatinere* (1961), *Sverdet i steinen* (1963), og *Jungelboken* (1967) – for ikke å nevne et nylig eksempel som vi bør kanskje glemme raskt, *Treasure Planet* (2003). I alle disse tilfellene, har Disney (eller Disney, Inc.) hentet kreativitet fra kultur rundt seg, blandet med kreativiteten fra sitt eget ekstraordinære talent, og deretter brent denne blandingen inn i sjelen til kulturen sin. Hente, blande og brenne.

Dette er en type kreativitet. Det er en kreativitet som vi bør huske på, og feire. Det er noen som vil si at det finnes ingen kreativitet bortsett fra denne typen. Vi trenger ikke gå så langt for å anerkjenne dens betydning. Vi kan kalle dette «Disney-kreativitet,» selv om det vil være litt misvisende. Det er mer presist «Walt Disney-kreativitet» – en uttrykksform og genialitet som bygger på kulturen rundt oss, og omformer den til noe annet.

I 1928 var kulturen som Disney fritt kunne trekke veksler på relativt fersk. Allemannseie i 1928 var ikke veldig gammelt, og var dermed ganske levende. Gjennomsnittlig vernetid i opphavsretten var bare rundt tredve år – for den lille delen av kreative verk som faktisk var opphavsrettsbeskyttet.[22] Det betyr at i tredve år, i gjennomsnitt, hadde forfattere eller opphavsrettighetsinnehaver av kreative verk en «eksklusiv rett» til å kontrollere bestemte typer bruk av verket. Å bruke disse opphavsrettsbeskyttede verkene på de begrensede måtene krevde tillatelse fra opphavsrettsinnehaveren.

Når opphavsrettens vernetid er over, faller et verk i det fri og blir allemannseie. Ingen tillatelse trengs da for å bygge på eller bruke dette verket. Ingen tillatelse og dermed heller ingen advokater. Allemannseie er en «advokat-fri sone.» Det meste av innhold fra det nittende århundre var dermed fritt tilgjengelig for Disney til å bruke eller bygge på i 1928. Det var tilgjengelig for enhver – uansett om de hadde forbindelser eller ikke, om de var rik eller ikke, om de var akseptert eller ikke – til å bruke og bygge videre på.

Dette er slik det alltid har vært – inntil ganske nylig. I mesteparten av vår historie, har allemannseiet vært like over horisonten. Fram til 1978 var den gjennomsnittlige opphavsrettslige vernetiden aldri mer enn trettito år, noe som gjorde at det meste av kultur fra en og en halv generasjon tidligere var tilgjengelig for enhver å bygge på uten tillatelse fra noen. Tilsvarende for i dag ville være at kreative verk fra 1960- og 1970-tallet nå ville være fritt tilgjengelig for den neste Walt Disney å bygge på uten tillatelse. Men i dag er allemannseie presumtivt kun for innhold fra før mellomkrigstiden.

Walt Disney hadde selvfølgelig ikke monopol på «Walt Disney-kreativitet.» Det har heller ikke USA. Normen med fri kultur har, inntil nylig, og unntatt i totalitære nasjoner, vært bredt utnyttet og svært universell.

Vurder for eksempel en form for kreativitet som synes underlig for mange amerikanere, men som er overalt i japansk kultur: *manga*, eller tegneserier. Japanerne er fanatiske når det gjelder tegneserier. Over 40 prosent av publikasjoner er tegneserier, og 30 prosent av publikasjonsomsetningen stammer fra tegneserier. De er overalt i det japanske samfunnet, tilgjengelig fra ethvert tidsskriftsutsalg, og i hendene på en stor andel av pendlere på Japans ekstraordinære system for offentlig transport.

Amerikanere har en tendens til å se ned på denne formen for kultur. Det er et lite attraktivt kjennetegn hos oss. Vi misforstår sannsynligvis mye rundt manga, på grunn av at få av oss noen gang har lest noe som ligner på historiene som disse «grafiske historiene» forteller. For en japaner dekker manga ethvert aspekt ved det sosiale liv. For oss er tegneserier «menn i strømpebukser.» Og uansett er det ikke slik at T-banen i New York er full av folk som leser Joyce eller Hemingway for den saks skyld. Folk i ulike kulturer skiller seg ut på forskjellig måter, og japanerne gjør det på dette interessante viset.

Men mitt formål her er ikke å forstå manga. Det er å beskrive en variant av manga som fra en advokats perspektiv er ganske merkelig, men som fra en Disneys perspektiv er ganske godt kjent.

Dette er fenomenet *doujinshi*. Doujinshi er også tegneserier, men de er en slags etterapingstegneserier. En rik etikk styrer dem som skaper doujinshi. Det er ikke doujinshi hvis det *bare* er en kopi. Kunstneren må gjøre et bidrag til kunsten han kopierer ved å omforme det enten subtilt eller betydelig. En doujinshi-tegneserie kan dermed ta en massemarkedstegneserie og utvikle den i en annen retning – med en annen historielinje. Eller tegneserien kan beholde figuren som den er, men endre litt på utseendet. Det er ingen bestemt formel for hva som gjør en doujinshi tilstrekkelig «forskjellig.» Men de må være forskjellige hvis de skal anses som ekte doujinshi. Det er faktisk komiteer som går igjennom doujinshi for å la dem bli med på messer, og avviser etterapninger som bare er en kopi.

Disse etterapingstegneseriene er ikke en liten del av manga-markedet. De er enorme. Mer enn 33 000 «sirkler» av skapere over hele Japan som produserer disse bitene av Walt Disney-kreativitet. Mer enn 450 000 japanere samles to ganger i året, i den største offentlige samlingen i landet, for å bytte og selge dem. Dette markedet er parallelt med det kommersielle manga-massemarkedet. På noen måter konkurrerer de åpenbart med hverandre, men det er ingen vedvarende innsats fra dem som kontrollerer det kommersielle manga-markedet for å stenge doujinshi-markedet. Det blomstrer, på tross av konkurransen, og på tross for loven.

Den mest gåtefulle egenskapen med doujinshi-markedet, for dem som har juridisk trening i hvert fall, er at det overhodet tillates å eksistere. Under japansk åndsverkslov, som i hvert fall på dette området (på papiret) speiler USAs åndsverkslov, er doujinshi-markedet ulovlig. Doujinshi er helt klart «avledede verk.» Det er ingen generell praksis hos doujinshi-kunstnere for å sikre seg tillatelse hos manga-skaperne. I stedet er praksisen ganske enkelt å ta, og endre det andre har laget, slik Walt Disney gjorde med *Steamboat Bill, Jr.* For både japansk og USAs lov, er å «ta» uten tillatelse fra den opprinnelige opphavsrettsinnehaver ulovlig. Det er et brudd på opphavsretten til det opprinnelige verket å lage en kopi, eller et avledet verk uten tillatelse fra den opprinnelige rettighetsinnehaveren.

Likevel eksisterer og blomstrer faktisk dette illegale markedet i Japan, og etter manges syn er det nettopp fordi det eksisterer, at japansk manga blomstrer. Som USAs tegneserieskaper Judd Winick fortalte meg, «I amerikanske tegneseriers første dager var det ganske likt det som foregår i Japan i dag. ... Amerikanske tegneserier kom til verden ved å kopiere hverandre. ... Det er slik [kunstnerne] lærer å tegne – ved å se i tegneseriebøker, og ikke følge streken, men ved å se på dem, og kopiere dem», og bygge basert på dem.[23]

Amerikanske tegneserier nå er ganske annerledes, forklarer Winick, delvis på grunn av de juridiske problemene med å tilpasse tegneserier slik doujinshi får lov til. Med for eksempel Supermann, fortalte Winick meg, «er det en rekke regler, og du må følge dem.» Det er ting som Supermann «ikke kan» gjøre. «For en som lager tegneserier er det frustrerende å måtte begrense seg til noen parameter som er femti år gamle.»

Normen i Japan reduserer denne juridiske utfordringen. Noen sier at det nettopp er den oppsamlede fordelen i det japanske manga-markedet som forklarer denne reduksjonen. Jussprofessor Salil Mehra ved Temple University har for eksempel en hypotese om at manga-markedet aksepterer disse teoretiske bruddene fordi de får manga-markedet til å bli rikere og mer produktivt. Alle ville få det verre hvis doujinshi ble bannlyst, så loven bannlyser ikke doujinshi.[24] Problemet med denne historien, derimot, og som Mehra helt klart erkjenner, er at mekanismen som produserer denne «hold hendene borte»-responsen ikke er forstått. Det kan godt være at markedet som helhet gjør det bedre hvis doujinshi tillates i stedet for å bannlyse den, men det forklarer likevel ikke hvorfor individuelle opphavsrettsinnehavere ikke saksøker. Hvis loven ikke har et generelt unntak for doujinshi, og det finnes faktisk noen tilfeller der individuelle manga-kunstnere har saksøkt doujinshi-kunstnere, hvorfor er det ikke et mer generelt mønster for å blokkere denne «frie ta-ingen» hos doujinshi-kulturen?

Jeg var fire nydelige måneder i Japan, og jeg stilte dette spørsmål så ofte som jeg kunne. Kanskje det beste svaret til slutt kom fra en venn i et større japansk advokatfirma. «Vi har ikke nok advokater,» fortalte han meg en ettermiddag. Det er «bare ikke nok ressurser til å tiltale tilfeller som dette.»

Dette er et tema vi kommer tilbake til: at lovens regulering både er en funksjon av ordene i bøkene, og kostnadene med å få disse ordene til å ha effekt. Akkurat nå er det endel åpenbare spørsmål som presser seg frem: Ville Japan gjøre det bedre med flere advokater? Ville manga være rikere hvis doujinshi-kunstnere ble regelmessig rettsforfulgt? Ville Japan vinne noe viktig hvis de kunne stoppe praksisen med deling uten kompensasjon? Skader piratvirksomhet ofrene for piratvirksomheten, eller hjelper den dem? Ville advokaters kamp mot denne piratvirksomheten hjelpe deres klienter, eller skade dem?

La oss ta et øyeblikks pause.

Hvis du er som meg et tiår tilbake, eller som folk flest når de først begynner å tenke på disse temaene, da bør du omtrent nå være rådvill om noe du ikke hadde tenkt igjennom før.

Vi lever i en verden som feirer «eiendom.» Jeg er en av de som feirer den. Jeg tror på verdien av eiendom generelt, og jeg tror også på verdien av den sære formen for eiendom som advokater kaller «immateriell eiendom.»[25] Et stort og variert samfunn kan ikke overleve uten eiendom, og et moderne samfunn kan ikke blomstre uten immaterielle eierrettigheter.

Men det tar bare noen sekunders refleksjon for å innse at det er masse av verdi der ute som «eiendom» ikke dekker. Jeg mener ikke «kjærlighet kan ikke kjøpes med penger», men i stedet en verdi som ganske enkelt er del av produksjonsprosessen, både for kommersiell og ikke-kommersiell produksjon. Hvis Disneys animatører hadde stjålet et sett med blyanter for å tegne Steamboat Willie, vi ville ikke nølt med å dømme det som galt – selv om det er trivielt, og selv om det ikke blir oppdaget. Men det var intet galt, i hvert fall slik loven var da, med at Disney tok fra Buster Keaton, eller fra Grimm-brødrene. Det var intet galt med å ta fra Keaton, fordi Disneys bruk ville blitt ansett som «rimelig.» Det var intet galt med å ta fra brødrene Grimm fordi deres verk var allemannseie.

Dermed, selv om de tingene som Disney tok – eller mer generelt, tingene som blir tatt av enhver som utøver Walt Disney-kreativitet – er verdifulle, så anser ikke vår tradisjon det som galt å ta disse tingene. Noen ting forblir frie til å bli tatt i en fri kultur, og denne friheten er bra.

Det er det samme med doujinshi-kulturen. Hvis en doujinshi-kunstner brøt seg inn på kontoret til en forlegger, og stakk av med tusen kopier av hans siste verk – eller bare en kopi – uten å betale, så ville vi uten å nøle si at kunstneren har gjort noe galt. I tillegg til å ha trengt seg inn på andres eiendom, ville han ha stjålet noe av verdi. Loven forbyr stjeling i enhver form, uansett hvor stort eller lite som blir tatt.

Likevel er det en åpenbar motvilje, selv blant japanske advokater, for å si at etterapende tegneseriekunstnere «stjeler.» Denne formen for Walt Disney-kreativitet anses som rimelig og riktig, selv om spesielt advokater synes det er vanskelig å forklare hvorfor.

Det er det samme med tusen eksempler som dukker opp over alt med en gang en begynner å se etter dem. Forskerne bygger på arbeidet til andre forskere uten å spørre eller betale for privilegiet. («Unnskyld meg, professor Einstein, men kan jeg få tillatelse til å bruke din relativitetsteori til å vise at du tok feil om kvantefysikk?») Teatertropper viser frem bearbeidelser av verkene til Shakespeare uten å sikre seg noen tillatelser. (Er det *noen* som tror at Shakespeare ville vært mer spredt i vår kultur om det var et sentralt rettighetsklareringskontor for Shakespeare som alle som laget Shakespeare-produksjoner måtte spørre først?) Og Hollywood går igjennom sykluser med en bestemt type filmer: fem astroidefilmer på slutten av 1990-tallet, to vulkankatastrofefilmer i 1997.

Skapere her og overalt ellers har alltid og til alle tider bygd på kreativiteten som eksisterte før og som omringer dem nå. Denne byggingen er alltid og overalt i det minste delvis gjort uten tillatelse og uten å kompensere den opprinnelige skaperen. Intet samfunn, fritt eller kontrollert, har noen gang krevd at enhver bruk skulle bli betalt for, eller at tillatelse for Walt Disney-kreativitet alltid måtte skaffes. I stedet har ethvert samfunn latt en bestemt bit av sin kultur være fritt tilgjengelig for alle å ta – frie samfunn muligens i større grad enn ufrie, men en viss grad i alle samfunn.

Det vanskelige spørsmålet er derfor ikke *om* en kultur er fri. Alle kulturer er frie til en viss grad. Det vanskelige spørsmålet er i stedet «*hvor* fri er denne kulturen?» Hvor mye og hvor bredt, er kulturen fritt tilgjengelig for andre å ta, og bygge på? Er den friheten begrenset til partimedlemmer? Til medlemmer av kongefamilien? Til de ti største selskapene på New York-børsen? Eller at denne friheten er bredt tilgjengelig? Til kunstnere generelt, uansett om de er tilknyttet til Nasjonalmuseet eller ikke? Til musikere generelt, uansett om de er hvite eller ikke? Til filmskapere generelt, uansett om de er tilknyttet et studio eller ikke?

Frie kulturer er kulturer som etterlater mye åpent for andre å bygge på. Ufrie, eller tillatelse-kulturer etterlater mye mindre. Vår var en fri kultur. Den er på tur til å bli mindre fri.

Kapittel to: «Kun etterapere»

I 1839 fant Louis Daguerre opp den første praktiske teknologien for å produsere det vi ville kalle «fotografier.» Rimelig nok ble de kalt «daguerreotyper.» Prosessen var komplisert og kostbar, og feltet var dermed begrenset til profesjonelle og noen få ivrige og velstående amatører. (Det var til og med en amerikansk Daguerre-forening som hjalp til med å regulere industrien, slik alle slike foreninger gjør, ved å holde konkurransen ned slik at prisene var høye.)

Men til tross for høye priser var etterspørselen etter daguerreotyper sterk. Dette inspirerte oppfinnere til å finne enklere og billigere måter å lage «automatiske bilder.» William Talbot oppdaget snart en prosess for å lage «negativer.» Men da negativene var av glass, og måtte holdes fuktige, forble prosessen kostbar og tung. På 1870-tallet ble tørrplater utviklet, noe som gjorde det enklere å skille det å ta et bilde fra å fremkalle det. Det var fortsatt plater av glass, og dermed var det fortsatt ikke en prosess som var innenfor rekkevidden til de fleste amatører.

Den teknologiske endringen som gjorde masse-fotografering mulig skjedde ikke før i 1888, og det var takket være en eneste mann. George Eastman, selv en amatørfotograf, var frustrert over den plate-baserte fotografiteknologien. I et lysglimt av innsikt (for å si det slik), forsto Eastman at hvis filmen kunne gjøres bøyelig, så kunne den holdes på en enkel rull. Denne rullen kunne så sendes til en fremkaller, og senke kostnadene til fotografering vesentlig. Ved å redusere kostnadene, forventet Eastman at han dramatisk kunne utvide mengden fotografer.

Eastman utviklet bøyelig, emulsjonsbelagt papirfilm og plasserte ruller med dette i små, enkle kameraer: Kodaken. Enheten ble markedsført med fokus på dets enkelhet. «Du trykker på knappen og vi fikser resten.»[26] Som han skrev i *The Kodak Primer*:

> Prinsippet til Kodak-systemet er skillet mellom arbeidet som enhver kan utføre når de tar fotografier, fra arbeidet som kun en ekspert kan gjøre. … Vi forsynte alle, menn, kvinner og barn med tilstrekkelig intelligens til å peke en boks i riktig retning og trykke på en knapp, med et apparat som helt fjernet kravet om spesielt utstyr og fra fotograferingspraksisen, og helt fjernet krav om spesiell kunnskap innen kunstarten. Det kan tas i bruk uten forutgående studier, uten et mørkerom og uten kjemikalier.[27]

For 25 dollar kunne alle ta bilder. Det var allerede film i kameraet, og når det var brukt ble kameraet returnert til en Eastman-fabrikk hvor filmen ble fremkalt. Etter hvert, naturligvis, ble både kostnaden til kameraet og hvor enkelt det var å bruke forbedret. Film på rull ble dermed grunnlaget for en eksplosiv vekst i fotografering blant folket. Eastmans kamera ble lagt ut for salg i 1888, og et år senere trykket Kodak mer enn seks tusen negativer om dagen. Fra 1888 til 1909, mens produksjonen i industrien vokste med 4,7 prosent, økte salget av fotografisk utstyr og materiale med 11 prosent.[28] Salget til Eastman Kodak opplevde i samme periode en årlig vekst på over 17 prosent.[29]

Den virkelige betydningen av oppfinnelsen til Eastman var derimot ikke økonomisk. Den var sosial. Profesjonell fotografering ga individer et glimt av steder de ellers aldri ville se. Amatørfotografering ga dem muligheten til å arkivere sine liv på en måte som de aldri hadde vært i stand til tidligere. Som forfatter Brian Coe skriver: «For første gang tilbød fotoalbumet mannen i gata et permanent arkiv over sin familie og dens aktiviteter. ... For første gang i historien fantes det en autentisk visuell oppføring av utseende og aktivitet til vanlige mennesker laget uten [skriveør] tolkning eller forutinntatthet.»[30]

På denne måten var Kodak-kameraet og film uttrykksteknologier. Blyanten og malepenselen var selvfølgelig også en uttrykksteknologi. Men det tok årevis med trening før de kunne bli brukt nyttig og effektivt av amatører. Med Kodaken var uttrykk mulig mye raskere og enklere. Barrièren for å uttrykke seg var senket. Snobber ville fnyse over «kvaliteten,» profesjonelle ville avvise den som irrelevant. Men se et barn studere hvordan best velge bildemotiv, og du får følelsen av hva slags kreativitetserfaring som Kodaken gjorde mulig. Demokratiske verktøy ga vanlige folk en måte å uttrykke seg selv enklere enn noe annet verktøy kunne ha gjort før.

Hva krevdes for at denne teknologien skulle blomstre? Eastmans genialitet var åpenbart en viktig del. Men det juridiske miljøet som Eastmans oppfinnelse vokste i var også viktig. For tidlig i historien til fotografering, var det en rekke rettsavgjørelser som godt kunne ha endret kursen til fotograferingen betydelig. Domstoler ble spurt om fotografen, amatør eller profesjonell, måtte ha tillatelse før han kunne fange og trykke hvilket som helst bilde han ønsket. Svaret var nei.[31]

Argumentene til fordel for å kreve tillatelser vil høres overraskende kjent ut. Fotografen «tok» noe fra personen eller bygningen som ble fotografert – røvet til seg noe av verdi. Noen trodde til og med at han tok motivets sjel. På samme måte som Disney ikke sto fritt til å ta blyantene som hans animatører brukte for å tegne Mikke, så skulle heller ikke disse fotografene stå fritt til å ta bilder som de fant verdi i.

På den andre siden var et argument som også bør være kjent. Joda, det var kanskje noe av verdi som ble brukt. Men borgerne burde ha rett til å fange i hvert fall de bildene som var tatt av offentlig område. (Louis Brandeis, som senere ble høyesterettsjustitiarus, mente regelen skulle være annerledes for bilder tatt av private områder.[32]) Det kan være at dette betyr at fotografen får noe for ingenting. På samme måte som Disney kunne hente inspirasjon fra *Steamboat Bill, Jr.*, eller Grimm-brødrene, så burde fotografene stå fritt til å fange et bilde uten å kompensere kilden.

Heldigvis for Herr Eastman, og for fotografering generelt, gikk disse tidligere avgjørelsene i favør av piratene. Generelt ble det ikke nødvendig å sikre seg tillatelse før et bilde kunne tas og deles med andre. I stedet var det antatt at tillatelse var gitt. Frihet var utgangspunktet. (Loven ga etter en stund et unntak for berømte personer: kommersielle fotografer som tok bilder av berømte personer for kommersielle formål har flere begrensninger enn resten av oss. Men i det vanlige tilfellet kan bildet tas uten å klarere rettighetene for å ta det.[33])

Vi kan kun spekulere om hvordan fotografering ville ha utviklet seg om loven hadde slått ut den andre veien. Hvis den hadde vært mot fotografen, da ville fotografen måttet dokumentere at tillatelse var på plass. Kanskje Eastman Kodak også måtte ha dokumentert at tillatelse var gitt, før de utviklet filmen som bildene ble fanget på. Tross alt, hvis tillatelse ikke var gitt, da ville Eastman Kodak ha nytt fordeler fra «tyveriet» begått av fotografer. På samme måte som Napster nøt fordeler fra opphavsrettsbrudd utført av Napsterbrukere, så ville Kodak nytt fordeler fra «bilde-rettighets»-brudd til deres fotografer. Vi kan forestille oss at loven da ville krevd at en form for tillatelse ble vist frem før et selskap fremkalte bildene. Vi kan forestille oss at et system blir utviklet for å legge frem slike tillatelser.

Men, selv om vi kan tenke oss dette godkjenningssystemet, så vil det være svært vanskelig å se hvordan fotografering skulle ha blomstret slik det gjorde hvis det var bygd inn krav om godkjenning i reglene som styrte det. Fotografering ville eksistert. Det ville ha økt sin betydning over tid. Profesjonelle ville ha fortsatt å bruke teknologien slik de gjorde – siden profesjonelle enklere kunne håndtert byrdene pålagt dem av godkjenningssystemet. Men spredningen av fotografering til vanlige folk ville aldri ha skjedd. Veksten det skapte kunne aldri ha skjedd. Og det ville uten tvil aldri vært realisert en slik vekst i demokratisk uttrykksteknologi.

Hvis du kjører gjennom området Presidio i San Francisco, kan det hende du ser to gusjegule skolebusser overmalt med fargefulle og iøynefallende bilder, og logoen «Just Think!» i stedet for navnet på en skole. Men det er lite som er «bare» tenkt i prosjektene som disse bussene muliggjør. Disse bussene er fylt med teknologi som lærer unger å fikle med film. Ikke filmen til Eastman. Ikke en gang filmen i din videospiller. I stedet er det snakk om «filmen» i digitale kamera. Just Think! er et prosjekt som gjør det mulig for unger å lage filmer, som en måte å forstå og kritisere den filmede kulturen som de finner over alt rundt seg. Hvert år besøker disse bussene mer enn tredve skoler, og gir mellom tre hundre og fem hundre barn muligheten til å lære noe om media ved å gjøre noe med media. Ved å gjøre, så tenker de. Ved å fikle, så lærer de.

Disse bussene er ikke billige, men teknologien de har med seg blir billigere og billigere. Kostnaden til et digitalt høykvalitets videosystem har falt dramatisk. Som en analytiker omtalte det, «for fem år siden kostet et godt sanntids redigeringssystem for digital video 25 000 dollar. I dag kan du få profesjonell kvalitet for 595 dollar.»[34] Disse bussene er fylt med teknologi som ville kostet hundretusenvis av dollar for bare ti år siden. Og det er nå mulig å forestille seg ikke bare slike busser, men klasserom rundt om i landet hvor unger kan lære mer og mer av det lærerne kaller «lese- og skriveferdigheter innen media.»

«Lese- og skriveferdigheter innen media,» som administrerende direktør Dave Yanofsky i Just Think!, sier det, «er evnen til ... å forstå, analysere og dekonstruere mediebilder. Dets mål er å gjøre [unger] i stand til å forstå hvordan mediene fungerer, hvordan de er konstruert, hvordan de blir levert, og hvordan folk bruker dem.»

Dette kan virke som en litt rar måte å tenke på «lese- og -skriveferdigheter.» For de fleste handler lese- og skriveferdigheter om å kunne lese og skrive. Folk med «lese- og -skriveferdigheter» kjenner begreper som Faulkner og Hemingway, og kan kjenne igjen delte infinitiver.

Mulig det. Men i en verden hvor barn ser i gjennomsnitt 390 timer med TV-reklamer i året, eller generelt mellom 20 000 og 45 000 reklameinnslag,[35] så er det mer og mer viktig å forstå «grammatikken» i medieinnslag. For på samme måte som det er en grammatikk for det skrevne ord, så er det også en for media. Og akkurat slik som unger lærer å skrive ved å skrive masse grusom prosa, så lærer unger å skrive media ved å konstruere en masse (i hvert fall i begynnelsen) grusomme medieinnslag.

Et voksende felt av akademikere og aktivister ser denne formen for lese- og skriveferdighet som avgjørende for den neste generasjonen av kultur. For selv om de som har skrevet forstår hvor vanskelig det er å skrive – hvor vanskelig det er å bestemme rekkefølge i historien, å holde på oppmerksomheten hos leseren, å forme språket slik at det er forståelig – så har få av oss en reell følelse av hvor vanskelig medier er. Eller mer fundamentalt, de færreste av oss har en følelse for hvordan media fungerer, hvordan det holder på publikum, eller leder leseren gjennom historien, hvordan det utløser følelser eller bygger opp spenningen.

Det tok filmkunsten en generasjon før den kunne gjøre disse tingene bra. Men selv da, så var kunnskapen i filmingen, ikke i å skrive om filmen. Ferdigheten kom fra erfaring med å lage en film, ikke fra å lese en bok om den. En lærer å skrive ved å skrive, og deretter reflektere over det en har skrevet. En lærer å skrive med bilder ved å lage dem, og deretter reflektere over det en har laget.

Denne grammatikken har endret seg etter hvert som media har endret seg. Da det kun var film, som Elizabeth Daley, administrerende direktør ved Universitetet i Sør-Califorias Anneberg-senter for kommunikasjon og rektor ved USC skole for kino og TV, forklarte for meg, var grammatikken om «plasseringen av objekter, farger, ... rytme, skritt og tekstur.»[36] Men etter hvert som datamaskiner åpner opp et interaktivt rom hvor en historie blir «fremført» i tillegg til opplevd, endrer grammatikken seg. Den enkle kontrollen til fortellerstemmen er forsvunnet, og dermed er andre teknikker nødvendig. Forfatter Michael Crichton hadde mestret fortellerstemmen til science fiction, men da han forsøkte å lage et dataspill basert på et av sine verk, så var det et nytt håndverk han måtte lære. Det var ikke åpenbart hvordan en leder folk gjennom et spill uten at de får følelsen av å ha blitt ledet, selv for en svært vellykket forfatter.[37]

Akkurat denne ferdigheten er håndverket en lærer til de som lager filmer. Som Daley skriver, «folk er svært overrasket over hvordan de blir ledet gjennom en film. Den er perfekt konstruert for å hindre deg fra å se det, så du aner det ikke. Hvis en som lager filmer lykkes, så vet du ikke at du har vært ledet.» Hvis du vet at du ble ledet igjennom en film, så har filmen feilet.

Likevel handler innsatsen for å utvide lese- og skriveferdigheter – som går ut over tekst til å også ta med elementer som høres og ses – ikke om å skape bedre filmregissører. Målet er ikke å forbedre filmprofesjonen i det hele tatt. I stedet, som Daley forklarer:

> Fra mitt perspektiv er antagelig det viktigste digitale skillet ikke om en har tilgang til en boks eller ikke. Det er evnen til å ha kontroll over språket som boksen bruker. I motsatt fall er det bare noen få som kan skrive i dette språket, og alle oss andre er redusert til å ikke kunne skrive.

«Skrive-beskyttet.» Passive mottakere av kultur produsert andre steder. Sofapoteter. Forbrukere. Dette er medieverden fra det tjuende århundre.

Det tjueførste århundret kan bli annerledes. Dette er et kritisk punkt: Det kan bli både lesing og skriving. Eller i det minste lesing og bedre forståelse for håndverket å skrive. Eller det beste, lesing og forstå verktøyene som gir skriving mulighet til å veilede eller villede. Målet med enhver lese- og skriveferdighet, og denne lese- og skriveferdigheten spesielt, er å «gi folket makt til å velge det språket som passer for det de trenger å lage eller uttrykke.»[38] Det gir studenter mulighet «til å kommunisere i språket til det tjueførste århundret.»[39]

Som med ethvert annet språk, læres dette språket lettere for noen enn for andre. Det kommer ikke nødvendigvis lettere for dem som gjør det godt skriftlig. Daley og Stephanie Barish, direktør for Institutt for lese- og skriveferdigheter innen Multimedia ved Annenberg-senteret, beskriver et spesielt sterkt eksempel fra et prosjekt de gjennomførte i en videregående skole. Den videregående skolen var en veldig fattig skole i den indre byen i Los Angeles. Etter alle tradisjonelle måleenheter for suksess var denne skolen en fiasko, men Daley og Barish gjennomførte et program som ga ungene en mulighet til å bruke film til å uttrykke sine meninger om noe som studentene kjente godt til – våpen-relatert vold.

Klassen møttes fredag ettermiddag, og skapte et relativt nytt problem for skolen. Mens utfordringen i de fleste klasser var å få ungene til å dukke opp, var utfordringen for denne klassen å holde dem unna. «Ungene dukket opp 06:00, og dro igjen 05:00 på natta,» sa Barish. De jobbet hardere enn i noen andre fag for å gjøre det utdanning burde handle om – å lære hvordan de skulle uttrykke seg.

Ved å bruke hva som helst av «fritt tilgjengelig web-stoff de kunne finne,» og relativt enkle verktøy som gjorde det mulig for ungene å blande «bilde, lyd og tekst,» sa Barish at denne klassen produserte en serie av prosjekter som viste noe om våpen-basert vold som få ellers ville forstå. Dette var et tema veldig nært livene til disse studentene. Prosjektet «ga dem et verktøy, og bemyndiget dem slik at de både ble i stand til å forstå det og snakke om det,» forklarer Barish. Dette verktøyet lyktes med å skape uttrykk – mye mer vellykket og kraftfylt enn noe som hadde blitt laget ved å kun bruke tekst. «Hvis du hadde sagt til disse studentene at 'du må gjøre dette i tekst-form', så hadde de bare kastet hendene i været og gått og gjort noe annet,» forklarer Barish. Delvis, helt klart, fordi å uttrykke seg selv i tekstform ikke er noe disse studentene behersker. Heller ikke er tekstform en form som kan uttrykke *disse* idéene godt. Kraften i dette budskapet var avhenging av hvordan det hang sammen med uttrykksformen.

«Men handler ikke utdanning om å lære unger å skrive?» spurte jeg. Jo delvis, naturligvis. Men hvorfor lærer vi unger å skrive? Utdanning, forklarer Daley, handler om å gi studentene en måte å «konstruere mening.» Å si at det kun betyr skriving, er som å si at å lære bort skriving kun handler om å lære ungene å stave. Tekstforming er bare en del – og i større grad ikke den viktigste delen – for å konstruere mening. Som Daley forklarte i den mest rørende delen av vårt intervju:

> Det du ønsker er å gi disse studentene er en måte å konstruere mening. Hvis alt du gir dem er tekst, så kommer de ikke til å gjøre det. Fordi de kan ikke. Du vet, du har Johnny som kan se på en video, han kan spille på et TV-spill, han kan spre grafitti over alle dine vegger, han kan ta fra hverandre bilen din, og han kan gjøre alle mulige andre ting. Men han kan ikke lese teksten din. Så Johnny kommer på skolen, og du sier «Johnny, du er analfabet. Ingenting du gjør betyr noe.» Vel, da har Johnny to valg: Han kan avvise deg, eller han kan avvise seg selv. Hvis han har et sunt ego, så vil han avvise deg. Men hvis du i stedet sier, «Vel, med alle disse tingene som du kan gjøre, la oss snakke om dette temaet. Spill musikk til meg som du mener reflekterer over temaet, eller vis meg bilder som du mener reflekterer over temaet, eller tegn noe til meg som reflektere temaet.» Ikke ved å gi en unge et videokamera og … si «La oss dra for å ha det morsomt med videokameraet og lage en liten film.» Men i stedet, virkelig hjelpe ungen å ta disse elementene som ungen forstår, som er vedkommendes språk, og konstruer mening om temaet. …

> Dette gir enorm opplevelse av makt. Og det som skjer til slutt, selvfølgelig, som det har skjedd i alle disse klassene, er at de stopper opp når de treffer faktumet «jeg trenger å forklare dette, og da trenger jeg virkelig å skrive noe.» Og som en av lærerne fortalte Stephanie, de vil skrive om avsnittet 5, 6, 7, 8 ganger, helt til det blir riktig.

> Fordi de trengte det. De hadde en grunn til å gjøre det. De trengte å si noe, i motsetning til å kun danse etter din pipe. De trengte faktisk å bruke det språket de ikke håndterte veldig bra. Men de hadde begynt å forstå at de hadde mye gjennomslagskraft med dette språket.

Da to fly krasjet inn i World Trade Center, og et annet inn i Pentagon, og et fjerde inn i et jorde i Pennsylvania, snudde alle medier verden rundt seg mot denne nyheten. Hvert eneste øyeblikk i omtrent hver eneste dag den uka, og ukene som fulgte, gjenfortalte TV spesielt, og media generelt, historien om disse hendelsene som vi nettopp hadde vært vitne til. Genialiteten i denne forferdelige terrorhandlingen var at det forsinkede andre-angrepet var perfekt tidsatt for å sikre at hele verden ville være der for å se på.

Disse gjenfortellingene ga en økende familiær følelse. Det var musikk spesiallaget for mellom-innslagene, og avansert grafikk som blinket tvers over skjermen. Det var en formel for intervjuer. Det var «balanse» og seriøsitet. Dette var nyheter koreografert slik vi i stadig større grad forventer det, «nyheter som underholdning,» selv om underholdningen er en tragedie.

Men i tillegg til disse produserte nyhetene om «tragedien 11. september,» kunne de av oss som er knyttet til Internett se en svært annerledes produksjon. Internett er fullt av fortellinger om de samme hendelsene. Men disse Internett-fortellingene hadde en svært annerledes fremstilling. Noen folk konstruerte fotosider som fanget bilder fra hele verden, og presenterte dem som lysbildepresentasjoner med tekst. Noen tilbød åpne brev. Det var lydopptak. Det var sinne og frustrasjon. Det var forsøk på å sette ting i sammenheng. Det var, kort og godt, en ekstraordinær verdensomspennende dugnad, slik Mike Godwin bruker begrepet i sin bok *Cyber Rights*, rundt en nyhetshendelse som hadde fanget oppmerksomheten til hele verden. Det var ABC og CBS, men det var også Internett.

Det er ikke så enkelt som at jeg ønsker å lovprise Internett – selv om jeg mener at folkene som støtter denne formen for tale bør lovprises. Jeg ønsker i stedet å peke på viktigheten av denne formen for tale. For på samme måte som en Kodak, gjør Internett folk i stand til å fange bilder. Og på samme måte som med en film laget av en av studentene på «Just Think!»-bussen, kan visuelle bilder bli blandet med lyd og tekst.

Men i motsetning til en hvilken som helst teknologi for å enkelt fange bilder, tillater Internett at en nesten umiddelbart deler disse kreasjonene med et ekstraordinært antall menesker. Dette er noe nytt i vår tradisjon – ikke bare kan kultur fanges inn mekanisk, og åpenbart heller ikke at hendelser blir kommentert kritisk, men at denne blandingen av bilder, lyd og kommentar kan spres vidt omkring nesten umiddelbart.

11. september var ikke et avvik. Det var en start. Omtrent på samme tid begynte en form for kommunikasjon, som hadde vokst dramatisk, å komme inn i offentlig bevissthet: web-loggen, eller blogg. Bloggen er en slags offentlig dagbok, og i noen kulturer, slik som i Japan, fungerer den veldig lik en dagbok. I disse kulturene registrerer den private fakta på en offentlig måte – det er en slags elektronisk *Jerry Springer*, tilgjengelig overalt i verden.

Men i USA har blogger inntatt en svært annerledes karakter. Det er noen som bruker denne plassen til å snakke om sitt private liv. Men det er mange som bruker denne plassen til å delta i offentlig debatt. Diskuterer saker av offentlig interesse, kritiserer andre som har feil synspunkt, kritiser politikere for avgjørelser de tar, tilbyr løsninger på problemer vi alle ser. Blogger skaper en følelse av et virtuelt offentlig møte, men et hvor vi alle ikke må å være til stede på samme tid, og hvor samtalene ikke nødvendigvis er koblet sammen. De beste av bloggoppføringene er relativt korte. De peker direkte til ord brukt av andre, kritiserer dem eller bidrar til dem. Det kan argumenteres for at de er den viktigste form for ukoreografert offentlig debatt som vi har.

Det er en sterk uttalelse. Likevel sier den like mye om vårt demokrati som den sier om blogger. Dette er delen av USA som det er mest vanskelig å akseptere for oss som elsker USA: vårt demokrati har svunnet hen. Vi gjennomfører naturligvis valg, og mesteparten av tiden tillater domstolene at disse valgene teller. Et relativt lite antall mennesker stemmer i disse valgene. Syklusen med disse valgene har blitt totalt profesjonalisert og rutinepreget. De fleste av oss tenker på dette som demokrati.

Men demokrati har aldri kun handlet om å gjennomføre valg. Demokrati betyr at folket styrer, og å styre betyr noe mer enn å kunne velge. I vår tradisjon betyr det også kontroll gjennom gjennomtenkt meningsbrytning. Dette var idéen som fanget fantasien til Alexis de Tocqueville, den franske nittenhundretalls-advokaten som skrev den viktigste historien om det tidlige «demokratiet i Amerika.» Det var ikke allmenn stemmerett som fascinerte han – det var juryen, en institusjon som ga vanlige folk retten til å velge mellom liv og død over andre borgere. Og det som fascinerte ham mest var at juryen ikke bare stemte over hvilket resultat de ville legge frem. De diskuterte. Medlemmene argumenterte om hva som var «riktig» resultat, de forsøkte å overbevise hverandre om «riktig» resultat, og i hvert fall i kriminalsaker måtte de bli enige om et enstemmig resultat for at prosessen skulle avsluttes.[40] Og likevel fremheves denne institusjonen i USA i dag. Og i dets sted er det ingen systematisk innsats for å gjøre borger-diskusjon mulig. Noen gjør en innsats for å lage en slik institusjon.[41] Og i noen landsbyer i New England er det noe som ligner på diskusjon igjen. Men for de fleste av oss det meste av tiden, mangler det tid og sted for å gjennomføre «demokratisk diskusjon.»

Mer merkelig er at en generelt sett ikke engang har aksept for at det skal skje. Vi, det mektigste demokratiet i verden, har utviklet en sterk norm mot å diskutere politikk. Det er greit å diskutere politikk med folk du er enig med, men det er uhøflig å diskutere politikk med folk du er uenig med. Politisk debatt blir isolert, og isolert diskusjon blir mer ekstrem.[42] Vi sier det våre venner vil høre, og hører veldig lite utenom hva våre venner sier.

Så kommer bloggen. Selve bloggens arkitektur løser en del av dette problemet. Folk publiserer det de ønsker å publisere, og folk leser det de ønsker å lese. Den vanskeligste tiden er synkron tid. Teknologier som muliggjør asynkron kommunikasjon, slik som e-post, øker muligheten for kommunikasjon. Blogger gjør det mulig med offentlig debatt uten at folket noen gang trenger å samle seg på et enkelt offentlig sted.

Men i tillegg til arkitektur, har blogger også løst problemet med normer. Det er (ennå) ingen norm i bloggsfæren om å ikke snakke om politikk. Sfæren er faktisk fylt med politiske innlegg, både på høyre- og venstresiden. Noen av de mest populære stedene er konservative eller frihetsforkjempere (libertarian), men det er mange av alle politiske farger. Til og med blogger som ikke er politiske dekker politiske temaer når anledningen krever det.

Betydningene av disse bloggene er liten nå, men ikke ubetydelig. Navnet Howard Dean har i stor grad forsvunnet fra 2004-presidentvalgkampen, bortsett fra hos noen få blogger. Men selv om antallet lesere er lavt, så har det å lese dem en effekt.

En direkte effekt er på historier som hadde en annerledes livssyklus i de store mediene. Trend Lott-affæren er et eksempel. Da Lott «sa feil» på en fest for senator Storm Thurmond, og essensielt lovpriste segregeringspolitikken til Thurmond, regnet han ganske riktig med at historien ville forsvinne fra de store mediene i løpet av førtiåtte timer. Det skjedde. Men han regnet ikke med dens livssyklus i bloggsfæren. Bloggerne fortsatte å undersøke historien. Etter hvert dukket flere og flere tilfeller av tilsvarende «feiluttalelser» opp. Så dukket historien opp igjen hos de store mediene. Lott ble til slutt tvunget til å trekke seg som flertallsleder i senatet.[43]

Denne annerledes syklusen er mulig på grunn av at et tilsvarende kommersielt press ikke eksisterer hos blogger slik det gjør hos andre kanaler. TV og aviser er kommersielle aktører. De må arbeide for å holde på oppmerksomheten. Hvis de mister lesere, så mister de inntekter. Som haier, må de bevege seg videre.

Men bloggere har ikke tilsvarende begrensninger. De kan bli opphengt, de kan fokusere, de kan bli seriøse. Hvis en bestemt blogger skriver en spesielt interessant historie, så vil flere og flere folk lenke til den historien. Og etter hvert som antallet lenker til en bestemt historie øker, så stiger den i rangeringen for historier. Folk leser det som er populært, og det som er populært har blitt valgt gjennom en svært demokratisk prosess av likemannsgenerert rangering.

Det er også en annen måte, hvor blogger har en annen syklus enn de store mediene. Som Dave Winer, en av fedrene til denne bevegelsen og en programvareutvikler i mange tiår, fortalte meg, er en annen forskjell fraværet av finansiell «interessekonflikt.» «Jeg tror du må ta interessekonflikten» ut av journalismen, fortalte Winer meg. «En amatørjournalist har ganske enkelt ikke interessekonflikt, eller interessekonflikten er så enkelt å avsløre at du på en måte vet du kan rydde den av veien.»

Disse konfliktene blir mer viktig etter hvert som mediene blir mer sentralstyrt (mer om dette under). Konsentrerte medier kan skjule mer fra offentligheten enn ikke-konsentrerte medier kan – slik CNN innrømte at de gjorde etter Irak-krigen fordi de var redd for konsekvensene for sine egne ansatte.[44] De trenger også å opprettholde en mer konsistent rapportering. (Midt under Irak-krigen, leste jeg en melding på Internett fra noen som på det tidspunktet lyttet på satellitt-forbindelsen til en reporter i Irak. New York-hovedkvarteret fortalte reporteren gang på gang at hennes rapport om krigen var for trist: Hun måtte tilby en mer optimistisk historie. Når hun fortalte New York at det ikke var grunnlag for det, fortalte de henne at det var *de* som skrev «historien.»)

Bloggsfæren gir amatører en måte å bli med i debatten – «amatør» ikke i betydningen uerfaren, men i betydningen av en olympisk atlet, det vil si ikke betalt av noen for å komme med deres rapport. Det tillater en mye bredere rekke av innspill til en historie, slik rapporteringen av Columbia-katastrofen avdekket, når hundrevis fra hele sørvestlige USA vendte seg til Internett for å gjenfortelle hva de hadde sett.[45] Og det får lesere til å lese på tvers av en rekke fortellinger og «triangulere,» som Winer formulerer det, sannheten. Blogger, sier Winer, «kommuniserer direkte med vår velgermasse, og mellommannen er fjernet» – med alle de fordeler og ulemper det kan føre med seg.

Winer er optimistisk når det gjelder en journalistfremtid infisert av blogger. «Det kommer til å bli en nødvendig ferdighet,» spår Winer, for offentlige aktører og også i større grad for private aktører. Det er ikke klart at «journalismen» er glad for dette – noen journalister har blitt bedt om å kutte ut sin blogging.[46] Men det er klart at vi fortsatt er i en overgangsfase. «Mye av det vi gjør nå er oppvarmingsøvelser,» fortalte Winer meg. Det er mye som må modne før dette feltet har modnet ferdig. Og etter som inkludering av innhold på dette feltet er det feltet med minst opphavsrettsbrudd på Internett, sa Winer at «vi vil være den siste tingen som blir skutt ned.» Slik tale påvirker demokratiet. Winer mener dette skjer fordi «du trenger ikke jobber til noen som kontrollerer, [til] en portvokter.» Det er sant. Men det påvirker demokratiet også på en annen måte. Etter hvert som flere og flere borgere uttrykker hva de mener, og forsvarer det skriftlig, så vil det endre hvordan folk forstår offentlige temaer. Det er enkelt å ta feil og være på villspor i hodet ditt. Det er vanskeligere når resultatet fra dine tanker kan bli kritisert av andre. Det er selvfølgelig et sjeldent menneske som innrømmer at han ble overtalt til å innse at han tok feil. Men det er mer sjeldent for et menneske å ignorere at noen har bevist at han tok feil. Å skrive ned idéer, argumenter og kritikk forbedrer demokratiet. I dag er det antagelig et par millioner blogger der det skrives på denne måten. Når det er ti millioner, så vil det være noe ekstraordinært å rapportere.

John Seely Brown er sjefsforsker ved Xerox Corporation. Hans arbeid, ifølge hans eget nettsted, er «menneskelig læring og … å skape kunnskapsøkologier for å skape … innovasjon.»

Brown ser dermed på disse teknologiene for digital kreativitet litt annerledes enn fra perspektivene jeg har skissert opp så langt. Jeg er sikker på at han blir begeistret for enhver teknologi som kan forbedre demokratiet. Men det han virkelig blir begeistret over er hvordan disse teknologiene påvirker læring.

Brown tror vi lærer med å fikle. Da «mange av oss vokste opp,» forklarer han, ble fiklingen gjort «på motorsykkelmotorer, gressklippermotorer, biler, radioer og så videre.» Men digitale teknologier muliggjør en annen type fikling – med abstrakte idéer i sin konkrete form. Ungene i Just Think! tenker ikke bare på hvordan et reklameinnslag fremstiller en politiker. Ved å bruke digital teknologi kan de ta reklameinnslaget fra hverandre og manipulerer det, fikle med det, og se hvordan det blir gjort. Digitale teknologier setter i gang et slags hobbyarbeid eller «frifotomontasje,» som Brown kaller det. Mange får mulighet til å legge til eller endre på fiklingen til mange andre.

Det beste eksemplet i større skala så langt på denne typen fikling er fri programvare og åpen kildekode (FS/OSS). FS/OSS er programvare der kildekoden deles ut. Alle kan laste ned teknologien som får et FS/OSS-program til å fungere. Og enhver som har lyst til å lære hvordan en bestemt bit av FS/OSS-teknologi fungerer kan fikle med koden.

Denne muligheten gir en «helt ny type læringsplattform,» ifølge Brown. «Så snart du begynner å gjøre dette, så … slipper du løs en frifotomontasje til fellesskapet, slik at andre folk kan begynne å se på koden din, fikle med den, teste den, se om de kan forbedre den.» Og hver innsats er en slags læretid. «Åpen kildekode blir en stor lærlingsplattform.»

I denne prosessen, «er de konkrete tingene du fikler med abstrakte. De er kildekode.» Unger «endres til å få evnen til å fikle med det abstrakte, og denne fiklingen er ikke lenger en isolert aktivitet som du gjør i garasjen din. Du fikler med en fellesskapsplattform. … Du fikler med andre folks greier. Og jo mer du fikler, jo mer forbedrer du.» Jo mer du forbedrer, jo mer lærer du.

Denne samme tingen skjer også med innhold. Og det skjer på samme samarbeidende måte når dette innholdet er del av verdensveven. Som Brown formulerer det, «verdensveven er det første medium som virkelig tar hensyn til flere former for intelligens.» Tidligere teknologier, slik som skrivemaskin eller tekstbehandling, hjelper med å fremme tekst. Men nettet fremmer mye mer enn tekst. «Nettet … si du er musikalsk, at du er kunstnerisk, du er visuell, at du er interessert i film … da er det en masse du kan gå i gang med på dette mediet. Det kan fremme og ta hensyn til alle disse formene for intelligens.»

Brown snakker om hva Elizabeth Daley, Stephanie Barish og Just Think! lærer bort: at denne fiklingen med kultur lærer bort såvel som at den skaper. Den utvikler talenter litt anderledes, og den bygger en annen type gjenkjenning.

Likevel er friheten til å fikle med disse objektene ikke garantert. Faktisk, som vi vil se i løpet av denne boken, er den friheten i stadig større grad omstridt. Mens det ikke er tvil om at din far hadde rett til å fikle med bilmotoren, så er det stor tvil om ditt barn vil ha retten til å fikle med bilder som hun finner over alt. Loven, og teknologi i stadig større grad, forstyrrer friheten som teknologi og nysgjerrigheten ellers ville sikre.

Disse begrensningene har blitt fokusen for forskere og akademikere. Professor Ed Felten ved Princeton (som vi vil se mer fra i kapittel 10 (s. 97)) har utviklet et krafig argument til fordel for «retten til å fikle» slik det gjøres i informatikk og til kunnskap generelt.[47] Men bekymringen til Brown er tidligere, og mer fundamentalt. Det handler om hva slags læring unger kan få, eller ikke kan få, på grunn av loven.

«Dette er dit utviklingen av utdanning i det tjueførste århundret er på vei,» forklarer Brown. Vi må «forstå hvordan unger som vokser opp digitalt tenker og ønsker å lære.»

«Likevel,» fortsatte Brown, og som balansen i denne boken vil føre bevis for, «bygger vi et juridisk system som fullstendig undertrykker den naturlige tendensen i dagens digitale unger. … Vi bygger en arkitektur som frigjør 60 prosent av hjernen [og] et juridisk system som stenger ned den delen av hjernen.»

Vi bygger en teknologi som tar magien til Kodak, mikser inn bevegelige bilder og lyd, og legger inn plass for kommentarer, og en mulighet til å spre denne kreativiteten over alt. Men vi bygger loven for å stenge ned denne teknologien.

«Ikke måten å styre en kultur på,» sa Brewster Kahle, som vi møtte i kapittel 9 (s. 91), kommenterte til meg i et sjeldent øyeblikk av nedstemthet.

Kapittel tre: Kataloger

Høsten 2002 ble Jesse Jordan fra Oceanside, New York, innrullert som førsteårsstudent ved Rensselaer Polytechnic Institute, i Troy, New York. Hans studieretning ved RPI var informasjonsteknologi. Selv om han ikke var en programmerer, bestemte Jesse seg i oktober å begynne å fikle med en søkemotorteknologi som var tilgjengelig på RPI-nettverket.

RPI er en av Amerikas fremste teknologiske forskningsinstitusjoner. De tilbyr grader innen områder som går fra arkitektur og ingeniørfag til informasjonsvitenskap. Mer enn 65 prosent av de fem tusen laveregradsstudentene fullførte blant de 10 prosent beste i deres klasse på videregående. Skolen er dermed en perfekt blanding av talent og erfaring for å se for seg og deretter bygge, en generasjon tilpasset nettverksalderen.

RPIs datanettverk knytter studenter, forelesere og administrasjon sammen. Det kobler også RPI til Internett. Ikke alt som er tilgjengelig på RPI-nettet er tilgjengelig på Internett. Men nettverket er utformet for å gi alle studentene mulighet til å bruke Internett, i tillegg til mer direkte tilgang til andre medlemmer i RPI-fellesskapet.

Søkemotorer er en indikator på hvor intimt et datanettverk oppleves å være. Google brakte Internett mye nærmere oss alle ved en utrolig forbedring av kvaliteten på søk i nettverket. Spesialiserte søkemotorer kan gjøre dette enda bedre. Idéen med «intranett»-søkemotorer, søkemotorer som kun søker internt i nettverket til en bestemt institusjon, er å tilby brukerne i denne institusjonen bedre tilgang til materiale fra denne institusjonen. Bedrifter gjør dette hele tiden, ved å gi ansatte mulighet til å få tak i materiale som folk på utsiden av bedriften ikke kan få tak i. Det gjøres også av universiteter.

Disse motorene blir muliggjort av nettverksteknologien selv. For eksempel har Microsoft et nettverksfilsystem som gjør det veldig enkelt for søkemotorer tilpasset det nettverket å spørre systemet etter informasjon om det offentlig (innen nettverket) tilgjengelige innholdet. Søkemotoren til Jesse var bygget for å dra nytte av denne teknologien. Den brukte Microsofts nettverksfilsystem for å bygge en indeks over alle filene tilgjengelig inne i RPI-nettverket.

Søkemotoren Jesse laget var ikke den første laget for RPI-nettverket. Hans motor var faktisk en enkel endring av motorer som andre hadde bygget. Hans viktigste enkeltforbedring i forhold til disse motorene var å fikse en feil i Microsofts fildelingssystem som fikk en brukers datamaskin til å krasje. Hvis du med motorene som hadde eksistert tidligere forsøkte å koble deg ved hjelp av Windows-utforskeren til en fil som var på en datamaskin som ikke var på nett, så ville datamaskinen din krasje. Jesse endret systemet litt for å fikse det problemet, ved å legge til en knapp som en bruker kunne klikke på for å se om maskinen som hadde filen fortsatt var på nett.

Motoren til Jesse kom på nett i slutten av oktober. I løpet av de følgende seks månedene fortsatte han å justere den for å forbedre dens funksjonalitet. I mars fungerte systemet ganske bra. Jesse hadde mer enn en million filer i sin katalog, inkludert alle mulige typer innhold som fantes på brukernes datamaskiner.

Dermed listet søkemotorindeksen han produserte opp både bilder, som studentene kunne legge inn på sine egne nettsider, kopier av notater og forskning, kopier av informasjonshefter, filmklipp som studentene kanskje hadde laget, universitetsbrosjyrer – kort sagt alt som brukerne av RPI-nettverket hadde gjort tilgjengelig i en offentlig mappe på sine datamaskiner.

Men indeksen listet også opp musikkfiler. Faktisk var en fjerdedel av filene omtalt i Jesses søkemotor musikkfiler. Men det betyr, naturligvis, at tre fjerdedeler ikke var det, og – slik at dette poenget er helt klart – Jesse gjorde ingenting for å få folk til å plassere musikkfiler i deres offentlige mapper. Han gjorde ingenting for å sikte søkemotoren mot disse filene. Han var en ungdom som fiklet med Google-lignende teknologi ved et universitet der han studerte informasjonsvitenskap, og dermed var fiklingen målet. I motsetning til Google, eller Microsoft for den saks skyld, tjente han ingen penger på denne fiklingen. Han var ikke knyttet til noen bedrift som skulle tjene penger fra dette eksperimentet. Han var en ungdom som fiklet med teknologi i en omgivelse hvor fikling med teknologi var nøyaktig hva han skulle gjøre.

Den 3. april 2003 ble Jesse kontaktet av lederen for studentkontoret ved RPI. Lederen fortalte Jesse at Foreningen for musikkindustri i USA, RIAA, ville levere inn et søksmål mot han og tre andre studenter som han ikke en gang kjente, to av dem på andre universiteter. Noen få timer senere ble Jesse forkynt søksmålet og fikk overlevert dokumentene. Mens han leste disse dokumentene og så på nyhetsrapportene om den, ble han stadig mer forbauset.

«Det var absurd,» fortalte han meg. «Jeg mener at jeg ikke gjorde noe galt. … Jeg mener det ikke er noe galt med søkemotoren som jeg kjørte eller … hva jeg hadde gjort med den. Jeg mener, jeg hadde ikke endret den på noen måte som fremmet eller forbedret arbeidet til pirater. Jeg endret kun søkemotoren slik at den ble enklere å bruke» – igjen, en *søkemotor*, som Jesse ikke hadde bygd selv, som brukte fildelingssystemet til Windows, som Jesse ikke hadde bygd selv, for å gjøre det mulig for medlemmer av RPI-fellesskapet å få tilgang til innhold, som Jesse ikke hadde laget eller gjort tilgjengelig, og der det store flertall av dette ikke hadde noe med musikk å gjøre.

Men RIAA kalte Jesse en pirat. De hevdet at han opererte et nettverk, og dermed «bevisst» hadde brutt åndsverkslovene. De krevde at han betalte dem skadeerstatning for det han hadde gjort galt. I saker med «bevisste krenkelser,» spesifiserer åndsverksloven noe som advokater kaller «lovbestemte skader.» Disse skadene tillater en opphavsrettighetseier å kreve 150 000 dollar per krenkelse. Etter som RIAA påsto det var mer enn et hundre spesifikke opphavsrettskrenkelser, krevde de dermed at Jesse betalte dem minst 15 000 000 dollar.

Lignende søksmål ble gjort mot tre andre studenter: en annen student ved RPI, en ved Michigan Technical University og en ved Princeton. Deres situasjoner var lik den til Jesse. Selv om hver sak hadde forskjellige detaljer, var hovedpoenget nøyaktig det samme: store krav om «erstatning» som RIAA påsto de hadde rett på. Hvis du summerte opp disse kravene, ba disse fire søksmålene domstolene i USA å tildele saksøkerne nesten 100 *milliarder* dollar – seks ganger det *totale* overskuddet til filmindustrien i 2001.[48] Jesse kontaktet sine foreldre. De støttet ham, men var litt skremt. En onkel var advokat. Han startet forhandlinger med RIAA. De krevde å få vite hvor mye penger Jesse hadde. Jesse hadde spart opp 12 000 dollar fra sommerjobber og annet arbeid. De krevde 12 000 dollar for å trekke saken.

RIAA ville at Jesse skulle innrømme at han hadde gjort noe galt. Han nektet. De ville ha ham til å godta en forføyning som i praksis ville gjøre det umulig for han å arbeide i mange områder innen teknologi for resten av hans liv. Han nektet. De fikk ham til å forstå at denne prosessen med å bli saksøkt ikke kom til å bli hyggelig. (Som faren til Jesse refererte til meg, fortalte sjefsadvokaten på saken, Matt Oppenheimer, «Du ønsker ikke et tannlegebesøk hos meg flere ganger»), og gjennom det hele insisterte RIAA at de ikke ville inngå forlik før de hadde tatt hver eneste øre som Jesse hadde spart opp.

Familien til Jessie ble opprørt over disse påstandene. De ønsket å kjempe. Men onkelen til Jessie gjorde en innsats for å lære familien om hvordan det amerikanske juridiske systemet fungerte. Jesse kunne sloss mot RIAA. Han kunne til og med vinne. Men kostnaden med å sloss mot et søksmål som dette, ble Jesse fortalt, ville være minst 250 000 dollar. Hvis han vant ville han ikke få tilbake noen av de pengene. Hvis han vant, så ville han ha en bit papir som sa at han vant, og en bit papir som sa at han og hans familie var konkurs.

Så Jesse hadde et mafia-lignende valg: 250 000 dollar og en sjanse til å vinne, eller 12 000 dollar og et forlik.

Musikkindustrien insisterer på at dette er et spørsmål om lov og moral. La oss legge loven til side for et øyeblikk og tenke på moralen. Hvor er moralen i et søksmål som dette? Hva er dyden i å skape offerlam? RIAA er en spesielt mektig lobby. Presidenten i RIAA tjener ifølge rapporter mer enn 1 million dollar i året. Artister, på den andre siden, får ikke godt betalt. Den gjennomsnittlige innspillingsartist tjener 45 900 dollar.[49] Det er utallige virkemidler som RIAA kan benytte for å påvirke og styre politikken. Så hva er det moralske i å ta penger fra en student for å drive en søkemotor?[50]

23. juni overførte Jesse alle sine oppsparte midler til advokaten som jobbet for RIAA. Saken mot ham ble trukket. Og slik ble unggutten som hadde fiklet med en datamaskin og blitt saksøkt for 15 millioner dollar, en aktivist:

Jeg var definitivt ikke en aktivist [tidligere]. Jeg mente egentlig aldri å være en aktivist. … [men] jeg har blitt skjøvet inn i dette. Jeg forutså over hodet ikke noe slik som dette, men jeg tror det er bare helt absurd det RIAA har gjort.

Foreldrene til Jesse avslører en viss stolthet over deres motvillige aktivist. Som hans far fortalte meg, Jesse «anser seg selv for å være konservativ, og det samme gjør jeg. ... Han er ingen treklemmer. ... Jeg synes det er sært at de ville lage bråk med ham. Men han ønsker å la folk vite at de sender feil budskap. Og han ønsker å korrigere rullebladet.»

Kapittel fire: «Pirater»

Hvis «piratvirksomhet» betyr å bruke den kreative eiendommen til andre uten deres tillatelse – hvis «hvis verdi, så rettighet» er tilfelle – da er historien til innholdsindustrien en historie om piratvirksomhet. Hver eneste viktige sektor av «store medier» i dag – film, plater, radio og kabel-TV – kom fra en slags piratvirksomhet etter den definisjonen. Den konsekvente fortellingen er at forrige generasjon pirater blir del av denne generasjonens borgerskap – inntil nå.

Film

Filmindustrien i Hollywood var bygget opp av flyktende pirater.[51] Skapere og regissører flyttet fra østkysten til California tidlig i det tjuende århundret delvis for å slippe unna kontrollene som patenter ga den som fant opp å lage film, Thomas Edison. Disse kontrollene ble utøvet gjennom et monopol-«kartell,» The Motion Pictures Patents Company, og var basert på Thomas Edisons kreative eierrettigheter – patenter. Edison stiftet MPPC for å utøve rettighetene som disse kreative eierrettighetene ga ham, og MPPC var seriøs med de krav om kontroll som de fremmet:
Som en kommentator forteller en del av historien,

> En tidsfrist ble satt til januar 1909 for alle selskaper å komme i samsvar med lisensen. Da februar kom, protesterte de ulisensierte fredløse, som refererte til seg selv som uavhengige, mot kartellet, og fortsatte sin forretningsvirksomhet uten å bøye seg for Edisons monopol. Sommeren 1909 var bevegelsen med uavhengige i full sving, med produsenter og kinoeiere som brukte ulovlig utstyr og importerte filmlager for å opprette sitt eget undergrunnsmarked.

> Med et land som så en kolossal økning i antall billige kinoer, såkalte nickelodeons, reagerte patentselskapet på uavhengige-bevegelsen med å stifte General Film Company, et hardhendt datterselskap opprettet for å blokkere ankomsten av de ulisensierte uavhengige. Med tvangstaktikker som har blitt legendariske, konfiskerte General Film ulisensiert utstyr, stoppet varelevering til kinoer som viste ulisensiert film, og effektivt monopoliserte distribusjon ved å kjøpe opp alle USAs filmsentraler, med unn-

tak av den ene som var eid av den uavhengige William Fox som motsto kartellet selv etter at hans lisens var trukket tilbake.[52]

Napsterne i de dager, de «uavhengige,» var selskaper som Fox. Og ikke mindre enn i dag ble disse uavhengige intenst motarbeidet. «Opptak ble avbrutt av stjålet maskineri, og 'uhell' som førte til tapte negativer, utstyr, bygninger og noen ganger liv og lemmer skjedde ofte.»[53] Dette fikk de uavhengige til å flykte til østkysten. California var fjernt nok fra Edisons innflytelse til at filmskaperne der kunne røve hans nyvinninger uten å frykte loven. Og lederne blant Hollywoods filmskapere, Fox mest fremtredende, gjorde akkurat dette.

California vokste naturligvis raskt, og effektiv håndhevelse av føderale lover spredte seg til slutt vestover. Men fordi patenter tildeler patentinnehaveren et i sannhet «begrenset» monopol (kun sytten år på den tiden), så var patentene utgått før nok føderale lovmenn dukket opp. En ny industri var født, delvis fra piratvirksomhet mot Edisons kreative rettigheter.

Innspilt musikk

Musikkindustrien ble født av en annen type piratvirksomhet, dog for å forstå hvordan krever det at en setter seg inn i detaljer om hvordan loven regulerer musikk.

På den tiden da Edison og Henri Fourneaux fant opp maskiner for å reprodusere musikk (Edison fonografen, Fourneaux det automatiske pianoet), gav loven komponister eksklusive rettigheter til å kontrollere kopier av musikken sin, og eksklusive rettigheter til å kontrollere fremføringer av musikken sin. Med andre ord, i 1900, hvis jeg ønsket et kopi av Phil Russels populære låt «Happy Mose,» sa loven at jeg måtte betale for rettigheten til å få en kopi av notearkene, og jeg måtte også betale for å ha rett til å fremføre det offentlig.

Men hva hvis jeg ønsket å spille inn «Happy Mose» ved hjelp av Edisons fonograf eller Fourneaux automatiske piano? Her snublet loven. Det var klart nok at jeg måtte kjøpe en kopi av notene som jeg fremførte når jeg gjorde innspillingen. Og det var klart nok at jeg måtte betale for enhver offentlig fremførelse av verket jeg spilte inn. Men det var ikke helt klart om jeg måtte betale for en «offentlig fremføring» hvis jeg spilte inn sangen i mitt eget hus (selv i dag skylder du ingenting til Beatles hvis du synger en av deres sanger i dusjen), eller hvis jeg spilte inn sangen fra hukommelsen (kopier i din hjerne er ikke – ennå – regulert av åndsverksloven). Så hvis jeg ganske enkelt sang sangen inn i et innspillingsapparat i mitt eget hjem, så var det ikke klart at jeg skyldte komponisten noe. Og enda viktigere, det var ikke klart om jeg skyldte komponisten noe hvis jeg så laget kopier av disse innspillingene. På grunn av dette hullet i loven, så kunne jeg i effekt røve noen andres sang uten å betale dets komponist noe.

Komponistene (og utgiverne) var ikke veldig glade for denne anledningen til å røve. Som Senator Alfred Kittredge fra Sør-Dakota formulerte det:

Forestill dere denne urettferdigheten. En komponist skriver en sang eller en opera. En utgiver kjøper rettighetene til denne for en høy sum, og registrerer opphavsretten til den. Så kommer de fonografiske selskapene og selskapene som skjærer musikkruller, og med vitende og vilje stjeler arbeidet som kommer fra hjernen til komponisten og utgiveren uten å bry seg om [deres] rettigheter.[54]

Innovatørene som utviklet teknologien for å spille inn andres arbeide, «snyltet på innsatsen, arbeidet, talentet og geniet til amerikanske komponister,»[55] og «musikkforlagsbransjen» var dermed «fullstendig underlagt denne piraten.»[56] Som John Philip Sousa formulerte det, så direkte som det kan sies, «når de tjener penger på mine stykker, så vil jeg ha en andel.»[57]

Disse argumentene høres omtrent ut som argumentene fra våre dager. Det samme gjør argumentene fra den andre siden. Oppfinnerne som utviklet det automatiske pianoet argumenterte med at «det er fullt mulig å vise at introduksjonen av automatiske musikkspillere ikke har fratatt noen komponist noe han hadde før det ble introdusert.» I stedet økte maskinene salget av noteark.[58] Uansett, argumenterte oppfinnerne, jobben til kongressen var «å først vurdere interessen til [folket], som de representerte, og som de skal tjene.» «Alt snakk om 'tyveri',» skrev sjefsjuristen til American Graphophone Company, «er kun nonsens, for det finnes ingen eiendom i musikalske idéer, skriftlig eller kunstnerisk, unntatt det som er definert i loven.»[59]

Loven løste snart denne kampen i favør av *både* komponisten og innspillingsartisten. Kongressen endret loven slik at komponisten fikk betalt for den «mekaniske reproduksjonen» av deres musikk. Men i stedet for å ganske enkelt gi komponisten full kontroll over rettigheten til å lage mekaniske reproduksjoner, ga Kongressen innspillingsartister retten til å spille inn musikk, til en pris satt av Kongressen, så snart komponisten har tillatt at den ble spilt inn en gang. Det er denne delen av åndsverksloven som gjør cover-låter mulig. Så snart en komponist tillater én innspilling av sin sang, har andre mulighet til å spille inn samme sang, så lenge de betaler den originale komponisten et gebyr fastsatt av loven.

Amerikansk lov kaller dette vanligvis en «tvangslisens,» men jeg vil referere til dette som en «lovbestemt lisens.» En lovbestemt lisens er en lisens hvis nøkkelvilkår er bestemt i lovverket. Etter kongressens endring av åndsverkloven i 1909, sto plateselskapene fritt til å distribuere kopier av innspillinger så lenge som de betalte komponisten (eller opphavsrettsinnehaveren) gebyret spesifisert i lovverket.

Dette er et unntak i åndsverkloven. Når John Grisham skriver en roman, så kan en utgiver kun utgi denne romanen hvis Grisham gir utgiveren tillatelse til det. Grisham står fritt til å kreve hvilken som helst betaling for den tillatelsen. Prisen for å publisere Grisham er dermed bestemt av Grisham, og åndsverkloven sier at du ikke har tillatelse til å bruke Grishams verk med mindre du har tillatelse fra Grisham.

Men loven som styrer innspillinger gir innspillingsartisten mindre. Og dermed er effekten at loven *subsidierer* musikkindustrien med et slags piratvirksomhet – ved å gi innspillingsartister en svakere rettighet enn de gir kreative forfattere. The Beatles har mindre kontroll over deres kreative verk enn Grisham har. Og de som nyter godt av at de har mindre kontroll, er musikkindustrien og folket. Musikkindustrien får noe av verdi for mindre enn de ellers måtte betalt, og folket får tilgang til en større mengde musikalsk kreativitet. Kongressen var faktisk svært eksplisitt i sine grunner for å dele ut denne rettigheten. Den fryktet monopolmakten til rettighetsinnehaverne, og at denne makten skulle kvele påfølgende kreativitet.[60]

Mens musikkindustrien har vært ganske stille om dette i det siste, har de historisk vært høylytte tilhengere av den lovbestemte lisensen for innspillinger. Som det sto i en rapport fra 1967 utgitt av House Committee on the Judiciary:

> Plateprodusentene argumenterte energisk for at tvangslisenssystemet måtte bevares. De tok utgangspunkt i at musikkindustrien er et forretningsområde på en halv milliard dollar som er veldig viktig for økonomien i USA og resten av verden. Plater er i dag den viktigste måten å spre musikk, og dette fører til spesielle problemer, siden utøvere trenger uhindret tilgang til musikalsk materiale på ikke-diskriminerende vilkår. Plateprodusentene pekte på at historisk var det ingen innspillingsrettigheter før 1909, og 1909-endringen i lovverket vedtok tvangslisensen som en gjennomtenkt mekanisme for å unngå monopol da de tildelte disse rettighetene. De argumenterer med at resultatet har vært at det har strømmet på med innspilt musikk, at folket har fått lavere priser, bedre kvalitet og flere valg.[61]

Ved å begrense rettighetene musikere hadde, ved å delvis røve deres kreative verk, fikk innspillingsprodusentene, og folket, fordeler.

Radio

Radio kom også fra piratvirksomhet.

Når en radiostasjon spiller en plate på luften, så utgjør dette en «offentlig fremføring» av komponistens verk.[62] Som jeg beskrev over, gir loven komponisten (eller opphavsrettsinnehaveren) en eksklusiv rett til offentlige fremføringer av hans verk. Radiostasjonen skylder dermed komponisten penger for denne fremføringen.

Men når en radiostasjon spiller en plate, så fremfører det ikke bare et eksemplar av *komponistens* verk. Radiostasjonen fremfører også et eksemplar av *innspillingsartistens* verk. Det er en ting å få «Happy Birthday» sunget på radio av det lokale barnekoret. Det er noe ganske annet å få det sunget av Rolling Stones eller Lyle Lovett. Innspillingsartisten legger til verdi på komposisjonen fremført av radiostasjonen. Og hvis loven var fullstendig konsistent, så burde radiostasjonen også vært nødt til å betale innspillingsartisten for sitt verk, på samme måten som den betaler komponisten av musikken for sitt verk.

Men det gjør den ikke. Ifølge loven som styrer radiofremføringer, trenger ikke radiostasjonen å betale noe til innspillingsartisten. Radiostasjonen trenger kun å betale komponisten. Radiostasjonen får dermed noe uten å betale. Den får fremføre innspillingsartistens verk gratis, selv om den må betale komponisten noe for privilegiet det er å spille sangen.

Denne forskjellen kan bli stor. Forestill deg at du komponerer et stykke musikk. Se for deg at det er ditt første stykke. Du eier de eksklusive rettighetene til å godkjenne offentlig fremføring av den musikken. Så hvis Madonna ønsker å synge din sang offentlig, må hun få din tillatelse.

Tenk deg videre at hun synger din sang, og at hun liker den veldig godt. Hun bestemmer seg deretter for å spille inn sangen din, og den blir en populær hitlåt. Med loven vår vil du få litt penger hver gang en radiostasjon spiller din sang. Men Madonna får ingenting, bortsett fra de indirekte effektene fra salg av hennes CD-er. Den offentlige fremføringen av hennes innspilling er ikke en «beskyttet» rettighet. Radiostasjonen får dermed *røve* verdien av Madonnas arbeid uten å betale henne noen ting.

Uten tvil kan en argumentere for at innspillingsartistene totalt sett tjener på dette. I snitt er reklamen de får verdt mer enn fremføringsrettighetene de sier fra seg. Kanskje. Men selv om det er slik, så gir loven vanligvis skaperen retten til å gjøre dette valget. Ved å gjøre valget for ham eller henne, gir loven radiostasjonen rett til å ta noe uten å betale.

Kabel-TV

Kabel-TV kom også fra en form for piratvirksomhet.

Da kabel-TV-gründere først begynte å koble opp lokalmiljø med kabel-TV i 1948, nektet de fleste å betale kringkasterne for innholdet som de sendte videre til sine kunder. Selv da kabelselskapene begynte å selge tilgang til TV-kringkastinger, nektet de å betale for det de solgte. Kabelselskapene Napsteriserte dermed kringkasternes innhold, men grovere enn det Napster noen gang gjorde – Napster tok aldri betalt for innholdet som det ble mulig for andre å gi bort.

Kringkastere og opphavsrettsinnehavere var raske til å angripe dette tyveriet. Rosel Hyde, styreleder i FCC, så praksisen som en slags «urettferdig og potensielt ødeleggende konkurranse.»[63] Det kan ha vært en «offentlig interesse» i å øke spredningen til kabel-TV, men som Douglas Anello, sjefsjurist hos Nasjonalforeningen for kringkastere spurte senator Quentin Burdick om under sitt vitnemål, «Dikterer offentlig interesse at du kan bruke noen andres eiendom?»[64] Som en annen kringkaster formulerte det:

> Den uvanlige tingen med kabel-TV-selskapene er at det er de eneste selskapene jeg vet om hvor produktet som blir solgt ikke er betalt for.[65]

Igjen, kravene til opphavsrettsinnehaverne virket rimelige nok:

> Alt vi ber om er en veldig enkel ting, at folk som tar vår eiendom gratis betaler for den. Vi forsøker å stoppe piratvirksomhet, og

jeg kan ikke tenke på et svakere ord for å beskrive det. Jeg tror det er sterkere ord som ville passe.[66]

Disse var «gratispassasjerer,» sa presidenten Charlton Heston i Screen Actor's Guild, som «tok lønna fra skuespillerne.»[67]

Men igjen, det er en annen side i debatten. Som assisterende justisminister Edwin Zimmerman sa det:

> Vårt poeng her er ikke problemet med om hvorvidt du overhodet har opphavsrettsbeskyttelse. Problemet her er hvorvidt opphavsrettsinnehavere som allerede blir kompensert, som allerede har et monopol, skal få lov til å utvide dette monopolet. … Spørsmålet er hvor mye kompensasjon de bør ha, og hvor langt de kan strekke sin rett på kompensasjon.[68]

Opphavsrettinnehaverne tok kabelselskapene for retten. Høyesterett fant to ganger at kabelselskaper ikke skyldte opphavsrettsinnehaverne noen ting.

Det tok Kongressen nesten tredve år før den fikk løst spørsmålet om hvorvidt kabel-TV-selskapene måtte betale for innholdet de «røvet.» Til slutt løste Kongressen dette spørsmålet på samme måte som den hadde løst spørsmålet om platespillere og automatiske pianoer. Ja, kabel-TV-selskapene måtte betale for innholdet som de kringkastet, men prisen de måtte betale ble ikke satt av opphavsrettsinnehaveren. Prisen ble fastsatt ved lov, slik at kringkasterne ikke kunne utøve vetomakt over den nye kabel-TV-teknologien. Kabel-TV-selskapene bygde dermed sitt imperium delvis ved å «røve» verdien skapt av kringkasternes innhold.

Disse separate historiene synger en felles melodi. Hvis «piratvirksomhet» betyr å bruke verdien fra noen andres kreative eiendom uten tillatelse fra dets skaper – slik det stadig oftere beskrives i dag[69] – da er *enhver* industri påvirket av opphavsrett i dag et produkt av dem som har nytt godt av ulike former for piratvirksomhet. Film, plater, radio, kabel-TV. … Listen er lang, og kunne vært lengre. Hver generasjon ønsker piratene fra den forrige velkommen. Hver generasjon – inntil nå.

Kapittel fem: «Piratvirksomhet»

Det røves opphavsrettsbeskyttet materiale. Massevis. Og denne piratvirksomheten antar mange former. Den mest betydningsfulle er kommersiell piratvirksomhet, det å ta andres innhold uten tillatelse i en kommersiell setting. På tross av de mange forklaringer om hvorfor dette er greit som fremføres i dets forsvar, så er dette galt. Ingen bør gå god for det, og loven bør stoppe det.

Men på samme måte som med piratkopiering, så finnes det annen måte «å ta» på som er mer direkte relatert til Internett. Denne måten å ta virker galt for mange, og det er galt mye av tiden. Men før vi kaller det å ta på denne måten for «piratvirksomhet,» bør vi dog forstå dets natur litt mer. For skaden som denne formen for å ta påfører er betydelig mer tvetydig enn direkte kopiering, og lovverket bør ta hensyn til denne tvetydigheten, slik det ofte har gjort tidligere.

Piratvirksomhet I

Over hele verden, men spesielt i Asia og Øst-Europa, er det selskaper som ikke gjør annet enn å ta andre folks opphavsrettsbeskyttede innhold, kopierer det og selger det – alt uten tillatelse fra opphavsrettseieren. Musikkindustrien estimerer at de taper rundt 4,6 milliarder dollar hvert år på fysisk piratvirksomhet [70] (det blir ca. en av tre CD-er solgt på verdensbasis). MPAA estimerer at de taper 3 milliarder dollar på verdensbasis på piratvirksomhet.

Dette er enkelt og greit piratvirksomhet. Ingenting i argumentet i denne boken, og heller ikke i argumentet til de fleste folkene som omtaler temaet i denne boken, bør trekke i tvil dette enkle poenget: Slik piratvirksomhet er galt.

Hvilket ikke er å si at unnskyldninger og begrunnelser ikke kan lages likevel. Vi kan, for eksempel, minne oss selv på at for de første hundre årene der USA var republikk, respekterte ikke USA utenlandske opphavsrettigheter. Vi ble på en måte skapt som en piratnasjon. Det kan dermed synes hyklersk for oss å insistere så sterkt på at andre utviklingsland skal behandle som galt det vi, for de første hundre årene vi eksisterte, behandlet som riktig.

Denne unnskyldningen er ikke spesielt vektig. Teknisk sett forbød ikke vårt lovverk å ta utenlandske verk. Det begrenset seg eksplisitt til amerikanske verk. Dermed brøt de amerikanske forleggerne, som publiserte utenlandske verk uten tillatelse fra de utenlandske forfattere, ikke noen regler. Kopieringsselskapene i Asia bryter derimot loven i Asia. Lovene i Asia beskytter utenlandsk opphavsrett, og aktiviteten til kopierings-selskapene bryter den loven. Så det at piratvirksomheten er galt er ikke bare moralsk galt, men juridisk galt. Og ikke bare galt etter internasjonal lovgiving, men også juridisk galt etter lokal lovgiving.

Joda, disse reglene har i praksis blitt påtvunget disse landene. Intet land kan være del av verdensøkonomien, og velge å ikke beskytte opphavsrett internasjonalt. Vi ble kanskje skapt som en piratnasjon, men vi tillater ingen annen nasjon å ha en tilsvarende barndom.

Men likevel, hvis et land skal behandles som selvstendig, da er landets lover landets lover, uavhengig av deres kilde. De internasjonale lovene som disse landene lever etter gir dem noen muligheter til å slippe unna byrden til immaterielle rettighetslover.[71] Etter mitt syn burde flere utviklingsland utnytte den muligheten, men når de ikke gjør det, bør deres lover likevel respekteres. Og i følge lovene i disse landene, er piratvirksomhet galt.

Alternativt, så kan vi forsøke å unnskylde denne piratvirksomheten ved å legge merke til at det uansett ikke skader industrien. Kineserne, som får tilgang til amerikanske CD-er for 50 cent pr. utgave, er ikke folk som ville kjøpt disse CD-ene for 15 dollar per utgave. Så ingen har egentlig noe mindre penger enn de ellers ville hatt.[72]

Dette er ofte riktig (selv om jeg har venner som har kjøpt flere tusen piratkopierte DVD-er, og som helt klart har nok penger til å betale for innholdet de har tatt), og det begrenser til en viss grad skaden forårsaket av å ta på denne måten. Ekstremister i denne debatten elsker å si, «Du ville ikke gå inn på Barnes & Noble og ta en bok fra hyllen der uten å betale. Hvorfor skulle det være noe annerledes med musikk på nettet?» Forskjellen er, naturligvis, at når du tar en bok fra Barnes & Noble så er det en mindre bok som kan selges. Dette er forskjellig fra når du tar en MP3 fra et datanettverk, der det ikke blir en mindre CD som kan selges. Fysikken til røving av det uhåndgripelige er forskjellig fra fysikken til røving av det håndgripelige.

Dette er likevel et veldig dårlig argument. For selv om opphavsretten er en eiendomsrett av en veldig spesiell type, så *er* det en eiendomsrett. På samme måte som med alle eiendomsretter gir opphavsretten eieren retten til å bestemme vilkårene for når innholdet blir delt. Hvis opphavsrettseieren ikke ønsker å selge, så må hun ikke det. Det finnes unntak: viktige lovbestemte lisenser som gjelder for opphavsrettsbeskyttet innhold uavhengig av ønsket til opphavsrettseieren. Disse lisensene gir folk retten til å «ta» opphavsrettsbeskyttet innhold uavhengig av om opphavsrettseieren ønsker å selge eller ikke. Men der loven ikke gir folk retten til å ta innhold, så er det galt å ta det innholdet selv om det ikke gjør noen skade å gjøre dette gale. Hvis vi har et eiendomssystem, og det systemet er skikkelig balansert opp mot teknologien på et gitt tidspunkt, så er det galt å ta eiendom uten tillatelse fra eiendomseieren. Det er nøyaktig hva «eiendom» betyr.

Til slutt kan vi forsøke å unnskylde denne piratvirksomheten med argumentet om at piratvirksomheten faktisk hjelper opphavsrettseieren. Når kineserne «stjeler» Windows, så gjør det kineserne avhengig av Microsoft. Microsoft mister verdien til programvaren som ble tatt, men det vinner brukere som er vant til livet i Microsoft-verdenen. Over tid, etter hvert som nasjonen blir mer velstående, vil flere og flere folk kjøpe programvare i stedet for å stjele den. Og dermed over tid, på grunn av at disse kjøpene kommer Microsoft til gode, vil Microsoft tjene på piratvirksomheten. Hvis kineserne i stedet for å piratkopiere Windows, brukte det fritt tilgjengelige operativsystemet GNU/Linux, så ville disse kinesiske brukerne ikke til slutt kjøpe Microsoft. Uten piratvirksomheten ville dermed Microsoft tape.

Det er også noe sant i dette argumentet. Å gjøre folk avhengig er en god strategi. Mange selskaper praktiserer det. Noen gjør det godt på grunn av det. Juss-studenter, for eksempel, får gratis tilgang til de to største juridiske databasene. Begge selskapene markedsfører dette i håp om at studentene vil bli så vant til deres tjenester at de vil ønske å bruke deres tjeneste, og ikke konkurrentens når de blir advokater (og må betale høy abonnementsavgift).

Likevel er ikke dette argumentet spesielt overbevisende. Vi gir ikke alkoholikeren et forsvar når han stjeler sin første øl, kun på grunn av at det vil gjøre det mer sannsynlig at han vil betale for de tre neste. I stedet lar vi vanligvis bedrifter bestemme selv når det er best for dem å gi bort sine produkter. Hvis Microsoft frykter konkurransen fra GNU/Linux, så kan Microsoft gi bort produktet sitt, slik de for eksempel gjorde med Internet Explorer for å bekjempe Netscape. En eiendomsrett betyr å la eiendomseieren ha retten til å si hvem som får tilgang til hva – i hvert fall vanligvis. Og hvis loven balanserer skikkelig rettighetene til opphavsrettighetseieren med rettighetene for tilgang, så er det å bryte loven fortsatt galt.

Dermed, selv om jeg forstår dragningen mot disse begrunnelsene for piratvirksomhet, og helt klart ser motivasjonen, så er konklusjonen etter mitt syn til slutt, at disse forsøkene på å begrunne kommersiell piratvirksomhet ganske enkelt ikke holder. Denne typen piratvirksomhet er krampaktig, og ganske enkelt galt. Den endrer ikke innholdet den stjeler, den endrer ikke markedet den konkurrerer i. Den gir kun noen tilgang til noe som loven sier at han ikke skulle hatt. Ingenting har endret seg som skaper tvil om denne loven. Denne formen for piratvirksomhet er rett og slett galt.

Men som eksemplene fra de fire kapitlene som introduserte denne delen foreslår, selv om noe piratvirksomhet helt klart er galt, er ikke all «piratvirksomhet» galt. Eller i det minste er ikke all «piratvirksomhet» galt hvis uttrykket skal forstås slik det i stadig større grad blir brukt i dag. Mange typer «piratvirksomhet» er nyttig og produktivt, enten for å produsere nytt innhold, eller nye måter å drive forretninger på. Hverken vår tradisjon eller noen annen tradisjon har noensinne bannlyst all «piratvirksomhet» i den betydningen av uttrykket.

Dette betyr ikke at det ikke er reist noen spørsmål på grunn av den nyeste piratvirksomhetsbekymringen, peer-to-peer-fildeling. Men det betyr at vi trenger å forstå skaden i peer-to-peer-deling litt mer før vi dømmer den til galgen med anklager om piratvirksomhet.

For (1) på samme måte som det opprinnelige Hollywood, rømmer p2p-fildeling fra en altfor kontrollerende industri, og (2) på samme måte som den opprinnelige innspillingsindustrien, utnytter den ganske enkelt nye måter å spre innhold på, men (3) til forskjell fra kabel-TV er det ingen som selger innholdet som blir delt med p2p-tjenester.

Disse forskjellene skiller p2p-deling fra virkelig piratvirksomhet. Forskjellen bør få oss til å finne en måte å beskytte kunstnerne mens vi gjør det mulig for denne delingen å overleve.

Piratvirksomhet II

Nøkkelen til «piratvirksomheten», som loven tar sikte på å skvise, er den bruken som «robber forfatteren for profitten.»[73] Dette betyr vi må avgjøre hvorvidt og hvor mye p2p-deling skader før vi vet hvor sterkt loven bør søke å enten hindre det, eller finne et alternativ for å sikre forfatteren sin profitt.

Peer-to-peer-deling ble gjort berømt av Napster. Men oppfinnerne av Napster-teknologien hadde ikke gjort noen store teknologiske nyskapninger. Som ethvert stort steg i nyskapningen på Internett (og, kan det argumenteres for, utenfor Internett[74]) hadde Shawn Fanning og hans ansatte ganske enkelt satt sammen deler som hadde blitt utviklet uavhengig av hverandre.

Resultatet var en eksplosjon. Etter lansering i juli 1999, samlet Napster over 10 millioner brukere i løpet av ni måneder. Etter atten måneder var det nesten 80 millioner registrerte brukere av systemet. Rettsaker skjøt Napster raskt ned, men andre tjenester dukket opp for å overta plassen. (Kazaa er for tiden den mest populære p2p-tjenesten. Den skryter av over 100 millioner medlemmer.) Disse tjenestene har en anderledes arkitektur selv om de ikke er veldig forskjellige i funksjon: Hver av dem gjør det mulig for brukerne å gjøre innhold tilgjengelig til et ubegrenset antall andre brukere. Med et p2p-system kan du dele dine favorittsanger med dine beste venner – eller dine 20 000 beste venner.

Ifølge en rekke estimater har en stor andel av amerikanere testet fildelingsteknologi. En studie fra Ipsos-Insight i september 2002 estimerte at 60 millioner amerikanere har lastet ned musikk – 28 prosent av amerikanerne over 12 år.[75] En spørreundersøkelse fra NPD-gruppen sitert i *The New York Times* estimerte at 43 millioner innbyggere brukte fildelingsnettverk for å utveksle innhold i mai 2003.[76] De aller fleste av dem er ikke unger. Uansett hva de egentlige tallene er, en massiv mengde innhold blir «tatt» på disse nettverkene. Enkelheten og den lave kostnaden til fildelingsnettverkene har inspirert millioner til å nyte musikk på måter de ikke før hadde gjort.

Noe av denne nytelsen involverer brudd på opphavsretten. Noe av den gjør det ikke. Og selv for den delen som teknisk sett er brudd på opphavsretten, er det å beregne den faktiske skaden som er påført opphavsrettseierne mer komplisert enn en skulle tro. Vurder – litt mer nøye enn de polariserte stemmene i denne debatten vanligvis gjør – de ulike typer deling som fildeling muliggjør, og hva slags skader de innebærer.

Fildelerne deler ulike typer innhold. Vi kan dele disse ulike typene inn i fire typer.

A. Det er noen som bruker delingsnettverk som erstatning for å kjøpe innhold. Dermed vil disse i stedet for å kjøpe når en ny Madonna-CD blir gitt ut, ganske enkelt ta den. Vi kan diskutere om alle som tar den ville ha kjøpt den hvis deling ikke gjorde den gratis tilgjengelig. De fleste ville sannsynligvis ikke det, men det er åpenbart noen som ville det. Den siste gruppen er målet for kategori A: Brukere som laster ned i stedet for å kjøpe.

B. Det er noen som bruker delingsnettverk til å teste musikk før de kjøper den. For eksempel kan noen sende en MP3 til en av sine venner med en artist han aldri har hørt om. Denne vennen kjøper så CD-er av denne artisten. Dette er en slags målrettet reklame som har stor suksessrate. Hvis en venn som anbefaler albumet ikke har noen fordeler av å gi en dårlig anbefaling, så kan en forvente at anbefalingene faktisk vil være ganske gode. Totaleffekten av denne delingen kan øke mengden musikk som blir kjøpt.

C. Det er mange som bruker delingsnettverk for å få tilgang til opphavsrettsbeskyttet innhold som ikke lenger er til salgs, eller som de ikke ville ha kjøpt på grunn av at transaksjonskostnadene på nettet er for høye. Denne bruken av delingsnettverk er blant den mange finner mest givende. Sanger som var del av din barndom, men som har forsvunnet fra markedet, dukker magisk opp igjen på nettet. (En venn fortalte meg at da hun oppdaget Napster, tilbrakte hun en hel helg med «å mimre» over gamle sanger. Hun var overrasket over omfanget og variasjonen i innhold som var tilgjengelig. For innhold som ikke blir solgt, så er dette fortsatt teknisk sett brudd på opphavsretten, selv om det på grunn av at opphavsrettseieren ikke lenger selger innholdet, så er den økonomiske skaden null – den samme skaden som inntreffer når jeg selger min samling med 45-rpm grammofonplater fra 1960-tallet til en lokal samler.

D. Til slutt er det mange som bruker delingsnettverk for å få tilgang til innhold som ikke er opphavsrettsbeskyttet, eller der opphavsrettseieren ønsker å gi det bort.

Hvordan balanserer disse ulike delingstypene?

La oss starte med noen enkle, men viktige poeng. Fra lovens perspektiv er det kun type-D-deling som helt klart er lovlig. Fra et økonomisk perspektiv er det kun type-A-deling som helt klart forårsaker skade.[77] Type-B-deling er ulovlig men gir klare fordeler. Type-C-deling er ulovlig, men bra for samfunnet (siden mer eksponering til musikk er bra), og ufarlig for artistene (siden verket ellers ikke er tilgjengelig). Så det er vanskelig å avgjøre hvordan deling kommer ut totalt sett – og helt klart mye vanskeligere enn den gjeldende retorikken rundt temaet gir inntrykk av.

Hvorvidt deling er skadelig totalt sett, er veldig avhengig av hvor skadelig type-A-deling er. Slik Edison klaget over Hollywood, komponister klaget over pianoruller, plateartister klaget over radio, og kringkastere klaget over kabel-TV, klager musikkindustrien over at type-A-deling er et slags «tyveri» som vil «ødelegge» industrien.

Mens disse tallene jo indikerer at deling er skadelig, så er det vanskeligere å finne ut hvor skadelig den er. Det har lenge vært praksis for platebransjen å skylde på teknologi for all nedgang i salg. Historien til kassettopptak er et godt eksempel. Som det ble formulert i en studie av Cap Gemini Ernst & Young: «I stedet for å utforske denne nye populære teknologien, sloss selskapene imot den.»[78] Selskapene påsto at hvert album som ble tatt opp på kassett, var et album som ikke ble solgt, og da platesalget falt med 11,4 prosent i 1981, påsto industrien at dets poeng var bevist. Teknologien var problemet, og forbud eller regulering av teknologien var svaret.

Ikke lenge etterpå, og før kongressen fikk muligheten til å innføre reguleringer, ble MTV lansert, og industrien fikk et rekordoppsving. «Til slutt,» konkluderte Cap Gemini, «var ikke 'krisen' … forårsaket av de som tok opp på kassett – som ikke [tok slutt etter at MTV dukket opp] – men hadde i stor grad vært resultatet av en stagnasjon i musikknyskapningen hos de store selskapene.»[79]

Men det at industrien har tatt feil før, betyr ikke at de tar feil i dag. For å evaluere den virkelige trusselen som p2p-deling representerer for industrien spesielt, og samfunnet generelt – eller i hvert fall det samfunnet som arvet tradisjonen som ga oss filmindustrien, plateindustrien, radioindustrien, kabel-TV og videospilleren – så er ikke spørsmålet kun om type-A-deling er skadelig. Spørsmålet er også *hvor* skadelig type-A-deling er, og hvor nyttige de andre typene deling er.

Vi går i gang med å svare på dette spørsmålet ved å fokusere på netto skade, sett fra industrien som helhet, som delingsnettverkene forårsaker. «Netto skade» for industrien som helhet er verdien av type-A-deling som overgår type B. Hvis plateselskapene solgte flere plater som resultat av at folk testet musikken enn de taper gjennom at en lar være å kjøpe, så har delingsnettverkene totalt sett faktisk vært til fordel for musikkselskapene. De ville dermed ha liten grunn til å *endre* holdninger, og til å motarbeide dem.

Kan det være riktig? Kan industrien som helhet øke i omfang på grunn av fildeling? Selv om det kan høres rart ut, så viser faktisk salgstall for CD-er at det ikke er langt unna sannheten.

I 2002 rapporterte RIAA at CD-salg hadde falt med 8,9 prosent, fra 882 millioner til 803 millioner enheter, og inntektene hadde falt 6,7 prosent.[80] Dette bekrefter en trend fra de siste årene. RIAA skylder på piratvirksomhet over Internett for denne trenden, selv om det er mange andre årsaker som kan forklare denne reduksjonen. SoundScan rapporterte for eksempel om en reduksjon på over 20 prosent siden 1999 når det gjelder antall CD-er som er gitt ut. Dette er uten tvil årsaken til noe av nedgangen i salget. Stigende priser kan også ha bidratt til noe av tapet. «Fra 1999 til 201 steg den gjennomsnittlige prisen for en CD med 7,2 prosent, fra 13,04 dollar til 14,19 dollar.»[81] Konkurranse fra andre typer media kan også forklare noe av nedgangen. Som Jane Black i *BusinessWeek* kommenterer, «Lydsporet for filmen *High Fidelity* har en listepris på 19,98 dollar. Du kan få hele filmen [på DVD] for 19,99 dollar.»[82]

Men la oss anta at RIAA har rett, at all nedgangen i CD-salg er forårsaket av deling på Internett. Her er hvor det skurrer: I samme periode som RIAA estimerer at 803 millioner CD-er ble solgt, estimerer RIAA at 2,1 milliarder CD-er ble lastet ned gratis. Dermed, selv om 2,6 ganger det totale antallet

CD-er ble lastet ned gratis, så falt salgsinntektene med kun 6,7 prosent.

Det er for mange ulike ting som skjer samtidig til å forklare disse tallene med sikkerhet, men en konklusjon er uunngåelig: Musikkindustrien spør stadig, «Hva er forskjellen mellom å laste ned en sang, og å stjele en CD?» – men deres egne tall avslører forskjellen. Hvis jeg stjeler en CD, så er det en mindre CD å selge. Hvert eneste som blir tatt er et tapt salg. Men basert på tallene som RIAA gjør tilgjengelig, så er det helt klart at det samme ikke er sant for nedlastinger. Hvis hver nedlasting var et tapt salg – hvis hver bruk av Kazaa «robbet forfatteren for profitten» – da skulle industrien vært påført 100 prosent reduksjon i salg i fjor, ikke en 7 prosents nedgang. Hvis 2,6 ganger antallet solgte CD-er ble lastet ned gratis, og salgsinntektene kun ble redusert med 6,7 prosent, så er det en stor forskjell mellom å «laste ned en sang og å stjele en CD.»

Dette er skadene – påståtte og muligens overdrevende, men la oss anta at de er reelle. Hva er fordelene? Fildeling påfører muligens kostnader for plateindustrien. Hva slags verdi gir det i tillegg til disse kostnadene?

En fordel er type-C-deling – å gjøre innhold tilgjengelig som teknisk sett fortsatt er opphavsrettsbeskyttet men som ikke lenger er kommersielt tilgjengelig. Dette er ikke en liten kategori med innhold. Det er millioner av spor som ikke lenger er kommersielt tilgjengelig.[83] Og mens det kan tenkes at noe av dette innholdet ikke er tilgjengelig fordi artisten som laget innholdet ikke ønsker at det blir gjort tilgjengelig, så er det meste av dette utilgjengelig kun fordi forlaget eller distributøren har bestemt at det ikke lenger gir økonomisk mening *for selskapet* å gjøre det tilgjengelig.

I den virkelige verden – lenge før Internett – hadde markedet et enkelt svar på dette problemet: bruktbok- og bruktplatebutikker. Det er tusenvis av butikker for brukte bøker og plater i Amerika i dag.[84] Disse butikkene kjøper innhold fra eierne, og selger så videre innholdet de kjøpte. Og ifølge amerikansk åndsverklov, når de kjøper og selger dette innholdet, *selv om innholdet fortsatt er vernet av åndsverkloven*, så får ikke opphavsrettseieren et øre. Bruktbok- og bruktplatebutikkene er kommersielle aktører. Deres eiere tjener penger på innholdet de selger, men på samme måte som med kabel-TV-selskapene før lovbestemt lisensiering, må de ikke betale opphavsrettseierene for innholdet de selger.

Type-C-deling har dermed veldig mye til felles med bruktbok- og bruktplatebutikker. Det er naturligvis også veldig forskjellig, fordi personen som gjør innhold tilgjengelig, ikke tjener penger på å gjøre innholdet tilgjengelig. Det er naturligvis også forskjellig fra den fysiske verden ved at når jeg selger en plate, så har jeg den ikke lenger, mens på nettet når jeg deler min 1949-plate av Bernsteins «Two Love Songs» med noen, så har jeg den fortsatt. Denne forskjellen betyr noe økonomisk hvis eieren av opphavsretten selger platen i konkurranse med min deling. Men vi snakker om den klassen av innhold som nå ikke er kommersielt tilgjengelig. Internett gjør det tilgjengelig, gjennom samarbeidende deling, uten å konkurrere med markedet.

Det kan godt være, når alle faktorer vurderes, at det ville vært bedre om opphavsrettseieren fikk noe fra denne handelen. Men det at det kunne vært bedre, fører ikke til at det ville vært en god idé å forby bruktbokhandlere. Eller sagt på en annen måte, hvis du tror type-C-deling burde vært stoppet, mener du også at biblioteker og bruktbokhandler også burde vært stengt?

Til slutt, og kanskje mest viktig, gjør fildelingsnettverk type-D-deling mulig – delingen av innhold som opphavsrettseierne ønsker å få delt, eller der det ikke er verdt etter åndsverkloven. Denne delingen er klart til fordel for forfattere og samfunnet. Science fiction-forfatteren Cory Doctorow, for eksempel, utga sin første roman, *Down and Out in the Magic Kingdom*, både fritt tilgjengelig på nettet og i bokhandler på samme dag. Han (og forlaget hans) mente at distribusjon på nettet ville være flott markedsføring for den «ekte» boken. Folk ville lese deler på nettet, og så bestemme seg for om de likte boken eller ikke. Hvis de likte den, så var det mer sannsynlig at de kjøpte den. Doctorows innhold er type-D-innhold. Hvis delingsnettverkene gjør det mulig å spre verket hans, så kommer både han og samfunnet bedre ut. (Faktisk så kommer de mye bedre ut: det er en god bok!)

Det samme gjelder for allemannseide (public domain) verk: Denne delingen gagner samfunnet uten noen juridisk skade mot forfattere i det hele tatt. Hvis innsatsen for å løse problemet med type-A-deling ødelegger muligheten for type-D-deling, så mister vi noe viktig for å beskytte type-A-innhold.

Poenget med alt dette er: Selv om plateindustrien forståelig nok sier, «Dette er hvor mye vi har tapt,» så må vi også spørre oss «hvor mye har samfunnet fått igjen fra p2p-deling? Hva gjør oss mer effektive? Hva er innholdet som ellers ville være utilgjengelig?»

For til forskjell fra piratvirksomheten jeg beskrev i første del av dette kapittelet, er mye av «piratvirksomheten» som fildeling gjør mulig klart lovlig og bra. Og i likhet med piratvirksomheten jeg beskrev i kapittel 4 (s. 53), så er mye av denne piratvirksomheten motivert av de nye måtene å spre innhold på som er forårsaket av endringer i distribusjonsteknologien. Dermed, på samme måte som med tradisjonen som ga oss Hollywood, radio, plateindustrien og kabel-TV, er spørsmålet vi bør stille oss om fildeling, hvordan vi best kan bevare dets fordeler mens vi minimerer (så langt som mulig) de uønskede skadene de påfører kunstnere. Spørsmålet er et om balanse. Rettsvesenet bør strebe etter den balansen, og den balansen blir funnet kun etter en tid.

«Men er ikke krigen bare en krig mot ulovlig deling? Er ikke angrepsmålet bare det du kaller type-A-deling?»

En skulle tro det. Og vi bør håpe på det. Men så langt er det ikke tilfelle. Effekten som krigen som påstås å kun være mot type-A-deling har blitt kjent langt utover den klassen med deling. Det er åpenbart fra Napster-saken selv. Da Napster fortalte regionsdomstolen at den hadde utviklet teknologi som ville blokkere for 99,4 prosent av identifisert opphavsrettsbrytende materiale, fortalte regionsdomstolen advokatene til Napster at 99,4 prosent var ikke godt nok. Napster måtte få opphavsrettsbruddene «ned til null.»[85]

Hvis 99,4 prosent ikke er godt nok, så er dette en krig mot fildelingsteknologier, og ikke en krig mot opphavsrettsbrudd. Det er ikke mulig å sikre at et p2p-system brukes 100 prosent av tiden i henhold til lovverket, like lite som det er mulig å sikre at 100 prosent av videospillere, eller 100 prosent av kopimaskiner, eller 100 prosent av håndvåpen blir brukt i henhold til lovverket. Ingen toleranse betyr ingen p2p. Rettens avgjørelser betyr at vi som samfunn må miste fordelene med p2p, selv for de fullstendig lovlige og fordelaktige bruksområdene som de tjener, kun for å sikre at det ikke eksisterer brudd på opphavsretten forårsaket av p2p.

Nulltoleranse har ikke vært vår historie. Det har ikke gitt oss innholdsindustrien som vi kjenner i dag. Historien til amerikansk lovgiving har vært en prosess om balanse. Etter hvert som nye teknologier endret måten innhold ble spredt, så har loven justert seg, etter litt tid, til å møte den nye teknologien. I denne justeringen har loven forsøkt å sikre legitime rettigheter til skaperne mens den beskytter nyskapning. Noen ganger har det gitt mer rettigheter til skaperne, og noen ganger mindre.

Dermed, slik vi har sett, når «mekanisk reproduksjon» truet interessene til komponister, balanserte kongressen rettighetene til komponistene mot interessene til plateindustrien. Den ga rettigheter til komponistene, men også til plateartistene: Komponistene skulle få betalt, men til en pris satt av Kongressen. Men da radio begynte kringkasting av platene laget av disse plateartistene, og de klaget til Kongressen om at deres «kreative eiendom» ikke ble respektert (siden en radiostasjon ikke måtte betale dem for kreativiteten den kringkastet), da avviste Kongressen kravet. En indirekte fordel var nok.

Kabel-TV fulgte samme mønster som plater. Da retten avviste kravet om at kabel-TV-kringkasterne måtte betale for innholdet de videresendte, så svarte Kongressen med å gi kringkasterne rett til betaling, men på et nivå fastsatt av loven. De ga på samme måte kabel-TV-selskapene rett til innholdet, så lenge de betalte den lovbestemte prisen.

Dette kompromisset, på samme måte som kompromisset som påvirket plater og automatiske piano, oppnådde to mål – faktisk de to sentrale målene i enhver opphavsrettslovgiving. For det første, sikret loven at nye oppfinnere ville ha friheten til å utvikle nye måter å levere innhold på. For det andre, sikret loven at opphavsrettsinnehaverne ville få betalt for innholdet som ble distribuert. En frykt var at hvis Kongressen ganske enkelt krevde at kabel-TV-selskapene måtte betale opphavsrettsinnehaverne uansett hva de krevde for sitt innhold, så ville opphavsrettsinnehaverne tilknyttet kringkastere bruke sin makt til å hemme denne nye kabel-TV-teknologien. Men hvis kongressen hadde tillatt kabel-TV å bruke kringkasternes innhold uten å betale, så ville den gitt urettferdig subsidiering til kabel-TV. Dermed valgte Kongressen en sti som ville sikre *kompensasjon* uten å gi fortiden (kringkasterne) kontroll over fremtiden (kabel-TV).

Samme år som Kongressen valgte denne balansen, gikk to store produsenter og distributører av filminnhold til sak mot en annen teknologi, Det var Betamax, video-spilleren og -opptakeren som Sony hadde produsert. Disneys og Universals påstand mot Sony var relativt enkelt: Sony produserte en enhet, påsto Disney og Universal, som gjorde det mulig for forbrukere å gjennomføre opphavsrettsbrudd. På grunn av at enheten Sony hadde laget hadde en «opptaksknapp,» kunne enheten bli brukt til å ta opp opphavsrettsbeskyttede filmer og programmer. Sony hadde derfor fordel av opphavsrettsbruddene til sine kunder, og skulle derfor, påsto Disney og Universal, være delvis ansvarlig for disse bruddene.

Det er noe i påstandene til Disney og Universal. Sony valgte å utforme sin maskin slik at det var veldig enkelt å ta opp TV-programmer. De kunne ha bygget maskinen slik at den blokkerte, eller hindret enhver direkte kopiering fra en TV-kringkasting. Eller så kunne de muligens ha bygget maskinen slik at det kun var mulig å kopiere hvis det var et spesielt «kopier meg»-signal på linjen. Det var klart at det var mange TV-programmer som ikke ga noen tillatelse til å kopiere. Faktisk ville en, hvis en spurte, uten tvil fått beskjed fra flertallet av programmer at de ikke tillot kopiering. Og i møtet med dette åpenbare ønsket, kunne Sony ha utformet systemet sitt for å minimere muligheten for opphavsrettsbrudd. Det gjorde de ikke, og på grunn av dette ville Disney og Universal holde dem ansvarlig for arkitekturen de valgte.

MPAA-presidenten Jack Valenti ble studioenes mest synlige forkjemper. Valenti kalte videospillerne for «båndormer» (engelsk: tapeworm). Han advarte om at «når det er 20, 30, 40 millioner av disse videospillerne i landet, vil vi bli invadert av millioner av 'båndormer' som spiser i vei i hjertet og essensen til den mest verdifulle eiendelen som opphavsrettseieren har, hans opphavsrett.»[86] «En må ikke være opplært i sofistikert markedsføring eller kreativ vurdering,» fortalte han Kongressen, «for å forstå ødeleggelsen av etter-kino-markedet forårsaket av de hundrevis av millioner opptak som vil seriøst påvirke fremtiden til det kreative miljøet i dette landet. Det er ganske enkelt et spørsmål om grunnleggende økonomi og enkel sunn fornuft.»[87] Og ganske riktig, viser senere spørreundersøkelser, 45 prosent av videospillereierne hadde filmbiblioteker som inneholdt ti filmer eller mer.[88] – en bruk som retten senere ville avgjøre ikke var «rimelig.» Ved å «tillate videospillereierne å kopiere fritt ved hjelp av et unntak fra brudd på opphavsrettsloven uten å lage en mekanisme for å kompensere opphavsrettseierne,» forklarte Valenti, så ville Kongressen «ta fra eierne selve essensen i sin eiendom: den eksklusive retten til å kontrollere hvem som kan bruke verkene deres, det vil si, hvem som kan kopiere dem, og dermed nyte godt at deres reproduksjon.»[89]

Det tok åtte år før denne saken ble avgjort av Høyesterett. I mellomtiden hadde den niende ankekrets, som har Hollywood i sin jurisdiksjon – det den ledende dommeren Alex Kozinski, som er medlem i den domstolen, omtaler som «Hollywood-kretsen» – funnet at Sony måtte holdes ansvarlig for de opphavsrettsbruddene som ble gjort mulig med deres maskiner. Ifølge regelen til niende ankekrets var denne kjente teknologien – som Jack Valenti hadde omtalt som «Boston-kveleren for amerikansk filmindustri» (verre enn dette, det var en *japansk* Boston-kveler for amerikansk filmindustri) – en ulovlig teknologi.[90]

Men Høyesterett gjorde om avgjørelsen til niende ankekrets. Og i sin avgjørelse formulerte domstolen klart sin forståelse av når og om domstoler burde intervenere i slike konflikter. Som retten skrev,

> Både forsvarlig politikk og vår historie, støtter vår konsistente henvisning til Kongressen når store teknologiske nyvinninger

endrer markedet for opphavsrettsbeskyttet materiale. Kongressen har den konstitusjonelle autoriteten og institusjonsevnen til å ta fullt hensyn til de forskjellige sammensetningene av konkurrerende interesser som uunngåelig blir involvert av slik ny teknologi.[91]

Kongressen ble bedt om å svare på avgjørelsen fra Høyesterett. Men på samme måte som med appellen fra plateartistene om radiokringkastinger, ignorerte Kongressen denne forespørselen. Kongressen var overbevist om at amerikansk film fikk nok, på tross av at det her ble «tatt.» Hvis vi samler disse saken, trer et mønster frem:

Tilfelle	Hvems verdi ble «røvet»	Responsen til domstolene	Responsen til Kongressen
Innspillinger	Komponister	Ingen beskyttelse	Lovbestemt lisens
Radio	Plateartister	N/A	Ingenting
Kabel-TV	Kringkastere	Ingen beskyttelse	Lovbestemt lisens
Video-spiller / -opptaker	Filmskapere	Ingen beskyttelse	Ingenting

I hvert tilfelle gjennom vår historie har ny teknologi endret hvordan innhold ble distribuert.[92] I hvert tilfelle, gjennom hele vår historie, har den endringen ført til at noen ble «gratispassasjer» på noen andres verk.

I ingen av disse tilfellene eliminerte domstolene og Kongressen alle gratispassasjerer. I ingen av disse tilfellene insisterte domstolene og Kongressen på at loven skulle sikre at opphavsrettsinnehaveren skulle få all verdi som hans opphavsrett hadde skapt. I hvert tilfelle klaget opphavsrettseieren over «piratvirksomhet.» I hvert tilfelle valgte Kongressen å ta hensyn til noe av legitimiteten i oppførselen hos «piratene.» I hvert tilfelle tillot Kongressen noe ny teknologi å ha fordel av innhold laget tidligere. Den balanserte interessene som sto på spill.

Når du tenker over disse eksemplene, og de andre eksemplene som utgjør de første fire kapitlene i denne delen, så gir denne balansen mening. Var Walt Disney en pirat? Ville doujinshi være bedre hvis skaperne måtte be om tillatelse? Bør verktøy som gir andre mulighet til å fange og spre bilder slik at de kan kultivere og kritisere kulturen vår bli bedre regulert? Er det virkelig riktig at å bygge en søkemotor skal utsette deg for krav på 15 millioner dollar i erstatning? Ville det ha vært bedre om Edison hadde kontrollert all film? Burde ethvert coverband måtte hyre inn en advokat for å få tillatelse til å spille inn en sang?

Vi kunne svart ja på hvert av disse spørsmålene, men vår tradisjon har svart nei. I vår tradisjon, slik Høyesterett uttalte, har opphavsretten «aldri gitt opphavsrettseieren fullstendig kontroll over all mulig bruk av hans verk.»[93] I stedet har de spesifikke bruksområder som loven regulerer vært definert ved å balansere de goder som kommer fra å dele ut en eksklusiv

69

rettighet mot ulempene en slik eksklusiv rettighet skaper. Og denne balanseringen har historisk vært gjort *etter* at teknologien har modnet, eller landet på en blanding av teknologier som bidrar til distribusjonen av innhold.

Vi burde gjøre det samme i dag. Teknologien på Internett endrer seg raskt. Måten folk kobler seg til Internett (trådbasert eller trådløst) endrer seg veldig raskt. Uten tvil bør ikke nettverket bli et verktøy for «stjeling» fra kunstnere. Men loven bør heller ikke bli et verktøy for å tvinge igjennom en bestemt måte som kunstnere (eller mer korrekt, distributører) får betalt. Som jeg beskriver i litt detalj i det siste kapittelet i denne boken, bør vi sikre inntekter til kunstnere mens vi tillater markedet å få på plass den mest effektive måten å fremme og distribuere innhold. Dette vil kreve endringer i loven, i hvert fall i en mellomperiode. Disse endringene bør utformes slik at de balanserer lovgitt beskyttelse mot den sterke interessen folket har for at nyskapning fortsetter.

Dette er spesielt riktig når en ny teknologi muliggjør en svært overlegen måte å distribuere på, og det har p2p gjort. P2p-teknologier kan være ideelt effektivt for å flytte innhold på tvers av et stort og variert nettverk. Utviklet videre så kan de gjøre nettverkene mye mer effektive. Likevel kan disse «potensielle fordelene for folket,» som John Schwartz skriver i *The New York Times*, «bli forsinket av p2p-kampen.»[94]

Men når noen begynner å snakke om «balanse,» kommer opphavsrettskrigerne med et annet argument. «All denne varme luften om balanse og incentiver,» sier de, «går glipp av det fundamentale poenget. Vårt innhold,» insisterer krigerne, «er vår *eiendom*. Hvorfor burde vi vente på at Kongressen skal finne en ny balanse for våre eiendomsretter? Må vi vente før vi kontakter politiet når bilen vår har blitt stjålet? Og hvorfor burde Kongressen i det hele tatt debattere nytten av dette tyveriet? Spør vi dem om biltyven hadde god bruk for bilen før vi arresterer ham?»

«Det er vår *eiendom*,» insisterer krigerne, «og den bør være beskyttet på samme måte som all annen eiendom er beskyttet.»

Del II

«Eiendom»

Opphavsrettskrigerne har rett: Opphavsretten er en type eiendom. Den kan eies og selges, og lovverket beskytter den mot å bli stjålet. Vanligvis, kan opphavsrettseieren be om hvilken som helst pris som han ønsker. Markeder bestemmer tilbud og etterspørsel som i hvert tilfelle bestemmer prisen hun kan få.

I vanlig språk er imidlertid det å kalle opphavsrett for en «eiendoms»rett litt misvisende, for eiendommen i opphavsretten er en merkelig type eiendom. Selve idéen om eierrettigheter til en idé eller et uttrykk er nemlig veldig merkelig. Jeg forstår hva jeg tar når jeg tar et hagebord som du plasserte bak huset ditt. Jeg tar en ting, hagebordet, og etter at jeg har tatt det, har ikke du det. Men hva tar jeg når jeg tar den gode *idéen* som du hadde om å plassere hagebordet i bakhagen – ved å for eksempel dra til butikken Sears, kjøpe et bord, og plassere det i min egen bakhage? Hva er tingen jeg tar da?

Poenget er ikke bare om hvorvidt hagebord og idéer er ting, selv om det er en viktig forskjell. Poenget er i stedet at i det vanlige tilfelle – faktisk i praktisk talt ethvert tilfelle unntatt en begrenset rekke med unntak – er idéer som er sluppet ut i verden frie. Jeg tar ingenting fra deg når jeg kopierer måten du kler deg – selv om det ville se sært ut hvis jeg gjorde det hver dag, og spesielt sært hvis du er en kvinne. I stedet, som Thomas Jefferson sa (og det er spesielt sant når jeg kopierer hvordan noen andre kler seg), «Den som mottar en idé fra meg, får selv informasjon uten å ta noe fra meg, på samme måte som den som tenner sitt lys fra min veike får lys uten å forlate meg i mørket.»[95]

Unntakene til fri bruk er idéer og uttrykk innenfor dekningsområdet til loven om patent og opphavsrett, og noen få andre områder som jeg ikke vil diskutere her. Her sier lovverket at du ikke kan ta min idé eller uttrykk uten min tillatelse: Lovverket gjør det immaterielle til eiendom.

Men hvordan lovverket gjør det, og i hvilken utstrekning, og i hvilken form – detaljene, med andre ord – betyr noe. For å få en god forståelse om hvordan denne praksis om å gjøre det immaterielle om til eiendom vokste frem, trenger vi å plassere slik «eiendom» i sin rette sammenheng.[96]

Min strategi for å gjøre dette er den samme som min strategi i den foregående del. Jeg presenterer fire historier som bidrar til å plassere «opphavsrettsbeskyttet materiale er eiendom» i sammenheng. Hvor kom idéen fra? Hva er dens begrensninger? Hvordan fungerer dette i praksis? Etter disse historiene vil betydningen til dette sanne utsagnet – «opphavsrettsbeskyttet materiale er eiendom» – bli litt mer klart, og dets implikasjoner vil bli avslørt som ganske forskjellig fra implikasjonene som opphavsrettskrigerne vil at vi skal forstå.

Kapittel seks: Grunnleggerne

William Shakespeare skrev *Romeo og Julie* i 1595. Skuespillet ble først utgitt i 1597. Det var det ellevte store skuespillet Shakespeare hadde skrevet. Han fortsatte å skrive skuespill helt til 1613, og stykkene han skrev har fortsatt å definere angloamerikansk kultur siden. Så dypt har verkene av en 1500-talls forfatter sunket inn i vår kultur at vi ofte ikke engang kjenner kilden. Jeg overhørte en gang noen som kommentere Kenneth Branaghs utgave av Henry V: «Jeg likte det, men Shakespeare er så full av klisjeer.»

I 1774, nesten 180 år etter at *Romeo og Julie* ble skrevet, mente mange at «opphavsretten» kun tilhørte én eneste utgiver i London, Jacob Tonson. [97] Tonson var den mest fremstående av en liten gruppe utgivere kalt «The Conger»[98], som kontrollerte boksalget i England gjennom hele 1700-tallet. The Conger hevdet at de hadde en evigvarende enerett over «kopier» av bøker de hadde fått av forfatterne. Denne evigvarende retten innebar at ingen andre kunne publisere eksemplarer av disse bøkene. Slik ble prisen på klassiske bøker holdt oppe; alle konkurrenter som lagde bedre eller billigere utgaver, ble fjernet.

Men altså, det er noe spennende med året 1774 for alle som vet litt om opphavsrettslovgivning. Det mest kjente året for opphavsrett er 1710, da det britiske parlamentet vedtok den første loven. Denne loven er kjent som «Statute of Anne», og sa at alle publiserte verk skulle være beskyttet i fjorten år, en periode som kunne fornyes én gang dersom forfatteren ennå levde, og at alle verk publisert i eller før 1710 skulle ha en ekstraperiode på 22 tilleggsår.[99] På grunn av denne loven, så skulle *Romeo og Julie* ha falt i det fri i 1731. Hvordan kunne da Tonson fortsatt ha kontroll over verket i 1774?

Årsaken var ganske enkelt at engelskmennene ennå ikke hadde bestemt hva opphavsrett innebar – faktisk hadde ingen i verden det. På den tiden da engelskmennene vedtok «Statute of Anne,» var det ingen annen lovgivning om opphavsrett. Den siste loven som regulerte utgivere var lisensieringsloven av 1662, utløpt i 1695. At loven ga utgiverne monopol over publiseringen, noe som gjorde det enklere for kronen å kontrollere hva ble publisert. Men etter at det har utløpt, var det ingen positiv lov som sa at utgiverne hadde en eksklusiv rett til å trykke bøker.

At det ikke fantes noen *positiv* lov, betydde ikke at det ikke fantes noen lov. Den angloamerikanske juridiske tradisjon ser både til lover skapt av det lovgivende statsorgan, og til lover (prejudikater) skapt av domstolene for å bestemme hvordan folket skal oppføre seg. Vi kaller politikernes lover for positiv lov, og vi kaller lovene fra dommerne rettspraksis. Rettspraksis angir bakgrunnen for de lovgivendes lovgivning; vedtatte lover vil vanligvis overstyre bakgrunnen kun hvis det vedtas en lov for å erstatte den. Så det egentlige spørsmålet etter at lisensieringslovene hadde utløpt, var om rettspraksis beskyttet en opphavsrett uavhengig av eventuell positiv lov.

Dette spørsmålet var viktig for utgiverne eller «bokselgere,» som de ble kalt, fordi det var økende konkurranse fra utenlandske utgivere, særlig fra Skottland hvor publiseringen og eksporten av bøker til England hadde økt veldig. Denne konkurransen reduserte fortjenesten til «The Conger,» som derfor krevde at Parlamentet igjen skulle vedta en lov for å gi dem eksklusiv kontroll over publisering. Dette kravet resulterte i «Statute of Anne.»

«Statute of Anne» ga forfatteren eller «eieren» av en bok en eksklusiv rett til å publisere denne boken. Men det var, til bokhandlernes forferdelse en viktig begrensning, nemlig hvor lenge denne retten skulle vare. Etter dette gikk trykkeretten bort, og verket falt i det fri og kunne trykkes av hvem som helst. Det var i hvert fall det lovgiverne hadde tenkt.

Men nå det mest interessante med dette: Hvorfor ville Parlamentet begrense trykkeretten? Spørsmålet er ikke hvorfor de bestemte seg for denne perioden, men hvorfor ville de begrense retten *i det hele tatt?*

Bokhandlerne, og forfatterne som de representerte, hadde et veldig sterkt krav. Ta *Romeo og Julie* som et eksempel: Skuespillet ble skrevet av Shakespeare. Det var hans kreativitet som brakte det til verden. Han krenket ikke noens rett da han skrev dette verket (det er en kontroversiell påstand, men det er ikke relevant), og med sin egen rett skapte han verket. Han gjorde det ikke noe vanskeligere for andre å lage skuespill. Så hvorfor skulle loven tillate at noen annen kunne komme og ta Shakespeares verk uten hans, eller hans arvingers, tillatelse? Hvilke begrunnelser finnes for å tillate at noen «stjeler» Shakespeares verk?

Svaret er todelt. Først må vi se på noe spesielt med oppfatningen av opphavsrett som fantes på tidspunktet da «Statute of Anne» ble vedtatt. Deretter må vi se på noe spesielt med bokhandlerne.

Først om opphavsretten/kopiretten. I de siste tre hundre år har vi kommet til å bruke begrepet «kopirett» i stadig videre forstand. Men i 1710 var det ikke så mye et konsept som det var en bestemt rett. Opphavsretten ble født som et svært spesifikt sett med begrensninger: den forbød andre å reprodusere en bok. I 1710 var «kopirett» en rett til å bruke en bestemt maskin til å replikere et bestemt arbeid. Den gikk ikke utover dette svært smale formålet. Den kontrollerte ikke mer generelt hvordan et verk kunne *brukes*. I dag inkluderer retten en stor samling av restriksjoner på andres frihet: den gir forfatteren eksklusiv rett til å kopiere, eksklusiv rett til å distribuere, eksklusiv rett til å fremføre, og så videre.

Så selv om f.eks. opphavsretten til Shakespeares verk var evigvarende, betydde det ifølge den opprinnelige betydningen av begrepet at ingen kunne trykke Shakespeares verk uten tillatelse fra Shakespeares arvinger. Den ville ikke ha kontrollert noe mer, for eksempel om hvordan verket kunne fremføres, om verket kunne oversettes eller om Kenneth Branagh ville hatt lov til å lage filmer. «Kopiretten» var bare en eksklusiv rett til å trykke – ikke noe mindre, selvfølgelig, men heller ikke mer.

Selv denne begrensede retten ble møtt med skepsis av britene. De hadde hatt en lang og stygg erfaring med «eksklusive rettigheter,» spesielt «enerett» gitt av kongen. Engelskmennene hadde utkjempet en borgerkrig delvis mot kongens praksis med å dele ut monopoler – spesielt monopoler for verk som allerede eksisterte. Kong Henrik VIII hadde gitt patent på å trykke Bibelen og monopol til Darcy for å lage spillkort. Det engelske parlament begynte å kjempe tilbake mot denne makten hos kongen. I 1656 ble «Statute of Monopolis» vedtatt for å begrense monopolene på patenter for nye oppfinnelser. Og i 1710 var parlamentet ivrig etter å håndtere det voksende monopolet på publisering.

Dermed ble «kopiretten,» når den sees på som en monopolrettighet, en rettighet som bør være begrenset. (Uansett hvor overbevisende påstanden om at «det er min eiendom, og jeg skal ha den for alltid,» prøv hvor overbevisende det er når man sier «det er mitt monopol, og jeg skal ha det for alltid.») Staten ville beskytte eneretten, men bare så lenge det gavnet samfunnet. Britene så skadene særinteressene kunne skape; de vedtok en lov for å stoppe dem.

Dernest, om bokhandlerne. Det var ikke bare at kopiretten var et monopol. Det var også et monopol som bokhandlerne hadde. En bokhandler høres grei og ufarlig ut for oss, men slik var det ikke i syttenhundretallets England. Medlemmene i «The Conger» ble av flere og flere sett på som monopolister av verste sort – et verktøy for kongens undertrykkelse, de solgte Englands frihet mot å være garantert en monopolinntekt. Men monopolistene ble kvast kritisert: Milton beskrev dem som «gamle patentholdere og monopolister i bokhandlerkunsten»; de var «menn som derfor ikke hadde et ærlig arbeide hvor utdanning er nødvendig.»[100]

Mange trodde at den makten bokhandlerne utøvde over spredning av kunnskap, var til skade for selve spredningen, men på dette tidspunktet viste Opplysningstiden viktigheten av utdannelse og kunnskap for alle. Idéen om at kunnskap burde være gratis var et kjennetegn i tiden, og disse kraftige kommersielle interesser forstyrret denne idéen.

For å balansere denne makten, bestemte Parlamentet å øke konkurransen blant bokhandlerne, og den enkleste måten å gjøre dette på var å distribuere rikdommen som kom fra verdifulle bøker. Parlamentet begrenset derfor vernetiden i opphavsretten, og garanterte dermed at verdifulle bøker ville være tilgjengelige for nyutgivelse for enhver utgiver etter en begrenset tidsperiode. Dermed var det at vernetiden for eksisterende verk bare ble på tjueen år, et kompromiss for å bekjempe makten til bokhandlerne. Begrensningen i vernetiden var en indirekte måte å sikre konkurranse mellom utgivere, og dermed oppbyggingen og spredning av kultur.

Da 1731 (1710 + 21) kom, ble bokhandlerne engstelige. De så konsekvensene av mer konkurranse, og som enhver konkurrent, likte de det ikke. Først ignorerte bokhandlere ganske enkelt «Statute of Anne,» og fortsatte å kreve en evigvarende rett til å kontrollere publiseringen. Men i 1735 og 1737 prøvde de å tvinge Parlamentet til å utvide periodene. Tjueen år var ikke nok, sa de; de trengte mer tid.

Parlamentet avslo kravene, Som det sto i en pamflett, i en formulering som er gyldig også i dag:

> Jeg ser ingen grunn til å gi en utvidet periode nå som ikke ville
> kunne gi utvidelser om igjen og om igjen, så fort de gamle utgår;
> så dersom dette lovforslaget blir vedtatt, vil effekten være: at et
> evig monopol blir skapt, et stort nederlag for handelen, et angrep
> mot kunnskapen, ingen fordel for forfatterne, men en stor avgift
> for folket; og alt dette kun for å øke bokhandlernes personlige
> rikdom.[101]

Etter å ha mislyktes i Parlamentet, gikk utgiverne til domstolene i en se-
rie med saker. Deres argument var enkelt og direkte: «Statute of Anne» ga
forfatterne en viss beskyttelse gjennom positiv lov, men denne beskyttelsen
var ikke ment som en erstatning for felles lov. I stedet var de ment å supple-
re felles lov. Ifølge rettspraksis var det galt å ta en annen persons kreative
eiendom og bruke den uten hans tillatelse. «Statute of Anne,» hevdet bok-
handlere, endret ikke dette faktum. Derfor betydde ikke det at beskyttelsen
gitt av «Statute of Anne» utløp, at beskyttelsen fra rettspraksis utløp: Ifølge
rettspraksis hadde de rett til å forby publiseringen av en bok, selv om «Sta-
tute of Anne» sa at de var falt i det fri. Dette, mente de, var den eneste måten
å beskytte forfatterne.

Dette var et snedig argument, og hadde støtte fra flere av datidens leden-
de jurister. Det viste også en utrolig frekkhet. Inntil da, som jussprofessor
Raymond Pattetson formulerte det, «var utgiverne ... like bekymret for for-
fatterne som en gjeter for sine lam.»[102] Bokselgerne brydde seg ikke det spor
om forfatternes rettigheter. Deres bekymring var den monopolprofitten for-
fatterens verk ga.

Men bokhandlernes argument ble ikke godtatt uten kamp. Helten fra
denne kampen var den skotske bokselgeren Alexander Donaldson.[103]

Donaldson var en fremmed for Londons «The Conger.» Han startet sin
karriere i Edinburgh i 1750. Hans forretningsidé var billige kopier av stan-
dardverk falt i det fri, i hvert fall fri ifølge «Statute of Anne.»[104] Donaldsons
forlag vokste og ble «et sentrum for litterære skotter.» «Blant dem,» skri-
ver professor Mark Rose, var «den unge James Boswell som, sammen med
sin venn Andrew Erskine, publiserte en hel antologi av skotsk samtidspoesi
sammen med Donaldson.»[105]

Da Londons bokselgere prøvde å få stengt Donaldsons butikk i Skott-
land, så flyttet han butikken til London. Her solgte han billige utgaver av «de
mest populære, engelske bøker, i kamp mot rettspraksisens rett til litterær
eiendom.»[106] Bøkene hans var mellom 30 prosent og 50 prosent billigere
enn «The Conger»s, og han baserte sin rett til å konkurrere på at bøkene,
takket være «Statute of Anne,» var falt i det fri.

Londons bokselgere begynte straks å slå ned mot «pirater» som Donald-
son. Flere tiltak var vellykket, den viktigste var den tidlig seieren i kampen
mellom *Millar* og *Taylor*.

Millar var en bokhandler som i 1729 hadde kjøpt opp rettighetene til
James Thomsons dikt «The Seasons.» Millar hadde da full beskyttelse gjen-
nom «Statute of Anne,» men etter at denne beskyttelsen var utløpt, begyn-

te Robert Taylor å trykke en konkurrerende utgave. Millar gikk til sak, og hevdet han hadde en evig rett gjennom rettspraksis, uansett hva «Statute of Anne» sa.[107]

Til moderne juristers forbløffelse, var en av, ikke bare datidens, men en av de største dommere i engelsk historie, Lord Mansfield, enig med bokhandlerne. Uansett hvilken beskyttelse «Statute of Anne» gav bokhandlerne, så sa han at den ikke fortrengte noe fra rettspraksis. Spørsmålet var hvorvidt rettspraksis beskyttet forfatterne mot «pirater.» Mansfield svar var ja: Rettspraksis nektet Taylor å reprodusere Thomsons dikt uten Millars tillatelse. Slik gav rettspraksis bokselgerne en evig publiseringsrett til bøker solgt til dem.

Ser man på det som et spørsmål innen abstrakt jus – dersom man resonnerer som om rettferdighet bare var logisk deduksjon fra de første bud – kunne Mansfields konklusjon gitt mening. Men den overså det Parlamentet hadde kjempet for i 1710: Hvordan man på best mulig vis kunne innskrenke utgivernes monopolmakt. Parlamentets strategi hadde vært å kjøpe fred gjennom å tilby en beskyttelsesperiode også for eksisterende verk, men perioden måtte være så kort at kulturen ble utsatt for konkurranse innen rimelig tid. Storbritannia skulle vokse fra den kontrollerte kulturen under kongen, inn i en fri og åpen kultur.

Kampen for å forsvare «Statute of Anne»s begrensninger sluttet uansett ikke der, for nå kommer Donaldson.

Millar døde kort tid etter sin seier. Dødsboet hans solgte rettighetene over Thomsons dikt til et syndikat av utgivere, deriblant Thomas Beckett.[108] Da ga Donaldson ut en uautorisert utgave av Thomsons verk. Etter avgjørelsen i *Millar*-saken, fikk Beckett en forføyning mot Donaldson. Donaldson tok saken inn for Overhuset, som da fungerte som en slags Høyesterett. I februar 1774 hadde dette organet muligheten til å tolke Parlamentets mening med utløpsdatoen fra seksti år tidligere.

På en måte som de færreste rettsaker gjør, fikk rettsaken *Donaldson* mot *Beckett* enorm oppmerksomhet over hele Storbritannia. Donaldsons advokater mente at uavhengig av hvilke rettigheter som eksisterte i henhold til rettspraksis, så var disse fortrengt av «Statute of Anne.» Etter at «Statute of Anne» var blitt vedtatt, skulle den eneste lovlige beskyttelse for trykkerett komme derfra. Og derfor, argumenterte de, ville verk som hadde vært beskyttet, ikke lenger være beskyttet når vernetiden spesifisert i «Statute of Anne» utløp.

Overhuset var en merkelig institusjon. Juridiske spørsmål ble presentert for huset, og ble først stemt over av «jusslorder,» medlemmer av en spesiell rettslig gruppe som fungerte nesten slik som justitiariusene i vår Høyesterett. Deretter, etter at «jusslordene» hadde stemt, stemte resten av Overhuset.

Rapportene om jusslordenes stemmer er uenige. På enkelte punkter ser det ut som om evigvarende beskyttelse fikk flertall. Men det er ingen tvil om hvordan resten av Overhuset stemte. Med en majoritet på to mot en (22 mot 11) stemte de ned forslaget om en evig beskyttelse. Uansett hvordan man hadde tolket rettspraksis, var nå opphavsretten begrenset til en periode, og etter denne ville verket falle i det fri.

«Å falle i det fri.» Før rettssaken *Donaldson* mot *Beckett* var det ingen klar oppfatning om hva å falle i det fri innebar. Før 1774 var det jo en allmenn oppfatning om at kopiretten var evigvarende. Men etter 1774 ble allemannseiet født. For første gang i angloamerikansk historie var den lovlige beskyttelsen av et verk utgått, og de største verk i engelsk historie – inkludert Shakespeare, Bacon, Milton, Johnson og Bunyan – var frie.

Vi kan knapt forestille oss det, men denne avgjørelsen fra Overhuset fyrte opp under en svært populær og politisk reaksjon. I Skottland, hvor de fleste piratutgiverne hadde holdt til, ble avgjørelsen feiret i gatene. Som *Edinburgh Advertiser* skrev «Ingen privatsak har noen gang fått slik oppmerksomhet fra folket, og ingen sak som har blitt prøvet i Overhuset har interessert så mange enkeltmennesker.» «Stor glede i Edinburgh etter seieren over litterær eiendom: bålbrenning og pynting med lys.»[109] I London, i hvert fall blant utgiverne, var reaksjonen like sterk, men i motsatt retning. *Morning Chronicle* skrev:

> Gjennom denne avgjørelsen … er verdier til nesten 200 000 pund, som er blitt ærlig kjøpt gjennom allment salg, og som i går var eiendom, nå redusert til ingenting. Bokselgerne i London og Westminster, mange av dem har solgt hus og eiendom for å kjøpe kopirettigheter, er med ett ruinerte, og mange som gjennom mange år har opparbeidet kompetanse for å brødfø familien, sitter nå uten en shilling til sine.[110]

«Ruinert» er en overdrivelse. Men det er ingen overdrivelse å si at endringen var stor. Vedtaket fra Overhuset betydde at bokhandlerne ikke lenger kunne kontrollere hvordan kulturen i England ville vokse og utvikle seg. Kulturen i England var etter dette *fri*. Ikke i den betydning at kopiretten ble ignorert, for utgiverne hadde i en begrenset periode enerett over trykkingen. Og heller ikke i den betydningen at bøker kunne stjeles, for selv etter at boken var falt i det fri, så måtte den kjøpes. Men *fri* i betydningen at kulturen og dens vekst ikke lenger var kontrollert av en liten gruppe utgivere. Som alle frie markeder, ville dette markedet vokse og utvikle seg etter tilbud og etterspørsel. Den engelske kulturen ble nå formet slik flertallet av Englands lesere ville at det skulle formes – gjennom valget av hva de kjøpte og skrev, gjennom valget av memer (idéer) de gjentok og beundret. Valg i en *konkurrerende sammenheng*, ikke der hvor valgene var om hvilken kultur som skulle være tilgjengelig for folket, og hvor deres tilgang til den ble styrt av noen få, på tross av flertallets ønsker.

Til sist, dette var en verden hvor Parlamentet var antimonopolistisk, og holdt stand mot utgivernes krav. I en verden hvor Parlamentet er lett å påvirke, vil den frie kultur være mindre beskyttet.

Kapittel syv: Innspillerne

Jon Else er en filmskaper. Han er mest kjent for sine dokumentarer, og har på ypperlig vis klart å spre sin kunst. Han er også en lærer, som meg selv, og jeg misunner ham den lojaliteten og beundringen hans studenter har for ham. (Ved et tilfelle møtte jeg to av hans studenter i et middagsselskap, og han var deres Gud.)

Else arbeidet med en dokumentarfilm hvor jeg også var involvert. I en pause fortalte han meg om hvordan det kunne være å skape film i dagens Amerika.

I 1990 arbeidet Else med en dokumentar om Wagners Ring Cycle. Fokuset var på scenearbeidere ved San Francisco Opera. Scenearbeiderne er et spesielt morsomt og fargerikt innslag i en opera. I løpet av forestillingen oppholder de seg blant publikum og på lysloftet. De er en perfekt kontrast til kunsten på scenen.

Under en forestilling filmet Else noen scenearbeidere som spilte Dam. I et hjørne av rommet stod det et fjernsynsapparat. På fjernsynet, mens forestillingen pågikk, mens scenearbeiderne spilte Dam og operakompaniet spilte Wagner, gikk *The Simpsons*. Slik Else så det, så hjalp dette tegnefilminnslaget å få med seg det spesielle med scenen.

Så, noen år senere, da han endelig hadde fått ordnet den siste finansieringen, ville Else skaffe rettigheter til å bruke disse få sekundene med *The Simpson*. For disse få sekundene var selvsagt beskyttet av opphavsretten, og for å bruke beskyttet materiale må man ha tillatelse fra eieren, dersom det ikke er «rimelig bruk», eller det foreligger spesielle avtaler.

Else kontaktet *Simpson*-skaper Matt Groenings kontor for å få tillatelse. Og Groening gav ham det. Det var tross alt kun snakk om fire og et halvt sekund på et lite fjernsyn, bakerst i et hjørne av rommet. Hvordan kunne det skade? Groening var glad for å få ha det med i filmen, men han ba Else om å kontakte Gracie Films, firmaet som produserer programmet.

Gracie Films sa også at det var greit, men de, slik som Groening, ønsket å være forsiktige, og ba Else om å kontakte Fox, konsernet som eide Gracie. Else kontaktet Fox og forklarte situasjonen; at det var snakk om et klipp i hjørnet i bakgrunnen i ett rom i filmen. Matt Groening hadde allerede gitt sin tillatelse, sa Else. Han ville bare få det avklart med Fox.

Deretter, fortalte Else: «skjedde to ting. Først oppdaget vi ... at Matt Groening ikke eide sitt eget verk – i hvert fall at noen [hos Fox] trodde at han ikke eide sitt eget verk.» Som det andre krevde Fox «ti tusen dollar i lisensavgift for disse fire og et halvt sekundene med ... fullstendig tilfeldig *Simpson* som var i et hjørne i ett opptak.»

Else var sikker på at det var en feil. Han fikk tak i noen som han trodde var nestleder for lisensiering, Rebecca Herrera. Han forklarte for henne at «det må være en feil her … Vi ber deg om en utdanningssats på dette.» Og du hadde fått utdanningssats, fortalte Herrera. Kort tid etter ringte Else igjen for å få dette bekreftet.

«Jeg måtte være sikker på at jeg hadde riktige opplysninger foran meg,» sa han. «Ja, du har riktige opplysninger,» sa hun. Det ville koste 10 000 dollar å bruke dette lille klippet av *The Simpson*, plassert bakerst i et hjørne i en scene i en dokumentar om Wagners Ring Cycle. Som om det ikke var nok, forbløffet Herrera Else med å si «Og om du siterer meg, vil du høre fra våre advokater.» En av Herreras assistenter fortalte Else at «De bryr seg ikke i det hele tatt. Alt de vil ha er pengene.»

Men Else hadde ikke penger til å kjøpe lisens for klippet. Så å gjenskape denne delen av virkeligheten lå langt utenfor hans budsjett. Så like før dokumentaren skulle slippes, redigerte Else inn et annet klipp på fjernsynet, et klipp fra en av hans andre filmer *The Day After Trinity* fra ti år tidligere.

Det er ingen tvil om at noen, enten det er er Matt Groening eller Fox, eier rettighetene til *The Simpsons*. Rettighetene er deres eiendom. For å bruke beskyttet materiale kreves det ofte at man får tillatelse fra eieren eller eierne. Dersom Else ønsket å bruke *The Simpsons* til noe hvor loven gir verket beskyttelse, så må han innhente tillatelse fra eieren før han kan bruke det. I et fritt marked er det eieren som bestemmer hvor mye han/hun vil ta for hvilken som helst bruk (der loven krever tillatelse fra eier).

«Offentlig fremvisning» av *The Simpson* er for eksempel en form for bruk der loven gir eieren kontroll. Dersom du velger ut dine favorittepisoder, leier en kinosal og selger billetter til «Mine *Simpson*-favoritter,» så må du ha tillatelse fra rettighetsinnehaveren (eieren). Eieren kan (med rette, slik jeg ser det) kreve så mye han vil; 10 dollar eller 1 000 000 dollar. Det er hans rett ifølge loven.

Men når jurister hører denne historien om Jon Else og Fox, så er deres første tanke «rimelig bruk.»[111] Elses bruk av 4,5 sekunder med et indirekte klipp av en *Simpsons*-episode er et klart eksempel på rimelig bruk av *The Simpsons* – og rimelig bruk krever ingen tillatelse fra noen.

Så jeg spurte Else om hvorfor han ikke bare stolte på «rimelig bruk.» Han svarte:

Simpsons-fiaskoen lærte meg om hvor stor avstand det var mellom det jurister ikke finner relevant på en abstrakt måte, og hva som er knusende relevant på en konkret måte for oss som prøver å lage og kringkaste dokumentarer. Jeg tvilte aldri på at dette helt klart var «åpenbart rimelig bruk,» men jeg kunne ikke stole på konseptet på noen konkret måte. Og dette er grunnen:

1. Før våre filmer kan kringkastes, krever TV-nettverket at vi kjøper en «Forsikring mot feil og utelatelser.» Den krever en detaljert «visuell kjøreplan» med alle kilder og lisensieringsstatus på alle scener i filmen. De har et smalt syn på

«rimelig bruk,» og å påstå at noe er nettopp dette kan forsinke, og i verste fall stoppe, prosessen.

2. Jeg skulle nok aldri ha bedt om Matt Groenings tillatelse. Men jeg visste (i hvert fall fra rykter) at Fox tidligere hadde jaktet på og stoppet ulisensiert bruk av *The Simpsons*, på samme måte som George Lucas var veldig ivrig på å forfølge bruken av *Star Wars*. Så jeg bestemte meg for å følge boka, og trodde at vi skulle få til en gratis, i alle fall rimelig, avtale for fire sekunders bruk av *The Simpsons*. Som en nesten utmattet dokumentarskaper med dårlig råd, var det siste jeg ønsket en juridisk strid, selv for å forsvare et prinsipp.

3. Jeg snakket faktisk med en av dine kolleger på Stanford Law School ... som bekreftet at dette var rimelig bruk. Han bekreftet også at Fox ville «saksøke og rettsforfølge deg til det nesten ikke er liv igjen i deg,» uavhengig av riktigheten i mine krav. Han gjorde det klart at alt ville koke ned til hvem som hadde flest jurister og dypeste lommer, jeg eller dem.

4. Spørsmålet om rimelig bruk dukker som regel opp helt mot slutten av prosjektet, når vi nærmer oss siste frist, og er tomme for penger.

I teorien betyr rimelig bruk at du ikke trenger tillatelse. Teorien støtter derfor den frie kultur, og jobber mot tillatelseskulturen, men i praksis fungerer «rimelig bruk» helt annerledes. De uklare linjene i lovverket, samt de fryktelige konsekvensene dersom man tar feil, gjør at mange kunstnere ikke stoler på rimelig bruk. Loven har en svært god hensikt, men i praksis er den ikke fulgt opp.

Dette eksempelet viser hvor langt denne loven har kommet fra sine syttenhundretallsrøtter. Loven som skulle beskytte utgiverne mot urettferdig piratkonkurranse, hadde utviklet seg til et sverd som slo ned på enhver bruk, omformende eller ikke.

Kapittel åtte: Omformerne

I 1993 arbeidet Alex Alben som jurist hos Starwave Inc. Starwave var et innovativt firma grunnlagt av Paul Allen, som også hadde vært med som grunnlegger av Microsoft. Starwaves mål var å utvikle digital underholdning. Lenge før Internett ble superpopulært, forsket Starwave på ny teknologi for å levere underholdning uten nettverk.

Alben var veldig interessert i ny teknologi. Han var fascinert av det voksende markedet for CD-ROM-teknologi – ikke for å distribuere film, men for å gjøre ting med filmen som før ville vært svært vanskelig. I 1993 lanserte han idéen om å utvikle et produkt for å vise tilbakeblikk på verkene til bestemte skuespillere. Den første skuespilleren som ble valgt, var Clint Eastwood. Idéen var å vise alle Eastwoods verk, sammen med klipp fra filmene hans og intervjuer med personer som hadde vært viktige i hans karriere.

På den tiden hadde Eastwood laget over femti filmer, både som skuespiller og som regissør. Alben begynte med en serie intervjuer med Eastwood, hvor tema var hans karriere. Siden Starwave produserte disse intervjuene, kunne de fritt ha dem med på CD-en.

Men det alene hadde ikke blitt noe interessant produkt, så Starwave ønsket å legge ved litt innhold fra noen av Eastwoods filmer, noen plakater, manus og andre ting som kunne knyttes til filmene hans. Mesteparten av Eastwoods karriere hadde foregått hos Warner Brothers, og det var relativt enkelt å få tillatelse for det materialet.

Deretter ønsket Alben og hans team å bruke noen faktiske klipp fra aktuelle filmer. «Vårt mål var å ha et klipp fra alle Eastwoods filmer», fortalte Alben meg. Det var her problemene startet. «Ingen hadde noensinne gjort dette før,» forklarte Alben. «Ingen hadde prøvd å presentere et slikt kunstnerisk overblikk over en skuespillers karriere.»

Alben tok idéen videre til Michael Slade, leder for Starwave. Slade spurte «Vel, hvor mye vil det kreve?»

Alben svarte, «Tja, vi må innhente tillatelse fra alle som opptrer i disse filmene, for musikken og for alt annet som er i disse filmklippene.» Slade svarte «Flott! Gjør det.»[112]

Problemet var at verken Alben eller Slade forstod hva det innebar å innhente disse tillatelsene. Alle skuespillerne i hver av filmene kunne ha krav på kompensasjon for bruk av sitt opptak. Men CD-ROM hadde ikke vært spesifisert i skuespillernes kontrakter, så ingen visste helt hva Starwave skulle gjøre.

Jeg spurte Alben om hvordan han løste problemet. Med en tydelig stolthet som overskygget hvor bisarr historien var, så fortalte han hva de gjorde:

> Så vi dro og fant frem filmene, og gjorde noen kunstneriske beslutninger om hvilke klipp som skulle være med. Selvsagt skulle vi bruke «Make my day»-scenen fra Dirty Harry. Men da måtte vi oppsøke den personen som ligger på bakken under geværet, og få hans tillatelse. Og så måtte vi bestemme hva han skulle få betalt.
>
> Vi bestemte at det ville være rettferdig hvis vi tilbød dem en dagsspillersats for retten til å bruke klippet. Vi snakker tross alt om et klipp på under et minutt, men satsen for å bruke klippet på CD-ROM lå på den tiden på 600 dollar. Så vi måtte identifisere personene – noen var vanskelig å identifisere, siden det ofte er vanskelig å vite hvem som er skuespilleren og hvem som er stuntmannen i Eastwoods filmer. Og deretter samlet vi oss en gjeng og begynte å ringe rundt.

Noen skuespillere var glade for å kunne hjelpe – Donald Sutherland fulgte for eksempel opp saken personlig for å sørge for at alt var greit. Andre brydde seg mest om pengene. Alben kunne spørre «Hei, kan jeg betale deg 600 dollar, eller hvis du var i to filmer, 1200 dollar?» Og de kunne svare «Er det sant? Jeg vil svært gjerne ha 1200 dollar.» Noen kunne være litt vanskelige av seg (særlig krevende eks-koner). Men til slutt greide Alben og hans team å gjøre rede for alle rettighetene til CD-en om Clint Eastwoods karriere.

Det var gått ett *år* «og selv da var vi ikke sikre på om alt var helt klart.»

Alben er stolt av verket sitt. Prosjektet var det første av sitt slag, og første gang han hadde hørt om et team som hadde tatt på seg så mye arbeid for å gi ut en samling av tidligere arbeider.

> Alle hadde trodd det skulle bli for vanskelig. De hadde kastet hendene i været og sagt «Oi, en film. Det er så mange rettigheter; det er musikk, det er scenekunsten, det er skuespillere, det er regissører.» Men vi gjorde det! Vi tok delene fra hverandre og sa «okei, det er så mange skuespillere, så mange regissører ... så mange musikere,» så gikk vi systematisk igjennom det, og fikk tak i rettighetene.

Og produktet ble uten tvil særdeles godt. Eastwood elsket det, og det solgte veldig bra.

Jeg spurte Alben om hvor merkelig det syntes at det skulle ta et helt år bare å få orden på rettigheter. Alben hadde gjort det hele svært effektivt, men som Peter Drucker så berømmelig har sagt, «Det er ikke noe som er så ubrukelig å gjøre effektivt enn det som egentlig ikke burde gjøres i det hele tatt.»[113] Var det noe fornuft i at det var slik et nytt verk skulle skapes, spurte jeg Alben.

For, som han innrømmet, «veldig få ... har tid og ressurser, og viljen til å gjøre dette,» og dermed blir veldig få slike verk noen sinne laget. Gir det mening, spurte jeg ham, ut fra synsvinkelen til hva enhver i realiteten trodde de opprinnelig ga tillatelse til, at du måtte gå i gang med å klarere rettigheter for denne typen opptak?

Jeg tror ikke det. Når en skuespiller fremfører en scene i en film, får han eller hun veldig godt betalt ... Og derfor, når 30 sekunder av denne scenen blir brukt i et nytt produkt som er et tilbakeblikk på noens karriere, så tror jeg ikke at den personen ... burde få kompensasjon for det.

Eller er det kanskje *slik* en kunstner burde få kompensasjon? Gir det noen mening, spurte jeg, om det var en form for lovbestemt lisens som noen kan betale og fritt videreutvikle, og bearbeide klipp som disse? Ga det virkelig mening at en videreutviklende skaper skulle måtte spore opp hver eneste artist, skuespiller, regissør, musiker og få eksplisitt tillatelse fra hver av dem. Ville ikke mye mer bli laget hvis den juridiske delen av den kreative prosessen kunne gjøres enklere.

Absolutt. Jeg tror at hvis det fantes en form for lisensieringsmekanisme – hvor du ikke risikerte å bli offer for forglemmelser eller problematiske eksoner – ville man kanskje ha sett mange flere av denne typen verk, rett og slett fordi det ikke ville sett så skrekkinngytende ut å sette sammen et tilbakeblikk på noens karriere, og å bruke mange media-illustrasjoner fra vedkommendes karriere. Du ville kunne lage en budsjettpost på dette, sette opp en kostnad på X dollar til talentet som fremførte, og det ville være en kjent kostnad. Det er kanskje kjerneproblemet med å produsere slike produkter. Hvis man visste at man hadde 100 minutter med film, kunne man si at dette vil koste meg så og så mange dollar, og lage et budsjett rundt det. Deretter kan du skaffe investorer og alt annet som trengs for å produsere det. Men dersom man kun kan si «Hm, jeg ønsker 100 minutter med noe, og jeg aner ikke hvor mye det vil koste meg, og et bestemt antall personer vil kreve penger,» vil det være ganske vanskelig å få til slike ting.

Alben jobbet for et stort selskap. Hans selskap var støttet av noen av de rikeste investorene i verden. Derfor hadde han myndighet og ressurser som en gjennomsnittlig webdesigner ikke kan drømme om. Så hvis det tok ham et år, hvor lang tid ville det ta noen andre? Hvor mye kreativitet får aldri form på grunn av kostnadene rundt å kartlegge og skaffe rettigheter?

Disse kostnadene er byrdene fra en form for regulering. Vi kan prøve å ta på oss hatten til en republikaner, og bli sinte et øyeblikk. Staten styrer disse rettighetenes omfang, og omfanget bestemmer hvor mye det vil koste å krenke disse rettighetene. (Husker dere idéen om at en eiendom strakte seg til universets grense? Og se for dere piloten som må betale for å krysse

87

eiendommene han krenker ved å fly fra Los Angeles til San Francisco.) Disse rettighetene gav sikkert mening en gang, men nå som forholdene har endret seg, er meningen borte. I hvert fall så burde en veltrenet, reguleringsfiendtlig republikaner se på rettighetene og spørre «Gir det mening nå?» Jeg har sett glimt av gjenkjennelse på dette punktet, men bare noen få ganger. Første gang var på en konferanse for føderale dommere i California. Dommerne var samlet for å diskutere det økende temaet cyber-lov. Jeg ble spurt om å sitte i panelet. Harvey Saferstein, en respektert advokat fra et firma i Los Angeles, introduserte for panelet en film han og hans venn Robert Fairbank hadde laget.

Videoen var en glimrende sammenstilling av filmer fra hver periode i det tjuende århundret, rammet inn rundt idéen om en episode i TV-serien *60 Minutes*. Utførelsen var perfekt, ned til seksti minutter stoppeklokke. Dommerne elsket hvert minutt av den.

Da lysene kom på, kikket jeg over til min medpaneldeltaker, David Nimmer, kanskje den ledende opphavsrettsakademiker og -utøver i nasjonen. Han hadde et forbauset uttrykk i ansiktet sitt, mens han tittet ut over rommet med over 250 godt underholdte dommere. Med en illevarslende tone, begynte han sin tale med et spørsmål: «Vet dere hvor mange føderale lover som nettopp ble brutt i dette rommet?»

Og selvsagt hadde ikke disse to briljante talentene gjort hva Alben hadde gjort. De hadde ikke ordnet alle rettighetene til klippene de brukte. Rent teknisk hadde de brutt loven. Men ingen kom til å straffeforfølge disse to (selv om de viste den for 250 dommere og en gjeng føderale lovmenn). Men Nimmer hadde et viktig poeng: Et år før noen hadde hørt ordet Napster, og to år før et annet medlem av panelet, David Boies, ville forsvare Napster for den niende ankekrets, prøvde Nimmer å få dommerne til å forstå at loven ikke var særlig åpen for de nye kapasitetene den nye teknologien ville muliggjøre. Teknologi betyr at du nå kan gjøre fantastiske ting enkelt, men du kan ikke enkelt gjøre dem lovlig.

Vi lever i en «klipp og lim»-kultur som er muliggjort av dagens teknologi. Alle som lager presentasjoner vet hvilken særskilt frihet Internetts «klipp og lim»-arkitektur gir – på et sekund kan du finne akkurat det bildet du vil ha, og du kan få det inn i presentasjonen din.

Men presentasjoner er bare en liten start. Ved hjelp av Internett og dets arkiver, er musikere i stand til å sy sammen nye lydmikser som ingen hadde kunnet forestille seg; filmskapere er i stand til å lage filmer ut fra klipp på datamaskiner rundt om i verden. Et spesielt nettsted i Sverige tar bilder av politikere og blander dem med musikk for å skape bitende politiske kommentarer. En nettside kalt Camp Chaos har skapt noe av den skarpeste kritikken som finnes mot musikkindustrien, gjennom å mikse Flash! og musikk.

Alt dette er rent teknisk ulovlig. Selv om skaperen ønsket å holde seg på rett side av loven, ville kostnadene med å følge loven vært umenneskelige. Derfor vil de som ønsker å følge loven bli hindret i å bruke sin kreativitet, og mye blir aldri skapt. Og det som er skapt, vil ikke bli publisert fordi det ikke er i tråd med klareringsreglene.

For noen antyder disse historiene en løsning: La oss endre blandingen av rettigheter slik at folk står fritt til å bygge på kulturen vår, står fritt til å legge til eller blande slik de synes passer. Vi kunne innføre dette uten at det ble fritt som i «fri bar.» I stedet kunne systemet gjøre det lettere for nye kunstnere å kompensere den originale artisten uten at det krever en hær av jurister. Hva med regler som f.eks. «kompensasjon til en opphavsrettsinnehaver for uregistrerte verk vil for avledede verk føre 1 prosent av netto overskudd (som settes på sperret konto til fordel for rettighetseier)»? Med en slik regel ville opphavsrettsholderen få en inntekt, men han vil ikke ha en full eiendomsrett over opphavsretten (som betyr retten til å bestemme prisen selv) uten å ha registrert verket.

Hvem vil nekte å bli med på dette? Og hvilke grunner finnes for å nekte dette? Vi snakker om et verk som ikke blir laget akkurat nå, men om det ble laget under denne planen, vil det skape inntekter for artistene. Hvilke baktanker kan noen ha for å motarbeide det?

I februar 2003 kunne DreamWorks studios kunngjøre at de hadde fått en avtale med komikeren Mike Myers (mannen bak Saturday Night Live og Austin Powers). I følge kunngjøringen skulle DreamWorks og Myers arbeide for å skape en «unik filmskaperavtale.» Under denne avtalen ville Dream-Works «få rett til å benytte eksisterende filmklipp, skrive nye manus og – med hjelp av moderne digitalteknologi – sette inn Myers og andre skuespillere i filmene, og slik skape et helt nytt stykke underholdning.»

Dette ble kalt «filmsampling,» og som Myers forklarte, var «filmsampling en fantastisk måte å få ny vri på eksisterende filmer, og lar publikum se gamle filmer i et nytt lys. Rap-artister har gjort slikt i en årrekke, og nå kan vi ta det samme konseptet og bruke det på film.» Steven Spielberg er sitert med følgende utsagn «Hvis noen kan klare å bringe gamle filmer til et nytt publikum, så er det Mike.»

Spielberg har rett. Filmsampling med Myers ville vært briljant, men hvis du ikke følger godt med, så vil du overse det forbløffende med denne kunngjøringen. Siden den aller største delen av vår filmarv fortsetter å være regulert av loven, så er det virkelige innholdet i DreamWorks kunngjøring følgende: Det er Mike Myers, og kun Mike Myers, som har lov til å gjøre slikt. All generell frihet til å fortsette å bygge på verdens filmkultur, en frihet som i andre sammenhenger er en selvfølge, er et privilegium forbeholdt de morsomme og berømte – og antakelig rike.

Dette privilegiet er begrenset av to slags grunner: Første grunn er en fortsettelse av forrige kapittel, vagheten i «rimelig bruk.» Mye av denne «samplingen» vil nok betraktes som «rimelig bruk,» men ingen våger å stole på et så vagt prinsipp. Det leder oss til neste grunn for at privilegiet er forbeholdt få: Kostnadene ved å krenke opphavsretten ved kreativt gjenbruk er astronomiske. Disse kostnadene speiler kostnaden for «rimelig bruk»: Enten betaler du en jurist til å forsvare dine «rimelig bruk»-rettigheter, eller så betaler du en jurist for å oppspore og ordne med rettighetene du trenger, slik at du slipper å stole på rimelig bruk. I begge tilfeller er den kreative prosessen blitt en prosess med å betale jurister – igjen, et privilegium forbeholdt de få.

Kapittel ni: Samlere

I april 1996 hadde millioner av «bot-er» – dataprogramkode utformet for å «kravle», eller automatisk søke på Internett og kopiere innhold – gått i gang på nettet. Side for side kopierte disse bot-ene Internett-basert informasjon til et lite sett maskiner plassert i en kjeller i San Franciscos Presidio. Da bot-ene var ferdig med hele Internett, startet de på nytt. Igjen og igjen, en gang hver andre måneder, tok disse snuttene med kode kopier av Internett og lagret dem.

I oktober 2001 hadde bot-ene samlet mer enn fem år med kopier. Ved en liten kunngjøring ved Berkeley, California, ble arkivet som disse kopiene utgjorde, Internett-arkivet, åpnet for verden. Ved å bruke en teknologi ved navn «Way Back Machine» kan du skrive inn en nettside og se alle dens kopier helt tilbake til 1996, samt se når disse sidene endret seg.

Dette er en egenskap ved Internett som Orwell ville satt pris på. I den dystre verden beskrevet i *1984* ble gamle aviser kontinuerlig oppdatert for å sikre at gjeldende oppfatning av verden, godkjent av myndighetene, ikke ble motsagt av gamle nyhetsmeldinger.

Tusenvis av arbeidere redigerte konstant fortiden, hvilket gjorde at det aldri var mulig å vite om historien du leste i dag var historien som ble trykket den datoen som sto ført opp på papiret.

Det er det samme med Internett. Hvis du besøker en nettside i dag, så har du ingen måte å vite om innholdet du leser nå er det samme som innholdet du leste tidligere. Siden kan se helt lik ut, men innholdet kan ganske enkelt være helt annerledes. Internett er Orwells bibliotek – kontinuerlig oppdatert, uten en pålitelig hukommelse.

I hvert fall før Way Back Machine dukket opp. Ved hjelp av Way Back Machine, og Internett-arkivet som ligger til grunn for denne, så kan du se hvordan Internett var. Du har mulighet til å se det du husker. Og kanskje viktigere, så har du mulighet til å finne det du ikke husker, og det andre kanskje fortrekker at du glemmer.[114]

Vi tar det for gitt at vi kan gå tilbake å se det vi husker å ha lest. Tenk for eksempel på aviser. Hvis du ønsker å studere reaksjonene i lokalavisen din om raseopprørene i Watts i 1965, eller om vannkanonen til Bull Connor i 1963, så kan du gå til ditt lokale bibliotek og se i avisene. Disse artiklene finnes sannsynligvis på microfiche. Hvis du er heldig, så eksisterer de også på papir. Uansett, så står du fritt til, ved å bruke et bibliotek, å gå tilbake for å huske – ikke bare det som er behagelig å huske, men å huske slikt som er nær sannheten.

Det sies at de som ikke husker historien, er dømt til å gjenta den. Det er ikke helt riktig. Vi *alle* glemmer historien. Nøkkelen er hvorvidt vi har en måte å gå tilbake for å gjenoppdage det vi har glemt. Helt konkret er nøkkelen hvorvidt en objektiv fortid kan sikre at vi er ærlige. Biblioteker bidrar til dette, ved å samle innhold og ta vare på det, for skolebarn, for forskere, for bestemor. Et fritt samfunn forutsetter denne kunnskapen.

Internett var et unntak fra denne forutsetningen. Før Internett-arkivet var det ikke mulig å gå tilbake. Internett var i essens et flyktig medium. Og likevel, etter hvert som det ble viktigere og viktigere i å forme og reformere samfunnet, så blir det viktigere og viktigere å bevare det i en eller annen historisk form. Det er helt sært å tenke på at vi har masse arkiver med aviser fra små tettsteder rundt om i hele verden, men det finnes bare en kopi av Internett – den som blir oppbevart av Internett-arkivet.

Brewster Kahle er stifter av Internett-arkivet. Han var en svært vellykket Internett-entreprenør etter at han hadde vært en vellykket dataforsker. På 1990-tallet bestemte Kahle seg for at han hadde hatt nok suksess som forretningsmann, og at det var på tide å lykkes på et annet område. Derfor lanserte han en serie prosjekter som ble utformet for å arkivere menneskelig kunnskap. Internett-arkivet var bare det første av prosjektene til denne Internett-filantropen. I desember 2002 hadde arkivet over ti milliarder sider, og det vokste med omtrent en milliard sider i måneden.

Way Back Machine er det største arkivet over menneskelig kunnskap i menneskehetens historie. Ved slutten av 2002 inneholdt det «to hundre og tredve terabyte med materiale» – og var «ti ganger større enn kongressbiblioteket.» Og dette var bare det første av arkivene som Kahle gikk i gang med å bygge. I tillegg til Internett-arkivet er Kahle i gang med å konstruere TV-arkivet. TV, viser det seg, er enda mer flyktig enn Internett. Selv om mye av kulturen i det tjuende århundret ble til gjennom fjernsyn, så er bare en liten andel av den kulturen tilgjengelig for dem som vil se det i dag. Tre timer med nyheter blir tatt opp hver kveld av Vanderbilt University – takket være et spesifikt unntak i opphavsrettsloven. Dette innholdet blir gjort søkbart, og er tilgjengelig for forskere for en svært lav avgift. «Men bortsett fra dette, så er [TV] nesten fullstendig utilgjengelig,» fortalte Kahle meg. «Hvis du er Barbara Walters, så kan du få tilgang til [arkivene], men hva hvis du bare er en student?» Som Kahle formulerte det:

> Husker du da Dan Quayle snakket med Murphy Brown? Husker du den uvirkelige opplevelsen av samtalen som gikk frem og tilbake mellom en politiker og en fiktiv TV-karakter? Hvis du var en student som ønsket å studere dette, og du ønsket å få tak i den originale samtalen som gikk frem og tilbake mellom disse to, og *60 Minutes*-episoden som kom ut etter dette … så ville det være nesten umulig … Dette materialet er nesten umulig å finne. …

Hvorfor er det slik? Hvor er den delen av kulturen vår som er lagret i aviser tilgjengelige til evig tid, mens den delen som er lagret på videobånd ikke er det? Hvorfor har vi laget en verden der forskere som forsøker å forstå effekten media har hatt på Amerika i det nittende århundre har en enklere jobb enn forskere som forsøker å forstå effekten media har hatt på Amerika i det tjuende århundre?

Dette er delvis på grunn av lovverket. Opphavsrettseiere var tidlig i amerikansk opphavsrettslov nødt til å deponere kopier av sine verk i biblioteker. Disse kopiene skulle både sikre spredning av kunnskap, og sikre at det fantes en kopi av verket tilgjengelig når vernetiden utløp, slik at andre kunne få tilgang til, og kopiere verket.

Disse reglene gjaldt også for filmer, men i 1915 gjorde kongressbiblioteket et unntak for film. Filmer kunne bli opphavsrettsbeskyttet så lenge det ble gjort slik deponering, men filmskaperne fikk så lov til å låne tilbake de deponerte filmene – så lenge de ville uten noe kostnad. Bare i 1915 var det mer enn 5475 filmer deponert og «lånt tilbake.» Dermed var det ikke noe eksemplar i noe bibliotek da vernetiden til filmen utløp. Eksemplaret finnes – hvis det finnes i det hele tatt – i arkivbiblioteket til filmselskapet.[115]

Det samme er generelt sett sant også for TV. Fjernsynssendinger var opprinnelig ikke opphavsrettsbeskyttet – det fantes ingen måte å ta opp sendinger, så det var ikke noe frykt for «tyveri.» Men etter hvert som teknologien gjorde det mulig å ta opp TV-sendinger, baserte kringkastere seg i større grad på loven. Loven krevde at de laget et eksemplar av hver kringkastingssending for at verk skulle bli «opphavsrettsbeskyttet.» Disse eksemplarene ble kun lagret hos kringkastingsselskapene. Intet bibliotek hadde noen rettigheter knyttet til dem, og myndighetene gjorde ikke krav på dem. Innholdet fra denne delen av amerikansk kultur er i praksis usynlig for alle som kunne tenke seg å se den.

Kahle ivret etter å rette på dette. Før 11. september 2001 hadde han og hans allierte begynt å ta opp TV. De valgte tjue stasjoner rundt om i verden, og trykket på opptaksknappen. Etter 11. september jobbet Kahle sammen med et dusin andre, og valgte tjue stasjoner rundt om i verden der de fra og med 11. oktober 2011 gjorde opptakene fra uka rundt 11. september fritt tilgjengelig på nettet. Enhver kunne se hvordan nyhetsmeldingene verden rundt dekket hendelsene disse dagene.

Kahle hadde samme idé for film. I samarbeid med Rick Relinger, hvis filmarkiv inneholder nesten 45 000 «flyktige filmer» (i betydningen filmer som ikke er Hollywood-filmer, filmer som aldri ble opphavsrettsbeskyttet), etablerte Kahle Filmarkivet. Prelinger lot Kahle digitalisere 1 300 filmer i dette arkivet og publisere disse filmene på Internett for gratis nedlasting. Prelingers selskap er et kommersielt selskap, og selger eksemplarer av disse filmene som klipparkiv. Det han oppdaget etter at han gjorde en anseelig andel gratis tilgjengelig, var at salget av klipparkivmaterialet steg dramatisk. Folk kunne nå enkelt finne materialet som de ønsket å bruke. Noen lastet ned materialet, og laget filmer på egen hånd. Andre kjøpte kopier for å gjøre det mulig å lage andre filmer. Uansett gjorde arkivet det mulig å få tilgang til denne viktige delen av vår kultur. Vil du se et eksemplar av «Dukk og skjul deg»-filmen som gir barn instrukser om hvordan de skal redde seg selv under et atomangrep? Besøk archive.org, og du kan laste ned filmen på noen få minutter – gratis.

Nok en gang gir Kahle tilgang til en del av vår kultur som vi ellers ikke ville fått enkel tilgang til, hvis vi i det hele tatt fikk tilgang. Det er nok en del av det som definerer det tjuende århundret som er tapt i historien. Loven krever ikke at disse eksemplarene oppbevares av noen, eller at de skal deponeres for å arkiveres av noen. Dermed er det ikke noen enkel måte å finne dem.

Nøkkelen her er tilgang, ikke pris. Kahle ønsker å gjøre det mulig å få ubegrenset tilgang til dette innholdet, men han ønsker også at andre skal ha mulighet til å selge tilgang til det. Målet hans er å sikre konkurranse rundt tilgang til denne viktige delen av kulturen vår. Ikke i den kommersielle delen av en kreativ eiendoms liv, men i løpet av den andre fasen som all kreativ eiendom har – en ikke-kommersiell fase.

Her er en idé som vi bør kjenne bedre. Hver bit av kreativ eiendom går igjennom ulike «faser.» I dets første fase, hvis skaperen er heldig, blir innholdet solgt. I slike tilfeller er det kommersielle markedet en suksess for skaperen. Det store flertallet av kreativ eiendom nyter ikke slik suksess, men noen gjør helt klart dette. For dette innholdet er en kommersiell fase ekstremt viktig. Uten dette kommersielle markedet hevder mange at det ville vært mindre kreativitet.

Etter at den kommersielle fasen til kreativ eiendom har tatt slutt, har vår tradisjon alltid støttet opp om en andre fase. En avis leverer nyheter hver dag på dørkarmen til Amerika. Neste dag blir det brukt til å pakke inn fisk, eller fylle bokser med skjøre gaver, eller til å bygge et arkiv med kunnskap om vår historie. Dette er den andre fasen, der innholdet fortsatt kan informere selv om informasjonen ikke lenger blir solgt.

Det samme har alltid vært tilfelle for bøker. En bok blir utsolgt fra forlaget svært raskt (i dag skjer det i snitt etter et år[116]). Etter at den er utsolgt fra forlaget, kan den selges i bruktbokhandler uten at opphavsrettsinnehaveren får noe. Den kan også oppbevares i biblioteker, hvor mange får mulighet til å lese boken, helt gratis. Bruktbokhandler og biblioteker er dermed den andre fasen til en bok. Denne andre fasen er ekstremt viktig for spredningen og stabiliteten til kulturen.

Likevel gjelder i stadig mindre grad antagelsen om en stabil annen fase for kreativ eiendom hos de viktigste komponentene som utgjør populærkulturen i det tjuende og tjueførste århundre. For disse – TV, filmer, musikk, radio, Internett – finnes det ingen garanti for en annen fase. For denne typen kultur, er det som om vi har byttet ut biblioteker med Barnes & Noble-supermarkeder. Med denne kulturen er det ingenting annet tilgjengelig enn det som et visst begrenset marked etterspør. Ut over det forsvinner kulturen.

I størsteparten av det tjuende århundre var det økonomi som sørget for dette. Det ville vært utrolig dyrt å samle og gjøre alt av TV, film og musikk tilgjengelig: Kostnaden for analoge eksemplarer er ekstremt høy. Så selv om loven i prinsippet ville ha begrenset muligheten for at en som Brewster Kahle kunne kopiere kulturen generelt, så var den reelle begrensningen økonomi. Markedet gjorde det helt umulig å gjøre noe med denne flyktige kulturen. Loven hadde liten praktisk effekt.

Kanskje den viktigste enkeltegenskapen i den digitale revolusjonen er at for første gang siden biblioteket i Alexandria, er det gjennomførbart å tenke seg å lage et arkiv som kan holde all kultur som er produsert eller distribuert offentlig. Teknologien gjør det mulig å forestille seg et arkiv med alle bøker som er publisert, og gjør det stadig enklere å forestille seg et arkiv over alle bevegelige bilder og lyd.

Omfanget for dette potensielle arkivet er noe vi aldri har forstilt oss før. Folk som Brewster Kahle har drømt om det opp igjennom historien, men vi er for første gang ved et punkt der denne drømmen er mulig. Som Kahle beskriver det:

> Det ser ut til at det finnes omtrent to til tre millioner opptak av musikk, totalt gjennom hele historien. Det er utgitt omtrent hundre tusen kinofilmer, ... og [distribuert] omtrent en til to millioner filmer i det tjuende århundret. Det finnes omtrent tjueseks millioner ulike boktitler. Alt dette vil få plass på datamaskiner som får plass i rommet jeg sitter i, og et lite firma ville ha råd til det. Så vi er ved et vendepunkt i historien. Universell tilgang er målet. Utsikten til å få et annet liv basert på dette er ... spennende. Det kan bli en av de tingene som menneskeheten ville være mest stolt av. Helt der oppe med biblioteket i Alexandria, plassere en mann på månen, og oppfinnelsen av trykkpressen.

Kahle er ikke den eneste bibliotekaren. Internett-arkivet er ikke det eneste arkivet, men Kahle og Internett-arkivet antyder hva fremtiden for biblioteker eller arkiver kunne være. Jeg vet ikke *når* det kommersielle livet til kreativ eiendom tar slutt, men det tar slutt. Uansett når det skjer, hinter Kahle og hans arkiv om en verden hvor denne kunnskapen, og kulturen, forblir tilgjengelig til evig tid. Noen vil bruke det for å forstå den. Andre for å kritisere den. Noen vil bruke den, slik Walt Disney gjorde, for å gjenskape fortiden for fremtiden. Disse teknologiene har lovnaden om noe som hadde blitt umulig å tenke seg i store deler av vår fortid – en fremtid *for* vår fortid. Teknologien til digital kunst kan gjøre drømmen om biblioteket i Alexandria virkelig igjen.

Teknologer har dermed fjernet den økonomiske kostnaden med å bygge et slikt arkiv. Men advokatkostnadene består. For uansett hvor mye vi ønsker å kalle dette «arkiver,» og uansett hvor koselig idéen om et «bibliotek» kan virke, så er «innholdet» som er samlet i disse digitale områdene også noens «eiendom.» Og eiendomslover begrenser friheten til folk som Kahle.

Kapittel ti: «Eiendom»

Jack Valenti har vært president for Motion Picture Assication of America siden 1966. Han ankom Washington D.C. med Lyndon Johnson-administrasjonen – bokstavelig talt. På det berømte bildet av edsavleggelsen til Johnson på Air Force One etter snikmordet på president Kennedy befinner Valenti seg i bakgrunnen. I sine nesten førti år som leder av MPAA har Valenti etablert seg som kanskje den mest synlige og effektive lobbyisten i Washington.

MPAA er den amerikanske grenen av den internasjonale filmforeningen. Den ble stiftet i 1922 som en handelsforening hvis mål var å forsvare amerikanske filmer mot økende kritikk innenlands. Organisasjonen representerer ikke bare filmskapere nå, men også produsenter og distributører av underholdning for TV, video og kabel-TV. Styret er satt sammen av styrelederne og presidentene i de syv største produsentene og distributørene for film og TV-programmer i USA: Walt Disney, Sony Pictures Entertainment, MGM, Paramount Pictures, Twentieth Centory Fox, Universal Studios og Warner Brothers.

Valenti er den tredje presidenten i MPAA. Ingen president før ham har hatt like mye innflytelse over organisasjonen, eller over Washington. Valenti, som kommer fra Texas, har mestret den viktigste politiske enkeltferdighet som trengs av en fra sørstatene – evnen til å fremstå enkel og treg mens en skjuler sitt lynraske intellekt. Valenti spiller fortsatt en enkel og ydmyk mann. Men denne mannen, som har MBA fra Harvard, skrevet fire bøker, fullført videregående skole i en alder av femten år, og fløyet mer enn femti kampoppdrag under andre verdenskrig, er ingen vanlig mann. Da Valenti kom til Washington, mestret han byen like godt som en innfødt.

Ved å forsvare kunstnerisk frihet og ytringsfrihet som vår kultur er avhengig av, har MPAA gjort viktig og positivt arbeid. Ved å utarbeide MPAAs klassifiseringsystem har de antagelig unngått betydelig skade på talefriheten. Men det er et aspekt ved organisasjonens mål som både er det mest radikale og det viktigste. Dette er organisasjonens innsats, personifisert i alt Valenti gjør, for å omdefinere hva «kreativ eiendom» betyr.

Valentis vitnemål i 1982 til Kongressen setter perfekt ord på denne strategien:

> Uansett hvilke sterke argumenter som fremmes, uansett angrep
> og motangrep, uansett herjing og roping, så vil fornuftige menn
> og kvinner komme tilbake til det fundamentale i saken, det sen-

trale tema som holder liv i hele denne debatten: *Eiere av kreative eiendomsretter må tildeles de samme rettigheter og beskyttelser som alle andre eiendomseiere i landet.* Det er det som er saken. Det er det som er spørsmålet. Og det er fundamentet som hele denne høringen og debatten som følger må legge til grunn for saken.[117]

Strategien for denne retorikken, som strategien til det meste av Valentis retorikk, er strålende og enkel, og strålede fordi den er enkel. Det «sentrale temaet» som «fornuftige menn og kvinner» vil komme tilbake til er dette: «Kreative eiendomseiere må få de samme rettigheter og beskyttelse som gis til alle andre eiendomseiere i nasjonen.» Det finnes ikke annenrangs borgere, kunne Valenti fortsatt. Det bør ikke finnes annenrangs eiendomseiere.

Denne påstanden har en åpenbar og kraftig intuitiv appell. Den er uttrykt med slik klarhet for å gjøre idéen like åpenbar som oppfatningen om at vi bruker avstemning til å velge presidenter. Men faktum er at det ikke er mer ekstreme påstander fremmet av «noen» som er seriøs i denne debatten enn denne påstanden fra Valenti. Jack Valenti, uansett hvor hyggelig og briljant han fremstår, er kanskje nasjonens fremste ekstremist når det gjelder egenskapene og rekkevidden for «kreativ eiendom.» Hans syn har *ingen* fornuftig forbindelse til vår faktiske juridiske tradisjon, selv om subtile påvirkning fra hans Texas-sjarm sakte har endret definisjonen på denne tradisjonen, i hvert fall i Washington.

Mens «kreativ eiendom» helt klart er «eiendom» på en nerdete og presis måte som advokater er trent til å forstå,[118] så har det aldri vært tilfelle, og det bør det heller ikke være, at «eiere av kreativ eiendom» har fått «tildelt de samme rettigheter og beskyttelser som alle andre eiendomseiere.» Faktisk ville det være en radikal og radikalt uønsket endring i vår tradisjon hvis eiere av kreativ eiendom ble gitt de samme rettighetene som alle andre eiendomseiere.

Valenti vet dette. Men han snakker på vegne av en industri som ikke bryr seg om vår tradisjon og verdiene den representerer. Han snakker i stedet for en industri som sloss for å gjeninnføre tradisjonen som britene gjorde slutt på i 1710. I en verden skapt av endringene Valenti foreslår, vil et fåtall mektige aktører utøve kraftig kontroll over hvordan vår kreative kultur får utvikle seg.

Jeg har to formål med dette kapittelet. Det første er å overbevise deg om at historisk sett er Valentis påstander helt feil. Det andre er å overbevise deg om at det ville være fryktelig galt av oss å avvise historien vår. Vi har alltid behandlet kreative eiendomsretter forskjellig fra rettighetene som hører til alle andre eiendomseiere. De har aldri vært like. Og de bør aldri bli like, uansett hvor lite intuitivt det kan virke, for å gjøre dem like ville være å fundamentalt svekke muligheten for nye skapere til å skape. Kreativitet er avhengig av at eierne av kreativitet ikke har perfekt kontroll.

Organisasjoner som MPAA, der styret inkluderer de mektigste av den gamle garde, har liten interesse, på tross av deres retorikk, i å sikre at det nye kan erstatte dem. Ingen organisasjon har det. Ingen person har det. (Spør for eksempel meg om jobbsikkerhet.) Det som er bra for MPAA er ikke nødvendigvis bra for Amerika. Et samfunn som forsvarer idealene til en fri kultur må spesielt ta vare på muligheten for ny kreativitet til å true den gamle.

For å få et lite hint om at det er noe fundamentalt galt med Valentis argument trenger vi ikke se lenger en til Grunnloven til USA.

Forfatterne av vår Grunnlov elsket «eiendom.» Faktisk elsket de eiendom så sterkt at de bygde inn en viktig forutsetning i Grunnloven. Hvis myndigheten tar din eiendom – hvis den kondemnerer huset ditt eller eksproprierer et stykke land fra gården din – så er det et krav, ifølge det femte grunnlovstilleggets «beslagleggingsavsnitt,» at du må få «rimelig kompensasjon» for det som blir beslaglagt. Grunnloven garanterer dermed at eiendom på en måte er ukrenkelig. Den kan *aldri* tas fra eiendomseieren med mindre myndighetene betaler for det privilegiet.

Likevel snakker den samme Grunnloven svært annerledes om det Valenti kaller «kreativ eiendom.» I bestemmelsen som gir Kongressen myndighet til å skape «kreativ eiendom,» *krever* Grunnloven at Kongressen etter en «begrenset tid» tar tilbake rettighetene den har delt ut, og lar den «kreative eiendommen» falle i det fri og bli allemannseie. Men når kongressen gjør dette, når utløpet av vernetiden «tar» din opphavsrett og overleverer den til allemannseiet, så har ikke Kongressen noe pålegg om å betale «rimelig kompensasjon» for dette «beslaget.» I stedet krever den samme Grunnloven som krever kompensasjon når det gjelder landområder, at du skal miste din «kreative eiendom» helt uten kompensasjon overhodet.

Grunnloven sier dermed rett frem at disse to formene for eiendom ikke skal tildeles de samme rettighetene. De skal tydelig behandles forskjellig. Valenti ber dermed ikke bare om at vår tradisjon skal endres når han argumenterer med at eiere av kreativ eiendom skal få de samme rettighetene som enhver annen eiendomseier. Han argumenterer effektivt for å endre selve Grunnloven.

Å argumentere for en endring i Grunnloven vår er ikke nødvendigvis galt. Det var mye i vår originale Grunnlov som helt tydelig var galt. Grunnloven av 1789 forsvarte slaveri. Den sa at senatorer skulle utnevnes i stedet for å bli valgt. Den gjorde det mulig å få en valgforsamling som ga like mange stemmer til presidenten og hans egen visepresident (som den gjorde i 1800). Grunnlovsforfatterne var uten tvil ekstraordinære, men jeg vil være den første til å innrømme at de gjorde store feil. Vi har siden avvist noen av disse feilene, og det er uten tvil andre som vi også burde avvise. Så argumentet mitt er ikke at bare siden Jefferson gjorde det, så bør også vi gjøre det.

I stedet er mitt argument at siden Jefferson gjorde det, bør vi i det minste forsøke å forstå *hvorfor*. Hvorfor avviste grunnlovsforfatterne, som jo var fanatiske eiendomstilhengere, påstanden om at kreativ eiendom skulle tildeles de samme rettighetene som all annen eiendom? Hvorfor krevde de at for kreativ eiendom må det finnes et allemannseie?

For å besvare dette spørsmålet trenger vi å få litt perspektiv på historien til disse «kreative eiendomsrettene,» og kontrollen de har muliggjort. Når vi klarere ser hvor forskjellig disse rettighetene har vært definert, så har vi bedre mulighet til å stille spørsmålene som bør være i kjernen av denne krigen: Ikke *hvorvidt* kreativ eiendom bør beskyttes, men hvordan. Ikke *hvorvidt* vi vil håndheve rettighetene som lovverket gir til eiere av kreativ eiendom, men hvordan den spesifikke blandingen av rettigheter bør være. Ikke *hvorvidt* artister bør få betalt, men hvorvidt institusjoner utformet for å sikre at artister får betalt også må kontrollere hvordan kultur utvikler seg.

For å svare på disse spørsmålene trenger vi en mer generell måte å snakke om hvordan eiendom er beskyttet. For å være presis så trenger vi en mer generell måte enn det som det begrensede språket til lovverket tillater. I *Code and Other Laws of Cyberspace* brukte jeg en enkel modell for å representere dette mer generelle perspektivet. For enhver spesifikk rettighet eller regulering, spør denne modellen hvordan fire ulike reguleringsmodaliteter samvirker for å støtte eller svekke rettigheten eller reguleringen. Jeg representerte det med dette diagrammet:

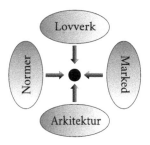

Figur 10.1

I midten av dette bildet er en regulert prikk: individet eller gruppen som er målet for reguleringen, eller innehaver av en rettighet. (I hvert tilfelle gjennom hele denne teksten kan vi beskrive det enten som en regulering eller som en rettighet. For enkelhets skyld vil jeg kun omtale det som en regulering.) Ovalene representerer fire måter for hvordan individet eller gruppen kan reguleres – enten begrenset eller alternativt muliggjort. Lovverket er den mest åpenbare begrensningen (i hvert fall for advokater). Den begrenser ved å true med straff i ettertid hvis forhåndsbestemte regler blir brutt. Dermed, hvis du for eksempel bevisst krenker Madonnas opphavsrett ved å kopiere en sang fra hennes siste CD og legge den ut på nettet, så kan du bli straffet med en bot på 150 000 dollar. Boten er en «ex post» (etter hendelsen) straff for å bryte en «ex ante» (før hendelsen) regel . Den pålegges av staten.

Normer er en annen type begrensning. De kan også straffe et individ for å bryte en regel. Men straffen for normbrudd kommer fra fellesskapet, ikke (eller ikke bare) fra staten. Det er kanskje ingen lov mot spytting, men det betyr ikke at du ikke blir straffet hvis du spytter på bakken mens du står i en kinokø. Straffen er kanskje ikke veldig streng, men avhengig av fellesskapet, så kan den uten problemer være strengere enn mange straffer som påføres av staten. Det som er skillet er ikke hvor alvorlig regelen håndheves, men hva som er kilden til håndhevelsen.

Markedet er en tredje type begrensning. Dets begrensing skjer gjennom betingelser. Du kan gjøre X hvis du betaler Y, og du vil få betalt M hvis du gjør N. Disse begrensningene er åpenbart ikke uavhengig av lover og normer – det er eiendomsretten som definerer hva som må kjøpes før det skal kunne tas på lovlig vis, og det er normer som sier hva det er greit å selge. Men gitt et sett med normer og en bakgrunn med eiendoms- og kontraktslovgiving, så påfører markedet samtidig begrensninger for hvordan et individ eller en gruppe kan oppføre seg.

Til slutt, og kanskje for øyeblikket det mest mystiske, «arkitektur» – den fysiske verden slik den oppleves – er en begrensning på adferd. En nedrast bro kan begrense din mulighet til å komme over en elv. Jernbanespor kan begrense et samfunns mulighet til å holde ved like sitt sosiale liv. På samme måte som med markedet, påfører ikke arkitektur sine begrensninger via «ex post» straff. I stedet, også på samme måte som med markedet, påfører arkitektur sine begrensninger gjennom samtidige betingelser. Disse betingelsene blir ikke håndhevet av domstolene som håndhever kontrakter, eller av politiet som straffer tyveri, men av naturen, av «arkitektur.»Hvis en 200 kilos steinblokk sperrer veien din, så er det gravitasjonsloven som håndhever den begrensningen. Hvis en 500 dollars flybillett står mellom deg og en flytur til New York, så er det markedet som håndhever den begrensningen.

Det første poenget om disse fire reguleringsmodalitetene er åpenbart: De påvirker hverandre. Restriksjoner pålagt av en kan forsterke en annen, eller restriksjoner pålagt av en kan bli undergravd av en annen.

Det andre poenget følger direkte fra dette: Hvis vi ønsker å forstå den effektive friheten som enhver har på et bestemt tidspunkt til å gjøre en bestemt ting, må vi vurdere hvordan disse fire modalitetene virker sammen. Uansett om det er andre begrensninger eller ikke (det kan det godt være, jeg påstår ikke at listen er komplett), så er disse fire blant de viktigste. Eventuelle lovendringer (uansett om den øker kontroll eller øker frihet) må vurdere hvordan disse fire i særdeleshet virker sammen.

Så la oss for eksempel vurdere «friheten» til å kjøre fort i bil. Den friheten er delvis begrenset av lovverket: fartsgrenser som sier hvor fort du kan kjøre på bestemte steder til bestemte tidspunkt. Det er delvis begrenset av arkitektur: for eksempel fartshumper får de fleste rasjonelle sjåfører til å senke farten. Fartssperrer i busser er et annet eksempel, på den makshastigheten som en fører kan kjøre. Friheten er delvis begrenset av markedet: Drivstoffeffektiviteten faller etter hvert som hastigheten øker, slik at prisen på bensin indirekte begrenser hastighet. Og til slutt, normene i et nærmiljø kan kanskje begrense friheten til å kjøre fort. Kjør i 80 km/t forbi skolen i ditt nabolag, og du vil antagelig bli straffet av naboene. Den samme normen vil ikke være like effektiv i en annen by, eller om natten.

Det siste poenget om denne enkle modellen bør også være rimelig klart: Mens disse fire modalitetene er analytisk uavhengige, så har lovverket en spesiell rolle i å påvirke de tre andre.[119] Lovverket vil med andre ord noen ganger operere for å øke eller redusere begrensningene til en bestemt modalitet. Loven kan brukes slik til å øke skattene på bensin for slik å øke incentivene til å kjøre saktere. Loven kan brukes til å kreve flere fartsdumper, for slik å gjøre det vanskeligere å kjøre raskt. Loven kan brukes til å finansiere reklamekampanjer som stigmatiserer stygg kjøring, eller loven kan brukes til å kreve at andre lover blir mer strengere – et føderalt krav som sier at delstatene må redusere fartsgrensene – for slik å gjøre det mindre attraktivt å kjøre fort.

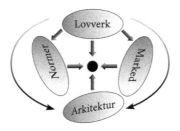

Figur 10.2

Disse begrensningene kan dermed endre seg, og de kan bli endret. For å forstå den effektive beskyttelsen til friheten eller beskyttelse for eiendom på et bestemt tidspunkt, må vi holde rede på disse endringene over tid. En begrensning påført av en modalitet kan bli fjernet av en annen. En frihet muliggjort av en modalitet kan bli tatt bort av en annen.[120]

Hvorfor Hollywood har rett

Det mest åpenbare poenget som denne modellen avslører er akkurat hvorfor, eller hvordan, Hollywood har rett. Opphavsrettskrigerne har kjørt kampanje mot Kongressen og domstolene for å forsvare opphavsretten. Denne modellen hjelper oss å forstå hvorfor slik kampanje gir mening.

La oss si at dette er et bilde av opphavsrettens regulering før Internett:

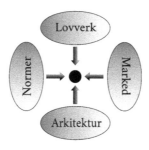

Figur 10.3

Det er balanse mellom lovverk, normer, marked og arkitektur. Lovverket begrenser muligheten til å kopiere og dele innhold, ved å pålegge straff for dem som kopierer og deler innhold. Denne straffen er forsterket av teknologier som gjør det vanskelig å kopiere og dele innhold (arkitektur), og dyrt å kopiere og dele innhold (marked). Til slutt er disse straffene mildnet av normer som vi alle gjenkjenner – et eksempel er barn som tar opp andre barns plater. Denne bruken av opphavsrettsbeskyttet materiale kan det godt hende er brudd på opphavsretten, men normene i vårt samfunn (i hvert fall før Internett) hadde ikke noe problem med denne form for opphavsrettsbrudd.

Så kommer Internett, eller mer presist, teknologier som MP3-er og p2p-fildeling. Nå endrer begrensningene fra arkitektur seg dramatisk, og det samme gjør begrensningene fra markedet. Og etter hvert som både markedet og arkitekturen roer ned sin regulering av opphavsrett, hoper normene seg opp. Den glade balansen (i hvert fall for krigerne) i livet før Internett blir en effektiv anarkistat etter Internett.

Dermed, som konsekvens, fornuften i, og begrunnelsen for, krigernes respons. Teknologien er endret, sier krigerne, og effekten av denne endringen når den kjøres igjennom markedet og normene, er at balansen i beskyttelsen av opphavsrettseierenes rettigheter har gått tapt. Dette er Irak etter Saddams fall, men denne gangen er det ingen regjering som rettferdiggjør ranet som fulgte.

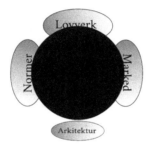

Figur 10.4

Hverken denne analysen eller konklusjonene som følger av den er nye for krigerne. Faktisk ble denne blandingen av regulatoriske modaliteter, i en «hvitebok» utarbeidet av handelsdepartementet (og sterkt påvirket av opphavsrettskrigerne) i 1995, allerede identifisert, og strategien for å respondere kartlagt den gang. Som svar på endringene som Internett hadde ført til, argumenterte hviteboken (1) Kongressen burde styrke immateriallovene, (2) bedrifter burde ta i bruk nyskapende markedsføringsteknikker, (3) teknologer burde anstrenge seg for å utvikle kode som beskyttet opphavsrettsbeskyttet materiale og (4) lærere burde lære opp unger til å beskytte opphavsretten bedre.

Denne blandede strategien var akkurat det opphavsretten trengte – hvis den skulle bevare den bestemte balansen som eksisterte før endringen som ble påført av Internett. Og det er akkurat det vi bør forvente at innholdsindustrien presser på for. Det er så amerikansk som det kan bli å anse det lykkelige livet du allerede har som en rettighet, og se til rettsvesenet for å beskytte det hvis det kommer noe for å endre dette lykkelige livet. Huseiere som bor i en flomslette nøler ikke med å be myndighetene om å gjenoppbygge (og gjenoppbygge på nytt) når en flom (arkitektur) raderer bort eiendommen deres (lov). Bønder nøler ikke med å be om erstatning fra myndighetene når et virus (arkitektur) utsletter avlingen deres. Fagforeninger nøler ikke med å be myndighetene om erstatning når import (marked) tar knekken på USAs stålindustri.

Det er dermed ikke noe galt eller overraskende i innholdsindustriens kampanje for å beskytte seg selv mot de skadelige konsekvensene av en teknologisk nyvinning. Jeg ville være den siste personen til å hevde at den endrede teknologien på Internett ikke har hatt vidtrekkende effekt på innholdsindustriens måte å gjøre forretninger på, eller som John Seely Brown beskriver det, dens «inntektsarkitektur.»

Men bare på grunn av at en bestemt interesse ber om støtte fra myndighetene, så er det ikke en selvfølge at de bør få slik støtte. Selv om teknologi har svekket en bestemt måte å drive forretninger, så er det ingen selvfølge at myndighetene bør gripe inn for å støtte den gamle måten å drive forretninger. Kodak, for eksempel, har mistet kanskje så mye som 20 prosent av sitt tradisjonelle filmmarked til den fremvoksende teknologien digitalkamera. [121] Tror noen at myndighetene bør bannlyse digitalkamera kun for å støtte Kodak? Motorveier har svekket frakt via jernbanen. Er det noen som mener vi bør bannlyse vogntog fra veiene *med det formål* å beskytte jernbanen? Eller nærmere temaet i denne boka, så har trådløse kanalskiftere svekket hvor «klebrig» TV-reklamen er (hvis en kjedelig reklame kommer på TV-en, så gjør fjernkontrollen det enkelt å bytte kanal), og det kan godt være at denne endringen har svekket markedet for TV-reklame. Men er det noen som tror vi bør regulere fjernkontroller for å styrke kommersielt TV? (Kanskje ved å begrense dem til å fungere kun en gang i sekundet, eller til å begrense seg til ti kanalbytter i timen?)

Det åpenbare svaret på disse åpenbart retoriske spørsmålene er nei. I et fritt samfunn, med et fritt marked, støttet av frie markedsaktører og fri handel, er ikke myndighetenes rolle å understøtte én bestemt måte å gjøre forretninger mot andre måter. Deres rolle er ikke å velge vinnere, og beskytte dem mot tap. Hvis myndighetene gjorde dette generelt, så ville vi aldri fått noen fremgang. Bill Gates, styrelederen i Microsoft, skrev i 1991, i et notat som kritiserte programvarepatenter, at «etablerte selskaper har interesse av å ekskludere fremtidige konkurrenter.»[122] Og i forhold til et nystartet selskap har etablerte selskaper også andre virkemidler. (Tenk RCA og FM-radio.) En verden hvor konkurrenter med nye idéer må sloss ikke bare mot markedet, men også mot myndighetene, er en verden hvor konkurrenter med nye idéer ikke vil lykkes. Det er en verden i stillstand og økende konsentrert stagnering. Det er Sovjetunionen under Brezhnev.

Dermed, selv om det er forståelig at bransjer truet av ny teknologi som endrer måten de gjør forretninger på ser mot regjeringen for beskyttelse, så er det en spesiell plikt hos beslutningstakere å garantere at den beskyttelsen ikke blokkerer fremgang. Det er med andre ord en plikt hos beslutningstagerne å sikre at endringene de skaper som svar til dem som blir skadet av teknologiske endringer, er endringer som bevarer incentiver og muligheter for nyskapning og endring.

I sammenheng med lover som regulerer ytringer – hvilket åpenbart inkluderer opphavsrettsloven – er plikten enda sterkere. Når industrien klager over teknologier som endrer seg, og ber Kongressen om å svare på en måte som belaster ytring og kreativitet, bør beslutningstakere være spesielt skeptiske til forespørselen. Det er alltid en dårlig avtale for myndighetene å begynne å regulere ytringsmarkeder. Risikoene og farene med det spillet er spesifikt årsaken til at vår grunnlovsforsamling laget første grunnlovstillegg: «Kongressen skal ikke vedta noen lov som ... begrenser ytringsfriheten.» Så når Kongressen blir spurt om å vedta lover som ville «begrense» ytringsfriheten, bør den vurdere – svært nøye – hvorvidt slik regulering er berettiget.

Mitt argument akkurat nå har derimot ingenting med hvorvidt endringene som blir fremmet av opphavsrettskrigerne er «berettiget.» Mitt argument er om endringenes effekt. Før vi starter på spørsmålet om berettigelse, et vanskelig spørsmål som i stor grad er avhengig av våre verdier, så bør vi først spørre hvorvidt vi forstår effekten av endringen som innholdsindustrien ønsker.

Her følger metaforen som forklarer argumentet.

I 1873 ble kjemikaliet DDT fremstilt første gang. I 1948 vant den sveitsiske kjemikeren Paul Hermann Müller nobelprisen for sitt arbeid med å demonstrere de insektsdrepende egenskapene til DDT. I løpet av 1950-tallet ble insektsmiddelet mye brukt rundt om i verden for å drepe sykdomsbærende skadedyr. Det ble også brukt til å øke landbruksproduksjonen.

Ingen tviler på at det er en god ting å drepe sykdomsbærende skadedyr, eller å øke avlingene. Og ingen tviler på at arbeidet til Müller var viktig og verdifullt, og antagelig sparte liv, kanskje millioner av liv.

Men i 1962 publiserte Rachel Carson *Silent Spring*, som hevdet at DDT, uansett dets primære fordeler, også hadde utilsiktede miljømessige konsekvenser. Fugler mistet evnen til å reprodusere seg. Hele kjeder i økologien holdt på å bli ødelagt.

Ingen gikk inn for å ødelegge miljøet. Paul Müller hadde ikke som mål å skade fugler. Men arbeidet med å løse ett sett med problemer laget et nytt sett som, etter noens syn, var mye verre enn de problemene som opprinnelig ble angrepet. Eller for å være mer presis, problemene som DDT forårsaket var verre enn problemene de løste, i hvert fall når en vurderer andre, mer miljøvennlige måter å løse problemet som DDT var ment å løse.

Det er akkurat dette bildet som jussprofessor James Boyle ved Duke University appellerer til når han argumenterer med at vi trenger en «miljøbevegelse» for kulturen.[123] Hans poeng, og poenget når jeg argumenterer for et «balansert syn i dette kapittelet,» er for å vise til, ikke bare fordelene, men også ulempene, og at opphavsretten ikke har feil mål. Eller at forfattere ikke skal få betalt for sitt arbeide, eller at musikk bør gis bort «gratis.» Poenget er at noen av måtene som vi kan bruke for å beskytte forfattere, vil ha uventede konsekvenser for det kulturelle miljøet, ganske likt slik DDT hadde det for det naturlige miljøet. Og på samme måte som kritikk mot DDT ikke er å støtte malaria eller et angrep på bønder, så er heller ikke kritikk av et bestemt sett med reguleringer som beskytter opphavsretten en støtte til anarki eller et angrep på forfattere. Det vi søker er et kreativt miljø, og vi bør være oppmerksomme på hvordan våre handlinger påvirker dette miljøet.

Mitt argument for å vise til, og få frem et balansert bilde av fordeler og ulemper i dette kapittelet, er et forsøk på å kartlegge akkurat denne effekten. Det er ingen tvil om at teknologien til Internett har hatt dramatisk effekt på muligheten for opphavsrettseierne til å beskytte innholdet sitt. Men det bør heller ikke være noen tvil om at når du slår sammen alle endringene i opphavsrettsloven over tid, pluss den teknologiske endringen som Internett gjennomgår akkurat nå, vil netto effekt av disse endringene ikke bare være at opphavsrettsvernede verk blir effektivt beskyttet. I tillegg, og stort sett oversett, er netto effekt av denne massive økningen i beskyttelse også vil være ødeleggende for kreativitetsmiljøet.

For å oppsummere: For å drepe en mygg sprøyter vi DDT med konsekvenser for fri kultur som vil være mye mer ødeleggende enn om denne myggen ble borte.

Opphav

USA kopierte engelsk opphavsrettslov. Egentlig kopierte og forbedret vi engelsk opphavsrettslov. Grunnloven vår gjør formålet med «kreativ eiendom» helt klart; dens uttrykkelige begrensninger forsterker det engelske mål om å unngå for mektige utgivere.

Myndigheten til å etablere «kreative eiendoms»-rettigheter gis til Kongressen på en måte som, i hvert fall for i forhold til vår Grunnlov, er veldig uvanlig. Artikkel I, del 8, setningsdel 8 i grunnloven vår lyder:

> Kongressen har myndighet til å fremme utviklingen av vitenskap og nyttig kunst ved å sikre forfattere og oppfinnere, i et begrenset tidsrom, eksklusive rettigheter til sine respektive skrifter og oppdagelser.

Vi kaller dette «Fremskrittsbestemmelsen,» og legg merke til hva denne bestemmelsen ikke sier. Den sier ikke at Kongressen har myndighet til å dele ut «kreative eiendomsretter.» Den sier at Kongressen har myndighet til *å fremme fremskritt*. Tildeling av myndighet er dets formål, og dets formål er for fellesskapet. Formålet er ikke å berike utgivere, og formålet er heller ikke hovedsaklig å belønne forfattere.

Fremskrittsbestemmelsen begrenser uttrykkelig varigheten for opphavsretten. Som vi så i kapittel 6 (s. 75), begrenset engelskmennene varigheten i opphavsretten for å sikre at noen få ikke kunne utøve uforholdsmessig stor kontroll over kulturen ved å utøve uforholdsmessig kontroll over publisering. Vi kan anta at grunnlovsforfatterne tok etter England med et lignende formål. Faktisk forsterket grunnlovsforfatterne, i motsetning til engelskmennene, dette formålet ved å kreve at opphavsretten kun gjaldt «forfattere.»

Utformingen av Fremskrittsbestemmelsen reflekterer noe om Grunnlovens utforming generelt. For å unngå et problem bygget grunnlovsforfatterne en struktur. For å hindre at for mye makt samlet seg hos utgiverne, bygde de en struktur som holdt opphavsretten vekk fra utgiverne og gjorde vernetiden kort. For å hindre at for mye makt samlet seg hos en kirke, forbød de føderale myndigheter å etablere en kirke. For å hindre at for mye makt samlet seg hos de føderale myndigheter bygget de strukturer som forsterket makten til delstatene – inkludert i Senatet, hvis medlemmer på den tiden ble utpekt av delstatene, og en valgforsamling, også utpekt av delstatene, som valgte president. I hvert tilfelle, bygget de en *struktur* av kontrollmekanismer inn i den konstitusjonelle rammen, strukturert for å hindre ellers uunngåelig maktkonsentrering.

Jeg tviler på at deltagerne i grunnlovsforsamlingen vil kjenne igjen reguleringen vi kaller «opphavsrett» i dag. Omfanget av den regulering går langt ut over alt de noensinne vurderte. For å begynne å forstå hva de gjorde trenger vi å sette vår «opphavsrett» i sammenheng: Vi trenger å se hvordan den har endret seg i løpet av de 210 årene som har gått siden de først avgjorde dens utforming.

Noen av disse endringer kommer fra lovverket: noen i lys av endringer i teknologi og noen i lys av endringer i teknologi gitt en bestemt konsentrering av markedsmakt. Etter begrepene i vår modell, startet vi her:

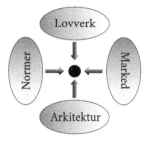

Figur 10.5

Vi kommer til å ende opp her:

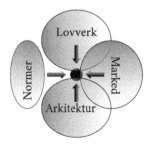

Figur 10.6

La meg forklare hvordan.

107

Loven: Varighet

Da den første Kongressen vedtok loven for å beskytte kreativ eiendom, møtte den de samme usikkerhetene rundt status for kreativ eiendom som engelskmennene hadde blitt konfrontert med i 1774. Flere delstater hadde vedtatt lover som beskyttet kreativ eiendom, og noen mente at disse lovene enkelt og greit var tillegg til rettspraksisrettigheter som allerede beskyttet kreativt forfatterskap.[124] Dette betød at det ikke var noe garantert allemannseie i USA i 1790. Hvis opphavsretten var beskyttet av rettspraksis, så var det ingen enkel måte å vite hvorvidt et verk publisert i USA var kontrollert eller fritt. Akkurat som i England ville denne vedvarende usikkerheten gjøre det vanskelig for utgivere å basere seg på allemannseiet når de ønsket å gi ut på nytt og distribuere verk.

Denne usikkerheten tok slutt da Kongressen vedtok lovgiving som tildelte opphavsrettigheter. Da føderal lov overstyrer enhver motstridende delstatslov, fortrengte den føderale beskyttelsen av opphavsrettsbeskyttede verk enhver beskyttelse fra delstatslover. På samme måte som Statute of Anne i England betød at opphavsrettsbeskyttelsen for alle engelske verk utløp, betød føderale vedtekter at alle delstatsopphavsretter også utløp.

I 1790 vedtok Kongressen den første opphavsrettsloven. Den opprettet en føderal opphavsrett og sikret opphavsretten i fjorten år. Hvis en forfatter var i live ved slutten av disse fjorten årene, så kunne han velge å fornye opphavsrettsbeskyttelsen for nye fjorten år. Hvis han ikke fornyet opphavsretten, så ble hans verk en del av allemannseien.

Selv om det ble skapt mange verk i USA i de første 10 årene til republikken, så ble kun 5 prosent av verkene registrert under det føderale opphavsrettsregimet. Av alle verk skapt i USA både før 1790 og fra 1790 fram til 1800, så ble 95 prosent øyeblikkelig allemannseie (public domain). Resten ble allemannseie etter maksimalt 20 år, og som oftest etter 14 år.[125]

Dette fornyelsessystemet var en avgjørende del av det amerikanske systemet for opphavsrett. Det sikret at maksimal vernetid i opphavsretten bare ble gitt til verk der det var ønsket. Etter den første perioden på fjorten år, hvis forfatteren ikke så verdien av å fornye sin opphavsrett, var det heller ikke verdt det for samfunnet å håndheve opphavsretten.

Fjorten år virker kanskje ikke lenge for oss, men for det store flertall av opphavsrettsinnehavere på den tiden var den lenge nok. Kun en liten minoritet blant dem fornyet sin opphavsrett etter fjorten år. Balansen tillot deres verk å falle i det fri.[126]

Selv i dag gir denne strukturen mening. De fleste kreative verk har et kommersielt liv som kun varer noen få år. De fleste bøker er utsolgt fra forlaget etter ett år.[127] Når det skjer, kjøpes og selges de brukte bøkene helt uten opphavsrettslige reguleringer. Dermed er bøkene *faktisk* ikke lenger kontrollert av opphavsretten. Den eneste praktiske kommersielle bruken av bøkene på dette stadiet er å selge bøkene som brukte bøker. Denne bruken – fordi den ikke involverer publisering – er effektivt uten begrensninger.

I de første hundre årene av republikken, ble vernetiden for opphavsretten endret en gang. I 1831 ble vernetiden økt fra maksimalt 28 år til maksimalt 42 år ved å øke den opprinnelige vernetiden fra 14 til 28 år. I de neste femti årene av republikken, ble vernetiden igjen økt en gang. I 1909 utvidet Kongressen fornyingsvernetiden fra 14 til 28 år, og vedtok dermed en maksimal vernetid på 56 år.

Så, fra og med 1962, startet Kongressen med den praksisen som har definert opphavsrettsloven siden. Elleve ganger de siste førti årene har Kongressen utvidet vernetiden for eksisterende opphavsretter. To ganger i løpet av disse førti årene utvidet Kongressen vernetiden for fremtidige opphavsretter. I starten var utvidelsen av eksisterende opphavsretter kort, kun ett til to år. I 1976 utvidet Kongressen alle eksisterende opphavsretter med nitten år. Og i 1998 ble «Sonny Bonos utvidelse av opphavsrettsvernetidsloven» vedtatt som utvidet vernetiden for eksisterende og fremtidige opphavsretter med tyve år.

Effekten av disse utvidelsene er ganske enkelt å fryse, eller forsinke, når verk faller i det fri og blir allemannseie. Denne siste utvidelsen betyr at allemannseie vil ha vært frosset i trettini av femtifem år, eller 70 prosent av tiden siden 1962. Dermed vil det i de første tjue årene etter Sonny Bono-loven, samtidig som en million patenter har blitt allemannseie, ikke være et eneste opphavsrettsbeskyttet verk som har falt i det fri på grunn av utløp av vernetiden i opphavsretten.

Effekten av disse endringene har blitt forverret av en annen endring i opphavsrettsloven som få har lagt merke til. Husk at jeg sa at grunnlovsforfatterne etablerte et todelt opphavsrettsregime, som krevde at opphavsrettsinnehaver fornyet sin opphavsrett etter en innledende vernetid. Dette fornyingskravet betød at verk som ikke lenger trengte opphavsrettsbeskyttelse raskt ville bli allemannseie. De gjenværende beskyttede verk ville være de som hadde en viss vedvarende kommersiell verdi.

USA forlot dette fornuftige systemet i 1976. For alle verk skapt etter 1978 var det kun en vernetid – maksimal vernetid. For «naturlige» forfattere var vernetiden livslang pluss femti år. For selskaper var vernetiden syttifem år. Så, i 1992, fjernet Kongressen kravet om forning for alle verk skapt før 1978. Alle verk beskyttet av opphavsretten ville få tildelt maksimal vernetid. Etter Sonny Bonny-loven var vernetiden nittifem år.

Denne endringen betød at USAs lov ikke lenger hadde en automatisk måte å sikre at verk som ikke lenger ble utnyttet ble allemannseie. Og ganske riktig, etter disse endringene, er det uklart hvorvidt det i det hele tatt er mulig å la et verk bli allemannseie. Allemannseiet ble foreldreløst etter disse endringene i opphavsrettsloven. På tross av kravet om av vernetiden skal være «begrenset», så har vi ingen indikasjoner på at noe vil begrense den.

Effekten av disse endringene på den gjennomsnittlige varigheten for opphavsretten er dramatisk. I 1973 unnlot mer enn 85 prosent av opphavsrettsinnehaverne å fornye sin opphavsrett. Det betyr at den gjennomsnittlige vernetiden i 1973 var kun 32.2 år. På grunn av fjerningen av kravet om forning, er nå den gjennomsnittlige vernetiden den maksimale vernetiden. På tredve år har dermed den gjennomsnittlige vernetiden blitt tredoblet, fra 32.2 år til 95 år.[128]

Loven: Omfang

«Omfanget» for opphavsretten er den rekken av rettigheter tildelt gjennom lovverket. Omfanget for USAs opphavsrett har endret seg dramatisk. Disse endringene er ikke nødvendigvis dårlige, men vi bør forstå omfanget av endringer hvis vi skal forholde oss til sammenhengen i denne debatten.

I 1790 var omfanget veldig smalt. Opphavsretten dekket kun «kart, diagrammer og bøker.» Det betyr at den ikke dekket for eksempel musikk og arkitektur. Viktigere, opphavsretten tildelte forfatteren eksklusiv rett til å «publisere» opphavsrettsbeskyttede verk. Det betyr at andre kun brøt opphavsretten hvis han ga ut verket på nytt uten opphavsrettseierens tillatelse. Til slutt var privilegiet tildelt av opphavretten en eksklusiv rett for en bestemt bok. Privilegiet strakk seg ikke til det advokater kaller «avledede verk.» Det ville dermed ikke forstyrre retten til andre enn forfatteren til å oversette en opphavsrettsbeskyttet bok, eller til å tilpasse historien til en annen form (som et skuespill basert på en publisert bok).

Dette har også endret seg dramatisk. Mens omrisset av opphavsretten i dag er ekstremt vanskelig å beskrive enkelt med generelle termer, så dekker retten praktisk talt ethvert kreativt verk som er redusert til en håndgripelig form. Det dekker musikk så vel som arkitektur, drama så vel som datamaskinprogrammer. Det gir opphavsrettseieren ikke bare den eksklusive retten til å «publisere» verket, men også eksklusiv rett til å kontrollere enhver «kopi» av dette verket. Og viktigst for formålet vårt her, retten gir opphavsrettseieren kontroll ikke bare over hans eller hennes eget verk, men også ethvert «avledet verk» som kan gro ut av det originale verket. På denne måten dekker retten flere kreative verk, beskytter det kreative verket bredere og beskytter verk som i hovedsak er basert på det opprinnelige kreative verket.

Mens omfanget av opphavsretten har utvidet seg, har prosessuelle begrensninger i retten blitt slakket på. Jeg har allerede beskrevet den fullstendige fjerningen av fornyelseskravet i 1992. I tillegg til fornyelseskravet var det, i det meste av historien til USAs opphavsrettslov, et krav om at et verk måtte registreres før det kunne nyte godt av opphavsrettsbeskyttelsen. Det var også et krav om at ethvert opphavsrettsbeskyttet verk enten måtte merkes med det berømte © eller ordet *copyright*. For mesteparten av historien til USAs opphavsrettslov var det også et krav at verket ble innlevert til myndighetene før en opphavsrett kunne sikres.

Årsaken til registreringskravet var den fornuftige forståelsen av at for de fleste verk var det ikke nødvendig med opphavsrettsbeskyttelse. Igjen, i de første ti årene av republikken ble 95 prosent av verk som kunne mottatt beskyttelse aldri opphavsrettsbeskyttet. Dermed reflekterte regelen normen: De fleste verk trengte tydeligvis ikke opphavsrettsbeskyttelse, så registrering begrenset lovreguleringen til de få som trengte det. Den samme begrunnelsen rettferdiggjorde kravet om at et verk måtte merkes som opphavsrettsbeskyttet – slik var det enkelt å vite hvorvidt noen påberopte seg opphavsrettsbeskyttelse. Kravet om at verket ble deponert, var for å sikre at etter at vernetidens utløp, ville det eksistere et eksemplar av verket en eller annen plass slik at det kunne kopieres av andre uten å spore opp den opprinnelige forfatteren.

Alle disse «formalitetene» ble avskaffet i USAs system da vi bestemte oss for å følge europeisk opphavsrettslov. Det er ikke lenger krav om at du registrerer et verk for å få opphavsrettsbeskyttelse. Opphavsrettsbeskyttelsen er nå automatisk. Opphavsretten eksisterer uansett om du merker ditt verk med ©, og opphavsretten eksisterer uansett om du faktisk gjør verket tilgjengelig for kopiering av andre.

La oss se på et praktisk eksempel for å forstå omfanget av disse forskjellene.

Hvis du skrev en bok i 1790, og du var en av de fem prosentene som faktisk registrerte opphavsretten for den boken, så ville opphavsrettsloven beskytte deg mot at andre utgivere tok boken din og publiserte den på nytt uten din tillatelse. Målet med loven var å regulere utgivere for derved å hindre denne typen urimelig konkurranse. I 1790 var det 174 utgivere i USA.[129] Opphavsrettslovgivingen var dermed en liten regulering av en liten andel av en liten del av det kreative markedet i USA – utgivere.

Loven lot andre skapere være helt uregulert. Hvis jeg kopierte ditt dikt for hand, om og om igjen, som en måte å lære det skikkelig, var min handling helt uregulert ifølge 1790-loven. Hvis jeg tok romanen din og laget et skuespill basert på den, hvis jeg oversatte den eller laget en oppsummering av den, så var ingen av disse aktivitetene regulert av den opprinnelige opphavsrettsloven. Disse kreative aktivitetene forble frie, mens aktivitetene til utgiverne ble begrenset.

I dag er historien svært annerledes: Hvis du skriver en bok er boken din automatisk beskyttet. Faktisk gjelder det ikke bare boken din. Enhver e-post, hver notat til din kjære, hver krusedull, *hver eneste* kreative handling som blir redusert til en håndgripelig form – alt dette er automatisk opphavsrettsbeskyttet. Det er intet behov for å registrere eller merke ditt verk. Beskyttelsen følger av det å skape, ikke de steg du tar for å beskytte det.

Den beskyttelsen gir deg retten til (begrenset av et smalt spekter av unntak for rimelig bruk) å kontrollere hvordan andre kopierer verket, uansett om de kopierer for å viderdistribuere det, eller for å dele et utdrag.

Så langt er dette den åpenbare delen. Ethvert opphavsrettssystem ville kontrollere konkurrerende publisering. Men det er en annen del av opphavsretten i dag som slett ikke er åpenbar. Dette er beskyttelsen av «avledede verk.» Hvis du skriver en bok, så kan ingen lage en film basert på boken uten tillatelse. Ingen kan oversette den uten tillatelse. CliffsNotes kan ikke lage en oppsummering med mindre tillatelse er gitt. Alle disse avledede bruksområdene av ditt originale verk er kontrollert av opphavsrettsinnehaveren. Opphavsretten er med andre ord ikke bare en eksklusiv rett til dine skrifter, men en eksklusiv rett til dine skrifter, og en stor andel av skriftene inspirert av dem.

Det er denne retten til avledede verk som ville synes mest sært for dem som laget Grunnloven vår, selv om det har blitt helt naturlig for oss. I utgangspunktet ble denne utvidelsen laget for å håndtere de åpenbare unnvikelsene av en smalere opphavsrett. Hvis jeg skriver en bok, kan du endre ett

111

ord, og så hevde opphavsrett til en ny og annerledes bok? Det ville åpenbart gjøre opphavsretten til en spøk, så loven ble utvidet på ordentlig vis til å inkludere slike små endringer på samme måte som identiske originale verk.

For å unngå at rettigheten ble en spøk, skapte loven en forbløffende makt innen fri kultur – det er i hvert fall forbløffende når du forstår at loven ikke bare gjelder for den kommersielle utgiver, men for enhver med en datamaskin. Jeg forstår at det er galt å duplisere og selge andres verk. Men uansett hvor galt *det* er, omforming av andres verk er en annen type galt. Noen ser ikke på omforminger som galt i det hele tatt – de mener at vårt lovverk, slik grunnlovsforfatterne formulerte det, ikke skulle beskytte avledede verk i det hele tatt.[130] Uansett om du går så langt eller ikke, så virker det klart at det som er galt med omforming, er fundamentalt forskjellig fra det som er galt med direkte piratvirksomhet.

Likevel behandler opphavsrettsloven disse to ulike forbudte handlingene på samme måte. Jeg kan gå til domstolen å få en forføyning mot din piratkopiering av min bok. Jeg kan gå til domstolen å få en forføyning mot din omformende bruk av min bok.[131] Disse to ulike bruksmåtene for mitt kreative verk behandles likt.

Dette kan virke riktig for deg. Hvis jeg skrev en bok, hvorfor skal du ha mulighet til å lage en film som tar historien min, og tjener penger fra den, uten å betale meg eller kreditere meg? Eller hvis Disney lager en figur kalt «Mikke Mus,» hvorfor skal du ha mulighet til å lage Mikke Mus-leker, og være den som tjener penger på verdien som Disney opprinnelig skapte.

Dette er gode argumenter, og generelt sett er ikke mitt poeng at slike deriverte rettigheter er grunnløse. Mitt mål akkurat nå er mye smalere: ganske enkelt å gjøre det klart at denne utvidelsen er en betydelig endring fra de opprinnelig tildelte rettighetene.

Lov og arkitektur: Rekkevidde

Mens loven opprinnelig kun regulerte forleggere, så betyr endringen i opphavsrettens omfang at loven i dag regulerer forleggere, brukere og forfattere. Det regulerer dem på grunn av at alle tre er i stand til å lage kopier, og kjernen til reguleringen i opphavsrettsloven er kopier.[132]

«Kopier.» Det høres helt klart ut som noe opphavsrettsloven åpenbart regulerer. Men som med argumentet til Jack Valenti i starten av dette kapitlet, om at «kreativ eiendom» fortjener «de samme rettigheter» som all annen eiendom, så er det dette *åpenbare* vi må være mest forsiktig med. For selv om det kan ha vært åpenbart i verden før Internett, at eksemplarfremstilling var en åpenbar utløser for opphavsrettsloven, så bør det ved nærmere ettertanke være åpenbart i verden med Internett, så bør eksemplarfremstilling *ikke* aktivisere opphavsrettsloven. For å være presis, bør de ikke *alltid* aktivisere opphavsrettsloven.

Dette er kanskje den sentrale påstanden i denne boken, så la meg ta dette veldig sakte slik at en ikke går lett glipp av poenget. Min påstand er at Internett i hvert fall bør tvinge oss til å tenke gjennom forholdene der opphavsrettsloven automatisk kommer til anvendelse,[133] da det er klart at dagens rekkevidde for opphavsretten aldri ble vurdert, og langt mindre valgt, av lovgiverne som vedtok opphavsrettsloven.

Vi kan se dette poenget helt abstrakt ved å starte med denne i hovedsak tomme sirkel.

Figur 10.7

Tenk på en bok i den virkelige verden, og forestill deg at denne sirkelen representerer alle potensielle *bruksmåter*. De fleste av disse bruksmåtene er ikke regulert av åndsverksloven, fordi bruken ikke skaper et eksemplar. Hvis du leser en bok, så er ikke den handlingen regulert av åndsverkloven. Hvis du gir noen boken, så er ikke den handlingen regulert av åndsverkloven. Hvis du selger boken brukt, så er ikke dette regulert (åndsverksloven sier uttrykkelig at etter det første salget av en bok kan opphavsrettseieren ikke stille ytteligere betingelser til hvordan boken håndteres). Hvis du sover på boken eller bruker den til å holde oppe en lampe, eller lar valpen din tygge den opp, så er dette bruksmåter som ikke er regulert av åndsverksloven, da de ikke lager en kopi.

Figur 10.8

Derimot er det åpenbart at noen bruksmåter av et opphavsrettsbeskyttet verk er regulert av åndsverksloven. Å publisere boken på nytt, for eksempel, lager et eksemplar. Det er dermed regulert av opphavsrettsloven. Faktisk står denne bestemte bruken i kjernen av sirkelen over mulig bruk av et opphavsrettsbeskyttet verk. Det er den paradigmatiske bruken som er korrekt regulert av opphavsrettsreguleringen (se diagram i figur 10.9 (s. 114)).

Figur 10.9

Til slutt er det en tynn skive av ellers regulert kopieringsbruk som forblir uregulert på grunn av at loven anser dette som «rimelig bruk.»

Dette er bruksmåter som selv involverer kopiering, men som loven håndterer som uregulert da samfunnshensyn krever at de forblir uregulert. Du står fritt til å sitere fra denne boken, selv i en anmeldelse som er ganske negativ, uten min tillatelse, selv om sitering lager en kopi. Den kopien ville normalt gi opphavsrettseieren eksklusiv rett til å si hvorvidt kopien er tillatt eller ikke, men loven nekter eieren enhver eksklusiv rett over slik «rimelig bruk» av samfunnshensyn (og muligens første grunnlovstilleggshensyn.)

Figur 10.10

I den fysiske verden er dermed mulig bruk av en bok delt i tre typer: (1) uregulert bruk, (2) regulert bruk og (3) regulert bruk som likevel anses «rimelig» uavhengig av opphavsrettseierens syn.

Så kom Internett – et distribuert, digitalt nettverk hvor enhver bruk av et opphavsrettsbeskyttet verk produserer en kopi.[134] På grunn av denne ene, vilkårlige egenskapen i utformingen av digitale nettverk, endres dekningsområdet for kategori 1 dramatisk. Bruk som tidligere ble antatt å ikke være regulert er nå antatt å være regulert. Det finnes ikke lenger et sett med antatt uregulerte bruksområder som definerer friheter knyttet til et opphavsrettsbeskyttet verk. I stedet er enhver bruk nå omfavnet av opphavsretten, fordi enhver bruk også lager en kopi – kategori 1 blir suget inn i kategori 2. Og de som vil forsvare den uregulerte bruken av opphavsrettsbeskyttede verk må nå kun se til kategori 3, rimelig bruk, for å bære byrden av denne endringen.

Så la meg være svært spesifikk for å gjøre dette generelle poenget helt klart. Før Internett, hvis du kjøpte en bok og leste den ti ganger, så ville det ikke være noe troverdig *opphavsretts*-relatert argument som opphavsrettseieren kunne bruke for å kontrollere bruken av sin bok. Opphavsrettsloven ville ikke ha noe å si om du leste boken en gang, ti ganger, eller hver natt før du gikk til sengs. Ingen av disse forekomstene av bruk – lesing – kunne bli regulert av opphavsrettsloven fordi ingen av disse bruksmåtene produserte et eksemplar.

Men samme bok som en e-bok styres effektivt sett av et annet sett med regler. Nå, hvis opphavsrettsinnehaveren sier at du kun kan lese boken én gang, eller kun en gang i måneden, så vil *opphavsrettsloven* hjelpe opphavsrettsinnehaveren med å utøve en slik grad av kontroll, på grunn av den uheldige egenskapen til opphavsrettsloven som trer inn når det lages en kopi. Nå, når du leser en bok ti ganger, og bruksvilkårene sier at du kun kan lese den fem ganger, så vil du lage en kopi i strid med opphavsrettsinnehaverens ønske hver gang du leser boken (eller deler av den) ut over den femte gangen.

Figur 10.11

Det er noen folk som mener at dette gir fullstendig mening. Mitt mål akkurat nå er ikke å argumentere om hvorvidt dette gir mening eller ikke. Mitt mål er kun å gjøre det klart at dette er en endring. Når du forstår dette poenget, blir noen andre poenger også forståelige:

For det første, det å fjerne kategori 1 var ikke noe lovgiver noensinne planla. Kongressen tenkte ikke gjennom kollapsen i den antatt uregulerte bruken av opphavsrettsbeskyttede verk. Det finnes ingen indikatorer i det hele tatt at lovgiverne hadde en slik idé i tankene da de tillot et slikt skifte i politikken vår her. Uregulert bruk var en viktig del av fri kultur før Internett.

For det andre, dette skiftet er spesielt bekymringsfullt i sammenheng med omformende bruk av kreativt innhold. Igjen kan vi alle forstå at det er galt med kommersiell piratvirksomhet. Men loven gir nå inntrykk av å regulere *enhver* omforming som du kan gjøre med en maskin. «Kopier og lim», og «klipp og lim» blir kriminelle handlinger. Å fikle med en historie og deretter gi den ut til andre, krever at den som fikler, som et minimum kan begrunne det som er gjort. Uansett hvor bekymringsfull utvidelsen med hensyn til kopiering av et bestemt verk er, så er det svært bekymringsfullt med hensyn til omformende bruk av kreative verk.

For det tredje, gir dette skiftet fra kategori 1 til kategori 2 en ekstraordinær byrde på kategori 3 («rimelig bruk») som rimelig bruk aldri før har måttet bære. Hvis en opphavsrettsinnehaver nå forsøker å kontrollere hvor mange ganger jeg kan lese en bok på nettet, så ville den naturlige responsen være å argumentere med at dette er i strid med min rett til rimelig bruk. Men det har aldri vært noen rettsaker om hvorvidt rimelig bruk gjelder for min rett til å lese, da lesing før Internett ikke førte til at opphavsrettsloven kom til anvendelse, og det dermed heller ikke var behov for å argumentere med rimelig bruk for å forsvare seg. Retten til å lese var effektivt beskyttet tidligere på grunn av at lesing ikke var regulert.

Dette poenget om rimelig bruk er fullstendig ignorert, selv av talsmenn for fri kultur. Vi har havnet i et hjørne der vi må argumentere for at våre rettigheter er avhenging av rimelig bruk – og har aldri adressert det tidligere nevnte spørsmålet om utvidelsen av effektiv regulering. En svak beskyttelse med utgangspunkt i rimelig bruk gir mening når det store flertall av bruksområder *ikke er regulert*. Men når alt blir antatt å være regulert, så blir rimelig bruk-beskyttelsen ikke nok.

Tilfellet Video Pipeline er et godt eksempel. Video Pipeline sin forretning var å gjøre «filmtrailere» tilgjengelige i videobutikker. Videobutikkene viste frem trailerne for å få solgt filmer. Video Pipeline fikk trailerne fra filmdistributørene, puttet trailerne på kassett, og solgte kassettene til utsalgsstedene.

Selskapet gjorde dette i omtrent femten år. Så, i 1997, begynte det å tenke på Internett som en annen måte for å distribuere disse forhåndsvisningene. Idéen var å utvide deres «selge ved å vise prøver»-teknikk ved å gi online-butikker den samme muligheten til å muliggjøre «surfing.» Akkurat slik som du i en bokhandel kan lese noen få sider av en bok før du kjøper boken, så ville du på samme måte også kunne ta en titt på en bit av filmen på nettet før du kjøpte den.

I 1998 informerte Video Pipeline Disney og andre filmdistributører at de planla å distribuere trailere via Internett (i stedet for å sende kassetter) til distributører av deres filmer. To år senere ba Disney Video Pipeline om å stoppe. Eieren av Video Pipeline ba Disney om at de snakket om saken – han hadde bygd opp sin forretning for distribusjon av dette innholdet som en måte å hjelpe Disney å selge filmer, og hadde kunder som var avhengig av at han leverte dette innholdet. Disney ville kun gå med på å snakke med ham hvis Video Pipeline stoppet distribusjonen øyeblikkelig. Video Pipeline mente det var innenfor deres rimelig bruk-rettigheter å distribuere klippene slik de hadde gjort. Så de leverte inn et søksmål for å be domstolene om å erklære at disse rettighetene faktisk var deres rettigheter.

Disney sendte inn motsøksmål – om 100 millioner dollar i skadeerstatning. Disse skadene ble estimert ut fra et krav om at Video Pipeline hadde «bevisst krenket» Disneys opphavsrett. Når en domstol konkluderer med bevisst krenkelse, så kan de tildele skader, ikke basert på faktisk skade som opphavsrettseieren har lidd, men basert på et beløp fastsatt i forskrift. På grunn av at Video Pipeline hadde distribuert syv hundre klipp fra Disneys filmer for å gjøre det mulig for videobutikker å selge eksemplarer av disse filmene, saksøkte nå Disney Vide Pipeline for 100 millioner dollar.

Disney har lov til å kontrollere sin eiendom, naturligvis. Men videobutikkene som selger filmene til Disney har også en slags rett til å være i stand til å selge filmene de har kjøpt fra Disney. Disneys påstand i retten var at butikkene hadde lov til å selge filmene, og de hadde lov til å liste opp titlene til filmene de solgte, men de hadde ikke lov til å vise klipp fra filmene for å kunne selge dem, uten tillatelse fra Disney.

Du tenker kanskje nå at dette er en avgjort sak, og jeg tror domstolene også anser dette som en avgjort sak. Poenget mitt her er å kartlegge endringen som gir Disney denne makten. Før Internett kunne ikke Disney egentlig kontrollere hvordan folk fikk tilgang til deres innhold. Når en video var i markedet, ville «førstesalgsdoktrinen» gjøre selgeren fri til å bruke videoen som han ønsker, inkludert å vise deler av den for å skape salg av hele filmen. Men med Internett ble det mulig for Disney å sentralisere kontrollen over tilgang til dette innholdet. På grunn av at hver bruk over Internett lager en kopi, blir bruk på Internett underlagt opphavsrettseierens kontroll. Teknologien utvider omfanget av effektiv kontroll, på grunn av at teknologien bygger en kopi inn i hver eneste transaksjon.

Det er ingen tvil, et potensiale er ennå ikke et misbruk, og dermed er potensialet for kontroll ennå ikke misbruk av kontroll. Barnes & Noble har lov til å si at du ikke får ta på en bok i deres butikk. Eiendomsretten gir dem denne rettigheten. Men markedet beskytter effektivt mot slikt misbruk. Hvis de forbød å bla i bøkene, så ville forbrukerne velge andre bokhandlere. Konkurranse beskytter mot ytterpunktene. Og det kan godt være (mitt argument så langt stiller ikke en gang spørsmål ved dette) at konkurranse ville hindre enhver lignende fare når det gjelder opphavsrett. Joda, utgivere som utøver de rettigheter som forfattere har tildelt dem, kan forsøke å regulere hvor mange ganger du kan lese en bok, eller forsøke å stoppe deg fra å dele en bok med andre. Men i et konkurranseutsatt marked slik som bokmarkedet, er farene for at noe slikt skjer svært liten.

Igjen, målet mitt så langt er ganske enkelt å kartlegge endringene som denne endrede arkitekturen muliggjør. Å gi teknologi mulighet til å håndheve kontrollen over opphavsretten betyr at kontrollen over opphavsretten ikke lenger er definert av en balansert politikk. Kontrollen over opphavsretten er ganske enkelt det private eiere velger. I hvert fall i noen sammenhenger er dette faktum harmløst, men i andre sammenhenger er det oppskriften på katastrofe.

Arkitektur og lov: Makt

At uregulert bruk forsvinner, burde være endring nok, men en annen viktig endring forårsaket av Internett forsterker dens betydning. Denne andre endringen endrer ikke rekkevidden til opphavsrettreguleringen. Den påvirker hvordan slik regulering blir håndhevet.

I verden før digital teknologi var det generelt rettsvesenet som kontrol-

117

lerte hvorvidt og hvordan noe ble regulert av åndsverkloven. Rettsvesenet, i betydningen en domstol, i betydningen en dommer. Til sist var det et menneske, trenet i tradisjonen til rettsvesenet, og følsom for balansene som denne tradisjonen omfavnet, som sa hvorvidt og hvordan loven skulle begrense din frihet.

Det er en berømt historie om en kamp mellom Marx-brødrene (the Marx Brothers) og Warner Brothers. Marx-brødrene planla å lage en parodi av *Casablanca*. Warner Brothers protesterte. De skrev et ufint brev til Marx-brødrene og advarte dem om at det ville få seriøse juridiske konsekvenser hvis de gikk videre med sin plan.[135]

Dette fikk Marx-brødrene til å svare tilbake med samme mynt. De advarte Warner Brothers om at Marx-brødrene «var brødre lenge før dere var det.»[136] Marx-brødrene eide derfor ordet *Brothers*, og hvis Warner Brothers insisterte på å forsøke å kontrollere *Casablanca*, så ville Marx-brødrene insistere på kontroll over *Brothers*.

Det var en absurd og hul trussel, selvfølgelig, fordi Warner Brothers, på samme måte som Marx-brødrene, visste at ingen domstol noensinne ville håndheve et slikt dumt krav. Denne ekstremismen var irrelevant for de ekte friheter som alle (inkludert Warner Brothers) nøt godt av.

På Internett er det derimot ingen sjekk mot tullete regler, fordi på Internett, i stadig større grad, blir ikke reglene håndhevet av folk, men av en maskin. I stadig større grad blir reglene i opphavsrettsloven, slik de blir tolket av opphavsrettsinnehaveren, bygget inn i teknologien som leverer opphavsrettsbeskyttet innhold. Det er kildekoden, mer enn domstolene, som bestemmer. Og problemet med kildekodebaserte reguleringer er at kildekode, i motsetning til domstolene, ikke eier skam. Kildekode forstår ikke humoren til Marx-brødrene. Konsekvensen av det er overhodet ikke morsomt.

La oss se på livet til min Adobe eBook Reader.

En e-bok er en bok levert i elektronisk form. En Adobe eBook er ikke en bok som Adobe har publisert. Adobe produserer kun programvaren som utgivere bruker til å levere e-bøker. Den bidrar med teknologien, og utgiveren leverer innholdet ved hjelp av teknologien.

I figur 10.12 (s. 119) er et bilde av en eldre versjon av min Adobe eBook Reader.

Som du kan se, har jeg en liten samling med e-bøker i dette e-bokbiblioteket. Innholdet i noen av disse bøkene er allemannseie. For eksempel er *Middlemarch* har falt i det fri. Innholdet i noen av de andre bøkene er ikke allemannseie. Min egen bok *The Future of Ideas* er ennå ikke falt i det fri. La oss se på *Middlemarch* først. Hvis du klikker på min e-bok-kopi av *Middlemarch*, så får du se et avansert omslag og en knapp nederst ved navn Tillatelser.

Hvis du klikker på Tillatelser-knappen, så får du se en liste med tillatelser som utgiveren ønsker å tildele med denne boken.

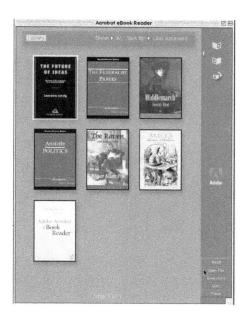

Figur 10.12

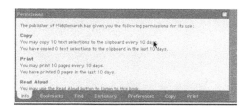

Figur 10.13

I henhold til min eBook Reader, så har jeg tillatelse til å kopiere til ut-klippstavlen på min datamaskin ti tekstutsnitt hver tiende dag. (Så langt har jeg ikke kopiert noe tekst til utklippstavlen.) Jeg har også tillatelse til å skrive ut ti sider fra boken hver tiende dag. Til sist har jeg tillatelse til å bruke Les Høyt-knappen for å høre *Middlemarch* lest høyt ved hjelp av datamaskinen.

Her er e-boken for et annet allemannseid verk (inkludert oversettelsen): Aristoteles *Politikk*.

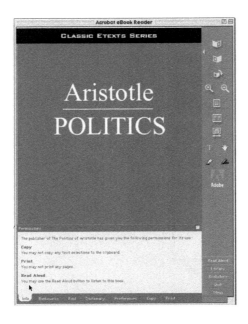

Figur 10.14

I henhold til dens tillatelser, er det absolutt ikke tillatt med utskrift eller kopiering. Heldigvis kan en bruke Les Høyt-knappen for å høre boken.

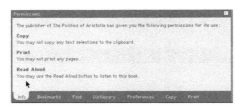

Figur 10.15

Til slutt (og mest pinlig), her er tillatelsene for den originale e-bok-versjonen av min siste bok, *The Future of Ideas*:

Figur 10.16

Ingen kopiering, ingen utskrift, og våg ikke å prøve å lytte til denne boken!

I Adobe eBook Reader kalles disse kontrollene «tillatelser» – som om utgiver har myndighet til å kontrollere hvordan du bruker disse verkene. For verk vernet av opphavsretten har opphavsrettsinnehaveren helt klart denne myndigheten – innenfor begrensningene i opphavsrettsloven. Men for verk som ikke er vernet av opphavsretten er det ingen slik opphavsrettslig myndighet.[137] Når min e-bok *Middlemarch* sier at jeg kun har tillatelse til å kopiere ti tekstutvalg inn i minnet hver tiende dag, så betyr dette egentlig at eBook Reader har gjort det mulig for utgiveren å kontrollere hvordan jeg bruker boken på min datamaskin, langt ut over kontrollen som lovgivingen ville gjort mulig.

Kontrollen kommer i stedet fra kildekoden – fra teknologien der e-boken «lever.» Selv om e-boken sier at disse er tillatelser, så er de ikke den type «tillatelser» som de fleste av oss forholder oss til. Når en tenåring får «tillatelse» til å være ute til midnatt, så vet hun (med mindre hun er Askepott) at hun kan bli ute til 02:00, men vil bli straffet hvis hun blir tatt. Men når Adobe eBook Reader sier at jeg har tillatelse til å lage ti kopier av teksten i minnet til datamaskinen, så betyr det at etter at jeg har laget ti kopier, så vil ikke datamaskinen lage flere. Det samme gjelder utskriftsbegrensningene: Etter ti sider vil ikke eBook Reader skrive ut flere sider. Det er det samme med den tullete begrensningen som sier at du ikke kan bruke Les Høyt-knappen til å lese boken min høyt – det er ikke at selskapet vil saksøke deg hvis du gjør det. I stedet er det at hvis du trykker på Les Høyt-knappen med min bok, så vil maskinen ganske enkelt ikke lese høyt.

Dette er kontroller, ikke tillatelser. Forestill deg en verden der Marx-brødrene solgte tekstbehandlingsprogramvare der, hvis du forsøkte å skrive «Warner Brothers,» ble ordet «Brothers» fjernet fra setningen.

Dette er fremtiden for opphavsrettsloven. Ikke så mye opphavsretts*lov* som opphavsretts*kildekode*. Kontrollene for tilgang til innhold vil ikke være kontrollene som er bekreftet av domstolene. Kontrollene over innholdet vil være kontrollene som er skrevet av programmerere. Og der kontrollene som er bygget inn i lovverket alltid blir sjekket av en dommer, vil kontrollene som er bygget inn i teknologien ikke ha en tilsvarende innebygget sjekk.

Hvor viktig er dette? Er det ikke alltid mulig å komme rundt kontrollene som er bygget inn i teknologien? Programvare ble tidligere solgt med teknologier som begrenset muligheten for brukere til å kopiere programvaren, men disse var trivielle beskyttelser å overvinne. Hvorfor vil det ikke være trivielt å overvinne også disse beskyttelsene?

Vi har kun såvidt berørt overflaten til denne historien. La oss gå tilbake til Adobe eBook reader.

Tidlig i eksistensen til Adobe eBook Reader, opplevde Adobe et markedsmessig mareritt. Blant bøkene du kunne laste ned gratis på Adobes nettsted var en kopi av *Alice i eventyrland*. Denne vidunderlige boken er allemannseie. Likevel fikk du se følgende oversikt når du trykket på Tillatelser for denne boken:

Figur 10.17

Her var en barnebok som var falt i det fri som du ikke fikk lov til å kopiere, ikke lov til å låne bort, ikke lov til å gi bort, og som «tillatelsene» indikerte, ikke fikk lov til å «lese høyt»!

Det markedsmessige marerittet var knyttet til den siste tillatelsen. For teksten sa ikke at du ikke fikk lov til å bruke Les Høyt-knappen. Den sa at du ikke hadde tillatelse til å lese boken høyt. Dette fikk noen til å tro at Adobe la begrensninger på retten som for eksempel foreldre hadde til å lese boken høyt for sine barn. Det var, for å si det mildt, absurd.

Adobe svarte raskt at det var absurd å tro at de forsøkte å begrense retten til å lese boken høyt. Selvsagt begrenset de kun muligheten til å bruke Les Høyt-knappen for å få boken til å bli lest opp. Men spørsmålet som Adobe aldri besvarte er dette: Ville Adobe dermed godta at en forbruker sto fritt til å bruke programvare til å jobbe seg rundt begrensingen som var bygget inn i eBook Reader? Hvis et eller annet selskap (la oss kalle det Elcomsoft) utviklet et program som koblet ut denne tekniske begrensningen som var bygget inn i Adobe eBook, slik at en blind person kunne, la oss si, bruke en datamaskin til å lese boken høyt, ville Adobe akseptere at slik bruk av en eBook Reader var rimelig? Adobe svarte ikke fordi svaret, uansett hvor absurd det høres ut, er nei.

Poenget er ikke å skylde på Adobe. Faktisk er Adobe blant de mest nyskapende selskapene som utvikler strategier for å balansere åpen tilgang til innhold med incentiver for selskaper til å være nyskapende. Men Adobes teknologi muliggjør kontroll, og Adobe har et incentiv til å forsvare denne kontrollen. Dette incentivet er forståelig, selv om resultatet ofte er galskap.

For å se dette poenget i en spesielt absurd sammenheng, la oss se på en av mine favoritthistorier som får fram det samme poenget.

La oss se på robothunden fra Sony ved navn «Aibo.» Aiboen lærer triks, koser og følger deg rundt. Den spiser kun elektrisitet, og etterlater ikke så mye gris (i hvert fall ikke i huset).

Aiboen er dyr og populær. Tilhengere over hele verden har laget klubber for å utveksle historier. En bestemt tilhenger har satt opp et nettsted som gjør det mulig å dele informasjon om Aibo-hunden. Denne tilhengeren satte opp aibopet.com (og aibohack.com, men det ender opp på samme nettsted), og ga ut informasjon på dette nettstedet om hvordan en kan lære en Aibo å gjøre flere triks enn de triksene som Sony hadde lært den.

«Lære» her har en spesiell betydning. Aiboer er bare søte datamaskiner.

Du lærer en datamaskin hvordan den skal gjøre noe nytt ved å programmere den annerledes. Det å si at aibopet.com ga informasjon om hvordan en kunne lære hunden nye triks er bare en måte å si at aibopet.com ga brukere av Aibo-kjæledyret informasjon om hvordan de skulle hacke sin data-«hund» for å få den til å gjøre nye triks (derav aibohack.com).

Hvis du ikke er en programmerer, eller ikke kjenner mange programmerere, så gir ordet *hack* spesielt uvennlige assosiasjoner. Ikke-programmerere hakker busker og ugress. Ikke-programmerere i skrekkfilmer gjør mye verre ting. Men for programmerere, eller kodere som jeg kaller dem, er ordet *hack* et mye mer positivt begrep. *Hack* betyr ganske enkelt kode som gjør det mulig for et program å gjøre noe det opprinnelig ikke var tiltenkt for, eller hadde mulighet til å gjøre. Hvis du kjøper en ny skriver til en gammel datamaskin, så kan det hende du oppdager at den gamle datamaskinen ikke kan håndtere skriveren. Hvis du oppdager dette, så vil du senere bli glad for å oppdage et hack på nettet av noen som har skrevet en «driver» som gjør det mulig for datamaskinen å håndtere skriveren du nettopp har kjøpt.

Noen hack er enkle. Noen er utrolig vanskelige. Hackere har som felleskap at de liker å utfordre seg selv og andre med stadig vanskeligere oppgaver. Det følger en viss respekt med talentet å kunne hacke godt. Det er en velfortjent respekt som følger talent for etisk hacking.

Denne Aibo-tilhengeren demonstrerte litt av begge deler da han hacket programmet, og la tilgjengelig for hele verden en bit kode som fikk Aiboen til å danse jazz. Hunden var i utgangspunktet ikke programmert til å kunne danse jazz. Det var utrolig smart fikling som gjorde hunden til en mer talentfull skapning enn det Sony hadde bygd.

Jeg har fortalt denne historien i mange sammenhenger, både i og utenfor USA. En gang ble jeg spurt av et forbløffet medlem av publikum om det er tillatt for en hund å danse jazz i USA. Vi glemmer at historier om landet der hjemme fortsatt flyter rundt omkring i store deler av verden. Så la oss bare være helt klare før vi fortsetter: Det er ikke (lenger) kriminelt noe sted å danse jazz. Det er ikke kriminelt å lære hunden din å danse jazz. Og det bør heller ikke være kriminelt (selv om vi ikke har så mye å gå på her) å lære din robothund å danse jazz. Jazz-dansing er en fullstendig lovlig aktivitet. En kan se for seg at eieren av aibopet.com tenkte at *Hva i alle dager kan være galt med å lære en robothund å danse?*

La oss la den hunden sove et øyeblikk, og snu oss mot et ponnishow – ikke bokstavelig, men heller en artikkel som akademikeren Ed Felten ved Princeton skrev til en konferanse. Denne Princeton-akademikeren er velkjent og respektert. Han ble hyret inn av myndighetene i Microsoft-saken for å teste påstanden fra Microsoft om hva som kunne og ikke kunne gjøres med deres egen kildekode. I rettsaken demonstrerte han både sin briljans og sin sinnsro. Under tunge slag fra Microsofts advokat holdt Ed Felten stand. Han lot seg ikke bølle til stillhet om noe som han kunne svært godt.

Men Feltens mot ble virkelig testet i april 2001.[138] Han og en gruppe kolleger arbeidet med en artikkel som skulle sendes inn til en konferanse. Artikkelen skulle beskrive svakhetene i et krypteringssystem som ble utviklet av Secure Digital Music Initiative (SDMI) som en teknikk for å kontrollere distribusjon av musikk.

SDMI-koalisjonen hadde som sitt mål en teknologi som gjorde det mulig for innholdseiere å utøve mye bedre kontroll over sitt innhold enn Internett, slik det opprinnelig fungerer, ga dem. Ved å bruke kryptering håpet de å utvikle en standard som ville tillate innholdseiere å si «denne musikken kan ikke kopieres,» og få en datamaskinen til å respektere denne ordren. Teknologien skulle bli del av et «tiltrodd system» for kontroll som ville få innholdseiere til å stole mye mer på Internett-systemet.

Når SDMI trodde at de var nær ved å ha klar en standard, så arrangerte de en konkurranse. I bytte for å gi deltagerne tilgang til en bit SDMI-kryptert innhold skulle deltagerne få forsøke å knekke koden, og hvis de klarte det, rapportere problemet til konsortiet.

Felten og gruppen hans fant raskt ut av krypteringssystemet. Han og gruppen så svakheten i dette system som en type feil som mange krypteringssystemer ville lide under, og Felten og hans gruppe mente det var verdt å påpeke dette til dem som studerer kryptering.

La oss vurdere nøyaktig hva Felten gjorde. Igjen, dette er USA. Vi har et prinsipp om ytringsfrihet. Vi har dette prinsippet ikke bare på grunn av at det er slik loven er, men også fordi det er en virkelig god idé. En sterkt beskyttet tradisjon for ytringsfrihet vil sannsynligvis oppmuntre til et bredt spekter av kritikk. Denne kritikken vil sannsynligvis i sin tur forbedre systemet eller folkene eller idéene som blir kritisert.

Det Felten og hans kolleger gjorde var å publisere en artikkel som beskrev svakheten i en teknologi. De spredte ikke gratis musikk, eller bygde og implementerte denne teknologien. Artikkelen var en akademisk artikkel, uleselig for folk flest. Men det viste klart svakheten i SDMI-systemet, og hvorfor SDMI ikke ville lykkes, slik det var konstruert i dag.

Det som kobler disse to, aibopet.com og Felten, er brevet de deretter mottok. Aibopet.com mottok et brev fra Sony om aibopet.com-hacket. Selv om en jazz-dansende hund er helt lovlig, skrev Sony:

> Ditt nettsted inneholder informasjon som tilbyr midler for å omgå AIBO-programvarens kopibeskyttelsesprotokoll, og utgjør et brudd på anti-omgåelsesbestemmelsene i Opphavsrettslov for et Digitalt Århundre (DMCA).

Og selv om en akademisk artikkel som beskriver svakheten i et krypteringssystem også bør være helt lovlig, mottok Felten et brev fra advokaten til RIAA som lød:

> Enhver offentliggjøring av informasjon mottatt ved å delta i den Offentlige Utfordringen (Public Challenge) vil være utenfor rammen av aktiviteter tillatt av Avtalen, og kan utsette deg og din forskergruppe for reaksjoner i henhold til Opphavsrettslov for et Digitalt Århundre («DMCA»).

I begge tilfeller har denne sære Orwellske loven blitt tatt i bruk for å kontrollere spredning av informasjon. Opphavsrettsloven for et digitalt århundre (DMCA) gjorde spredning av slik informasjon til et brudd på åndsverkloven.

DMCA-en ble vedtatt som et svar på opphavsrettseiernes første frykt om kyberrommet. Frykten var at opphavsrettskontrollen effektivt sett var død, og svaret var å finne teknologier som kunne motvirke dette. Disse nye teknologiene ville være opphavsrettsbeskyttelsesteknologier – teknologier for å kontrollere kopiering og distribusjon av opphavsrettsbeskyttet materiale. De ble utformet som *kode* for å endre den opprinnelige *koden* til Internett, for å gjenopprette i hvert fall noe beskyttelse for opphavsrettseierne.

DMCA-en var en bit av loven ment for å gi ryggdekning til beskyttelsen av denne koden som ble utformet for å verne opphavsrettsbeskyttet materiale. Vi kan si det var *juridisk kode* ment for å støtte opp om *programvarekode* som igjen var ment for å støtte opp om den *juridisk koden til opphavsretten*.

Men DMCA-en ble ikke utformet til å kun beskytte opphavsrettsbeskyttete verk i den grad opphavsrettsloven beskyttet dem. Det vil si, dens beskyttelse tok ikke slutt der opphavsrettslovens beskyttelse tok slutt. DMCA-en regulerte enheter som ble utformet for å omgå opphavsrettsbeskyttelsesmekanismer. Den ble utformet til å forby disse enhetene, uansett om bruken av opphavsrettsbeskyttet materiale som ble gjort mulig ved denne omgåelsen ville vært brudd på opphavsretten eller ikke.

Aibopet.com og Felten demonstrerer dette poenget. Aibo-hacket omgikk et opphavsrettsbeskyttelsessystem med det formål å gjøre det mulig for hunden å danse jazz. Å gjøre dette mulig involverte uten tvil bruk av opphavsrettsbeskyttet materiale. Men etter som nettstedet aibopet.com var ikke-kommersielt, og bruken ikke gjorde det mulig å gjøre påfølgende opphavsrettsbrudd, var det ingen tvil om at hacket til aibopet.com var rimelig bruk av Sonys opphavsrettsbeskyttede materiale. Men rimelig bruk er ikke et forsvar mot DMCA-en. Spørsmålet var ikke hvorvidt bruken av det opphavsrettsbeskyttede materiale var brudd på opphavsretten. Spørsmålet var hvorvidt et opphavsrettsbeskyttelsessystem var omgått.

Trusselen mot Felten var mer dempet, men fulgte det samme resonnementet. Ved å publisere en artikkel som beskrev hvordan en kunne komme seg rundt et opphavsrettsbeskyttelsesystem, distribuerte Felten selv, ifølge RIAAs advokat, en teknologi for å omgå opphavsretten. Dermed, selv om han ikke selv brøt noens opphavsrett, gjorde hans akademiske artikkel det mulig for andre å bryte andres opphavsrett.

Særheten i disse argumentene ble tatt på kornet i en vitsetegning fra 1981 av Paul Conrad. På den tiden avgjorde en domstol i California at en videoopptaker kunne forbys på grunn av at det var opphavsrettsbrytende teknologi. Det ga forbrukere mulighet til å kopiere filmer uten tillatelse fra opphavsrettseieren. Det var ingen tvil om at det fantes lovlige bruksområder for denne teknologien: For eksempel hadde Fred Rogers, kjent som «Herr Rogers,» vitnet i saken at han ønsket folk skulle stå fritt til å ta opp Mr. Rogers Neighborhood.

> Noen allmennkringkastere, i tillegg til kommersielle stasjoner, legger «Neighborhood» inn i sendeplanen på tidspunkt der noen barn ikke kan se det. Jeg tror det er en virkelig tjeneste for fami-

lier at de er i stand til å ta opp slike programmer, og vise dem på mer hensiktsmessige tidspunkt. Jeg har alltid følt det slik med fremveksten av all denne nye teknologien som gjør det mulig for folk å ta opp «Neighborhood,» og jeg snakker på vegne av «Neighborhood» for det er dette jeg produserer, at de dermed blir mer aktivt involvert i å styre TV-livet til sin familie. For å være ærlig så er jeg imot at folk blir styrt av andre. Hele min tilnærming til kringkasting har alltid vært at «Du er en viktig person akkurat slik du er. Du kan ta sunne avgjørelser.» Kanskje holder jeg på for lenge, men jeg føler bare at alt som tillater en person å være mer aktiv i å kontrollere hans eller hennes liv, på en sunn måte, er viktig.[139]

Selv om det fantes bruksområder som var lovlige, på grunn av at det var noen bruksområder som var ulovlige, så holdt domstolen selskapene som produserte videoopptakere ansvarlige.

Dette fikk Conrad til å tegne vitsetegningen i figur 10.18 (s. 126), som vi også kan ta i bruk for DMCA.

Intet argument jeg har kan overgå dette bildet, men la meg forsøke å komme i nærheten.

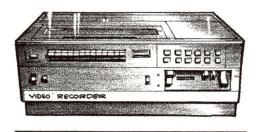

ON WHICH ITEM HAVE THE COURTS RULED THAT MANUFACTURERS AND RETAILERS BE HELD RESPONSIBLE FOR HAVING SUPPLIED THE EQUIPMENT?

Figur 10.18– For hvilken enhet har rettsvesenet bedømt at produsenter og forhandlere skal holdes ansvarlig for å ha forsynt utstyret?

Målet for antiomgåelsesbestemmelsene i DMCA-en er opphavsrettsomgåelsesteknologier. Omgåelsesteknologier kan brukes for andre formål. De kan for eksempel brukes til å muliggjøre massiv piratvirksomhet mot opphavsrettsbeskyttet materiale – et dårlig formål. Eller de kan brukes til å gjøre bruk av utvalgte opphavsrettsbeskyttede materiale mulig på måter som ville anses som rimelig bruk – et godt formål.

Et håndvåpen kan brukes til å skyte en politimann eller ett barn. De fleste vil være enig i at slik bruk er galt. Eller et håndvåpen kan brukes til å skyte på blink, eller til å beskytte seg mot en inntrenger. I hvert fall noen vil si at slik bruk er bra. Dette er også en teknologi som har bra og dårlige bruksområder.

Det åpenbare poenget med vitsetegningen til Conrad er det merkelige med en verden hvor håndvåpen er lovlige, på tross av skaden de gjør, mens videospillere (og omgåelsesteknologier) er ulovlige. Merk: *Ingen har noensinne dødd av omgåelse av opphavsretten.* Likevel forbyr loven omgåelsesteknologier fullstendig, på tross av potensialet de har for å bidra positivt, men tillater håndvåpen, på tross den åpenbare og tragiske skaden de gjør.

Eksemplene med Aibo og RIAA demonstrerer hvordan opphavsrettseiere endrer balansen som opphavsretten gir. Ved hjelp av programkode begrenser opphavsrettseierne rimelig bruk. Ved hjelp av DMCA straffer de dem som vil forsøke å omgå begrensningene på rimelig bruk som de kan påføre ved hjelp av programkode. Teknologi blir midlet som kan brukes til å fjerne rimelig bruk, og DMCA-loven gir ryggdekning for det som blir fjernet.

Det er slik *programkode* blir *lovverk.* Kontrollene som er bygget inn i teknologien for beskyttelse mot kopiering og tilgang blir regler, som hvis de brytes, også blir et lovbrudd. På denne måten utvider programkoden lovverket – utvider dets regulering, selv om subjektet den regulerer (aktiviteter som ellers helt klart ville vært rimelig bruk) er utenfor dekningsområdet til loven. Programkode blir lovverk. Programkode utvider lovverket og programkode utvider dermed effekten av kontrollen til opphavsrettseierne – i hvert fall for de opphavsrettsinnehaverne som har advokater som kan skrive slike ubehagelige brev som Felten og aibopet.com mottok.

Der er et siste aspekt av samspillet mellom arkitektur og lovverk som bidrar til å styrke kraften til opphavsrettsreguleringen. Dette er hvor enkelt slike brudd på opphavsrettsloven kan oppdages. For i motsetning til retorikken som var vanlig da cyberspace ble skapt, om at på Internett vet ingen at du er en hund, så er det i stadig større grad på grunn av endrede teknologier som rulles ut på Internett, enkelt å finne hunden som har gjort noe juridisk galt. Teknologiene på Internett er åpent for både snushaner og de som vil dele, og snushanene blir stadig bedre i å spore opp identiteten til dem som bryter reglene.

Se for eksempel for deg at du er del av en *Star Track*-fanklubb. Dere samles hver måned for å dele trivia, og kanskje rollespille en slags tilhengerfantasi om showet. En person spiller Spock, en annen Kaptein Kirk. Karakterene ville starte med et plot fra en virkelig historie, og deretter ganske enkelt fortsette historien.[140]

Før Internett var dette effektivt sett en helt uregulert aktivitet. Uansett hva som skjedde på innsiden i din egen klubb, så ville du aldri bli forstyrret av opphavsrettspolitiet. Du var her fri til å gjøre som du ville med denne delen av kulturen vår. Du hadde lov til å bygge på den som du ønsket uten å frykte juridisk kontroll.

Men hvis du flyttet klubben din til Internett, og gjorde den generelt til-gjengelig for andre å delta, så ville historien bli svært forskjellig. Roboter som søker igjennom nettet etter brudd på varemerke og opphavsrettslov-givingen ville raskt finne nettstedet ditt. Dine «fanklubb-verk» kunne gjer-ne resultere i en advokattrussel, avhengig av eierskapet til seriene som du publiserte. Og å ignorere en slik advokattrussel kunne bli ekstremt kostbart. Opphavsrettsloven er ekstremt effektiv. Straffene er alvorlige, og prosessen er rask.

Denne endringen i den effektive makten til rettsvesenet er forårsaket av en endring i hvor enkelt lovverket kan håndheves. Denne endringen flytter også rettsvesenets balanse radikalt. Det er som om bilen din sendte ut has-tigheten du kjørte med på ethvert tidspunkt. Det ville bare være et steg igjen før staten begynte å utstede fartsbøter basert på informasjonen du sender ut. Det er effektivt sett det som skjer her.

Marked: Konsentrering

Opphavsrettens varighet har økt dramatisk – tredoblet seg de siste tretti åre-ne, og opphavsrettens omfang har også økt – fra å kun regulere utgivere til å nå regulere omtrent alle. Og opphavsrettens rekkevidde har endret seg, etter hvert som hver handling lager en kopi og dermed blir antatt regulert. Etter hvert som teknologer finner bedre måter å kontrollere bruken av innhold, og etter hvert som opphavsretten i stadig større grad blir kontrollert gjen-nom teknologi, endres opphavsrettens kraft også. Misbruk er enklere å fin-ne og enklere å kontrollere. Denne reguleringen av den kreative prosessen, som startet som en liten myndighetsregulering av en liten del av markedet for kreative verk, har blitt den ene mest viktige regulatoren for kreativitet som finnes. Det er en massiv økning i omfanget til myndighetens kontroll over nyskapning og kreativitet. Den ville være fullstendig ugjenkjennelig for dem som skapte opphavsrettens kontroll.

Likevel ville, etter mitt syn, ikke disse endringene bety så mye hvis det ikke var for enda en endring som vi også må ta hensyn til. Det er en endring som på en måte er den vi er mest kjent med, selv om dens betydning og omfang ikke er godt forstått. Det er den som nettopp gir grunn til å være bekymret over alle de andre endringene jeg har beskrevet.

Det gjelder endringen i konsentreringen og integrasjonen i media. I de siste tjue årene, har egenskapene til mediaeierskap gjennomgått en radikal endring, forårsaket av endringer i juridiske regler som styrer media. Før den-ne endringen skjedde, var ulike former for media eid av ulike medieselska-per. Nå er mediene i stadig større grad eid av kun noen få selskaper. Faktisk, etter endringene som FCC annonserte i juni 2003, forventer de fleste at in-nen noen få år vi vil leve i en verden der kun tre selskaper kontrollerer mer enn 85 prosent av mediene.

Det er to typer endringer her: omfanget av konsentrering, og dets egen-skaper.

Endringer i omfang er blant de enklere å beskrive. Som senator John

McCain oppsummerte i data produsert i FCCs gjennomgang av medie-eierskap, «fire selskaper kontrollerer 85 prosent av våre mediekilder.»[141] De fem plateselskapene Universal Music Group, BMG, Sony Music Entertainment, Warner Music Group, og EMI kontrollerer 84,8 prosent av musikk-markedet i USA.[142] De «fem største kabelselskapene formidler sendinger til 74 prosent av kabel-TV-abonnenter over hele landet.»[143]

Radioens historie er enda mer dramatisk. Før avreguleringen, eide landets største konglomerat innen radiokringkasting mindre enn syttifire stasjoner. I dag eier *ett* selskap mer enn 1 200 stasjoner. I perioden med konsolideringer har det totale antall radioeiere blitt redusert med 34 prosent. I dag, i de fleste markeder, kontrollerer de to største kringkasterne 74 prosent av inntektene i dette markedet. Totalt kontrollerer kun fire selskaper 90 prosent av nasjonens annonseinntekter på radio.

Aviseierskap er også i ferd med å bli mer konsentrert. I dag er det seks hundre færre dagsaviser i USA enn det var for åtti år siden, og ti selskaper kontrollerer halvparten av nasjonens avisdistribusjon. Det er tjue større avis-utgivere i USA. De ti største filmstudioene mottar 99 prosent av alle filminn-tekter. De ti største kabel-TV-selskapene står for 85 prosent av all kabelinn-tekt. Dette er et marked langt fra den frie pressen som grunnlovsforfatterne ønsket å beskytte. Faktisk, så er dette et marked som er svært godt beskyttet – av markedet.

Størrelseskonsentrering er en ting. En mer betenkelig endring er i egen-skapene til denne konsentreringen. Som forfatter James Fallows formulerer det i en fersk artikkel om Rupert Murdoch:

> Murdochs selskaper utgjør nå et produksjonssystem uten like når det gjelder dets integrasjon. De forsyner innhold – Fox-filmer … Fox TV-show … Fox-kontrollerte sportssendinger, pluss aviser og bøker. De selger innhold til offentligheten og til annonsører – i aviser, i kringkastingsnettet og på kabel-TV-kanaler. Og de opererer et fysisk distribusjonssystem som lar innholdet nå forbrukerne. Murdochs satellittsystem distribuerer nå News Corp.-innhold i Europa og Asia. Hvis Murdoch blir største enkelteier i DirecTV, så vil dette systemet få samme funk-sjon i USA.[144]

Mønsteret med Murdoch er mønsteret til moderne medier. Ikke bare at store selskaper eier mange radiostasjoner, men noen få selskaper som eier så mange mediekilder som mulig. Et bilde beskriver bedre enn tusen ord dette mønsteret:

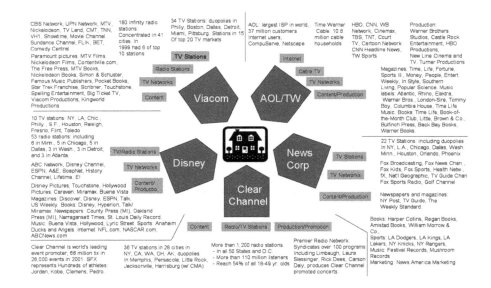

Figur 10.19

Betyr denne konsentreringen noe? Påvirker det hva som blir laget, eller hva som blir distribuert? Eller er det bare en mer effektiv måte å produsere og distribuere innhold?

Mitt syn var at konsentreringen ikke betød noe. Jeg tenkte det ikke var noe mer enn en mer effektiv finansiell struktur. Men nå, etter å ha lest og hørt på en haug av skapere som prøver å overbevise meg om det motsatte, har jeg begynt å endre mening.

Her er en representativ historie som kan foreslå hvorfor denne integreringen er viktig.

I 1969 laget Norman Lear en pilot for *All in the Family*. Han tok piloten til ABC, og nettverket likte det ikke. De sa til Lear at den var for på kanten. Gjør det på nytt. Lear lagde piloten på nytt, mer på kanten enn den første. ABC ble fra seg. Du får ikke med deg poenget, fortalte de Lear. Vi vil ha det mindre på kanten, ikke mer.

I stedet for å føye seg, tok Lear ganske enkelt serien sin til noen andre. CBS var glad for å ha seriene, og ABC kunne ikke hindre Lear fra å gå til andre. Opphavsretten Lear hadde sikret at han var uavhengighet av nettverkskontroll.[145]

Nettverket kontrollerte ikke disse opphavsrettene fordi loven forbød nettverkene å kontrollere innholdet de syndikerte. Loven krevde et skille mellom nettverkene og innholdsprodusentene. Den delingen garanterte Lear friheten. Og så sent som i 1992, på grunn av disse reglene, var majoriteten av kjernetids-TV – 75 prosent – «uavhengig» av nettverkene.

I 1994 forlot FCC reglene som krevde denne uavhengigheten. Etter denne endringen forandret nettverkene raskt balansen. I 1985 var det tjuefem uavhengige produksjonsstudioer for TV. I 2002 var det kun fem uavhengige TV-studioer igjen. «I 1992 ble kun 15 prosent av nye serier produsert for et nettverk laget av et selskap nettverket kontrollerte. I fjor var prosentandelen show produsert av kontrollerte selskaper mer enn firedoblet til 77 prosent.» «I 1992 ble 16 nye serier produsert uavhengig av konglomeratkontroll. I fjor var det kun en.»[146] I 2002 var 75 prosent av kjernetids-TV eid av nettverket som sendte det. «I tiårsperioden mellom 1992 og 2002 økte antall timer per uke produsert av nettverks-studioer med over 200 prosent, mens antall timer per uke med kjernetids-TV produsert av uavhengige studioer ble redusert med 63 prosent.»[147]

I dag ville en annen Norman Lear med en annen *All in the Family* oppdage at han har valgt mellom å enten gjøre serien mindre på kanten, eller få sparken. Innholdet i ethvert show utviklet for et nettverk er i stadig større grad eid av nettverket.

Mens antall kanaler har økt dramatisk, har eierskapet til disse kanalene snevret inn fra få til stadig færre. Som Barry Diller sa til Bill Moyers:

> Vel, hvis du har selskaper som produserer, som finansierer, som kringkaster på sin egen kanal, og så distribuerer over hele verden alt som går gjennom deres kontrollerte distribusjonssystem, så får du færre og færre faktiske stemmer som deltar i prosessen. Vi hadde tidligere dusinvis med levende uavhengige produksjonsselskaper som laget TV-programmer. Nå har vi mindre enn en håndfull.[148]

Denne innsnevringen har en effekt på det som blir produsert. Produktet fra slike store og konsentrerte nettverk er stadig mer ensrettet. Stadig mer trygt. Stadig mer sterilt. Produktet med nyhetssendinger fra slike nettverk er i stadig større grad skreddersydd med budskapet som nettverket ønsker å formidle. Dette er ikke kommunistpartiet, selv om det nok fra innsiden må føles litt som kommunistpartiet. Ingen kan stille spørsmål uten å risikere konsekvenser – ikke nødvendigvis forvisning til Sibir, men likefullt straff. Uavhengige, kritiske, avvikende syn blir skviset ut. Dette er ikke et miljø for demokrati.

Økonomifaget tilbyr selv en parallell som forklarer hvorfor denne integrasjonen påvirker kreativitet. Clay Christensen har skrevet om «innovatørenes dilemma»: faktumet at store tradisjonelle selskaper finner det rasjonelt å ignorerer nye, gjennombrytende teknologier som konkurrerer med deres kjernevirksomhet. Den samme analysen kan bidra til å forklare hvorfor tradisjonelle medieselskaper finner det rasjonelt å ignorere nye kulturelle trender.[149] Sovende giganter lar ikke bare være, men bør ikke løpe. Og likevel, hvis banen kun er åpen for gigantene, så vil det bli alt for lite løping.

Jeg tror ikke vi vet nok om økonomien i mediemarkedet til å si med sikkerhet hva konsentreringen og integrasjonen vil gjøre. Effektivitetsendringene er viktige, og effekten på kulturen er vanskelig å måle.

Men det er et vesentlig og åpenbart eksempel som sterkt foreslår denne bekymringen.

I tillegg til opphavsrettskrigen, så er vi midt inne i narkotikakrigene. Myndighetenes politikk er sterkt rettet mot narkotikakartellene. Straffe- og sivildomstolene er fylt opp med konsekvensene av denne kampen.

La meg herved diskvalifisere meg fra enhver mulig oppnevning til en hvilken som helst stilling hos myndighetene ved å si at jeg tror denne krigen er en diger tabbe. Jeg er ikke for narkotika. Faktisk kommer jeg fra en familie som en gang havarerte på grunn av narkotika – selv om all narkotikaen som havarerte familien min var helt lovlig. Jeg tror denne krigen er en diger tabbe fordi den utilsiktede skaden fra den er så stor at å føre denne krigen er galskap. Når du summerer byrden på det kriminal-juridiske systemet, desperasjonen for generasjoner av barn hvis eneste økonomiske mulighet er som narkotikakriger, ødeleggelsen av de grunnlovsfestede beskyttelsene på grunn av den kontinuerlige overvåkningen denne krigen krever, og mest dyptgående, den totale ødeleggelsen av de juridiske systemene i mange sør-amerikanske land på grunn av makten de lokale narkotikakartellene har. Jeg finner det umulig å tro at den marginale fordelen i redusert narkotikaforbruk hos amerikanerne på noe måte kan oppveie for disse kostnadene.

Du er kanskje ikke overbevist. Det er helt greit. Vi lever i et demokrati, og det er gjennom avstemning vi skal velge politikken. Men for å gjøre det er vi fundamentalt avhengig av pressen for å hjelpe til med å informere amerikanerne om disse temaene.

I 1998 lanserte kontoret for den nasjonale narkotikapolitikken en mediekampanje som del av «krigen mot narkotika.» Kampanjen produserte en rekke korte filmklipp om temaer relatert til ulovlige rusmidler. I en av seriene (Nick og Norm-serien) er det to menn i en bar som diskuterer idéen om å legalisere narkotika som en måte å unngå noen av de utilsiktede skadene fra krigen. En fremmer et argument til fordel for å legalisere narkotika. Den andre responderer på en kraftig og effektiv måte mot argumentet til den første. Til slutt endrer den første fyren mening (hei, det er TV). Plakaten på slutten er et fordømmende angrep på pro-legaliseringskampanjen.

Rimelig nok. Det er en god annonse. Ikke veldig villedende. Den leverer budskapet sitt godt. Det er et rimelig og fornuftig budskap.

Men la oss si at du mener dette er et galt budskap, og du ønsker å kjøre en motkampanje. La oss si at du ønsker å sende en serie med reklameinnslag som forsøker å vise den ekstraordinære utilsiktede skade som krigen mot narkotika fører til. Kan du gjøre det?

Naturligvis koster disse annonsene mye penger. Anta at du klarer å skaffe pengene. Anta at en gruppe med bekymrede borgere donerer alle pengene i verden for å hjelpe deg med å få budskapet ditt ut. Kan du da være sikker på at budskapet ditt vil bli hørt?

Nei, det kan du ikke. TV-stasjoner har en generell regel om å unngå «kontroversielle» reklameinnslag. Innslag sponset av myndighetene anses som ukontroversielle. Innslag som er uenig med myndighetene er kontroversielle. Denne utvelgelsen kan kanskje tenkes å være i strid med det første grunnlovstillegget, men Høyesterett har avgjort at stasjonene har rett til å velge hva de sender. Dermed vil de store kommersielle mediekanalene blokkere muligheten som den ene siden av en viktig debatt har til å legge frem sin sak. Og domstolene vil forsvare stasjonenes rett til å være så ensidig.[150] Jeg ville også med glede forsvart nettverkenes rettigheter – hvis vi levde i et mediemarked som virkelig var mangfoldig. Men konsentreringen i media får en til å tvile på den forutsetningen. Hvis en håndfull selskaper kontrollerer tilgangen til media, og denne lille gruppen selskaper får bestemme hvilke politiske holdninger den vil tillate at fremmes på sine kanaler, da er det på en åpenbar og viktig måte klart at konsentrering betyr noe. Det kan hende du liker holdningene som denne håndfulle gruppen med selskaper velger, men du bør ikke like en verden der et lite mindretall får bestemme hvilke saker resten av oss får høre om.

Sammen

Det er noe uskyldig og åpenbart i kravet fra opphavsrettskrigerne om at myndighetene bør «beskytte eiendommen min.» Som abstrakt idé er det åpenbart riktig, og vanligvis helt ufarlig. Ingen fornuftig person som ikke er anarkist vil være uenig.

Men når vi ser hvor dramatisk denne «eiendommen» har endret seg – når vi innser hvordan den, slik den nå er knyttet til både teknologi og marked, betyr at de effektive begrensningene i friheten til å kultivere kulturen vår er dramatisk forskjellig – begynner kravet å se mindre uskyldig og åpenbart ut. Gitt (1) kraften i teknologien til å supplere lovens kontroll, og (2) kraften i innsnevrede markeder til å svekke muligheten til å være uenig, når strikt håndheving av den massivt utvidede «eiendomsretten» innvilget av opphavsretten fundamentalt endrer friheten i denne kulturen til å kultivere og bygge på vår fortid, så må vi spørre oss om denne eiendommen bør omdefineres.

Ikke fjernes, og ikke fullstendig. Mitt poeng er ikke at vi bør avskaffe opphavsretten, eller gå tilbake til det attende århundre. Det ville være et totalt feilgrep, katastrofalt for mesteparten av de viktigste kreative bedriftene i kulturen vår i dag.

Men det er et område mellom null og en, på tross av Internett-kultur. Og disse massive endringene i den effektive makten til opphavsrettsregulering, knyttet til den økende konsentreringen i innholdsindustrien og hvilende i teknologiens hender som i økende grad kan kontrollere bruken av kultur, bør få oss til å vurdere hvorvidt en annen justering er nødvendig. Ikke en justering som øker opphavsrettens makt. Ikke en justering som øker dens vernetid. I stedet en justering som gjenoppretter balansen som tradisjonelt har definert opphavsrettens regulering – en svekkelse av denne reguleringen for å styrke kreativiteten.

Åndsverksloven har ikke vært noen uforanderlig naturlov, sikker og solid som Rock of Gibraltar. Den er ikke et sett med konstante forpliktelser som tenåringer og geeks (nerder) nå, av en eller annen mystisk grunn, gir blaffen i. I stedet har opphavsrettens makt vokst dramatisk på kort tid, etter hvert som teknologi for distribusjon og skaping har endret seg, og etter hvert som lobbyister har presset på for mer kontroll hos opphavsrettsinnehaverne. Tidligere endringer som respons på endringene i teknologi foreslår at vi godt kan trenge lignende endringer i fremtiden. Og disse endringene må være *reduksjon* i omfanget til opphavsretten, som svar på den ekstraordinære økningen i kontroll som teknologi og marked gjør mulig.

For det enkeltpoenget som går tapt i denne krigen mot pirater er et poeng som vi kun ser etter å ha kartlagt alle disse endringene. Når du slår sammen effekten av et endret lovverk, konsentrert markedet og endret teknologi, så kommer en til en forbløffende konklusjon: *Aldri før i vår historie har så få hatt juridisk rett til å kontrollere mer av utviklingen av vår kultur enn nå.*

Ikke da opphavsretten var evigvarende, for da opphavsrett var evigvarende, påvirket de kun det spesifikke kreative verket. Ikke da kun utgivere hadde publiseringsutstyr, for markedet var da mye mer variert. Ikke når det kun fantes tre TV-nettverk, for selv da var aviser, filmstudio, radiostasjoner og utgivere uavhengige av nettverkene. *Aldri* har opphavsretten beskyttet en så stor mengde av rettigheter, mot en så stor mengde av aktører, med en vernetid som var i nærheten av så lang. Denne form for regulering – en liten regulering av en liten del av den kreative energien til en nasjon i emning – er nå en massiv regulering av hele den kreative prosessen. Lovverk pluss teknologi pluss marked jobber nå sammen for å gjøre denne historisk ubetydelige regulering til den mest betydningsfulle reguleringen av kulturen som vårt frie samfunn har kjent.[151]

Dette har vært et langt kapittel. Dets poeng kan nå formuleres ganske kort.

I starten av denne boken, poengterte jeg forskjellen mellom kommersiell og ikke-kommersiell kultur. I løpet av dette kapittelet har jeg skilt mellom kopiering av et verk, og å omforme det. Vi kan nå kombinere disse to skillene, og tegne et klart kart over endringene som opphavsrettsloven har gjennomgått. I 1790, så loven slik ut:

	Publisere	Omforme
Kommersiell	©	Fri
Ikke-kommersiell	Fri	Fri

Det å publisere et kart, diagram og bok var regulert av opphavsrettsloven. Ingenting annet. Omforminger var fritt frem. Og i og med at opphavsretten kun gjaldt ved registrering, og kun de som planla å ha kommersiell nytte ville registrere, var kopiering gjennom publisering av ikke-kommersielle verk også fritt frem.

På slutten av det nittende århundre hadde loven blitt endret til dette:

	Publisere	Omforme
Kommersiell	©	©
Ikke-kommersiell	Fri	Fri

Avledede verk var nå regulert av opphavsrettsloven – hvis de var publisert, som betød, gitt økonomien til publisering på den tiden, å tilby den kommersielt. Men det var fortsatt i hovedsak fritt frem for ikke-kommersiell publisering og omforming.

I 1909 ble loven endret til å regulere eksemplarer og ikke publisering, og etter denne endringen var omfanget av loven knyttet til teknologi. Etter hvert som teknologien for eksemplarfremstilling/kopiering ble mer utbredt, utvidet rekkevidden til loven seg. Dermed kan vi si at i 1975, etter hvert som fotokopimaskiner ble mer vanlig, begynte loven å se slik ut:

	Kopiere	Omforme
Kommersiell	©	©
Ikke-kommersiell	©/Fri	Fri

Loven ble tolket til å nå ikke-kommersiell kopiering ved hjelp av, f.eks. kopimaskiner, men fortsatt forble mye av kopieringen utenom det kommersielle markedet fri. Men konsekvensen fra fremveksten av digitale teknologier, spesielt i sammenheng med digitale nettverk, betyr at loven nå ser slik ut:

	Kopiere	Omforme
Kommersiell	©	©
Ikke-kommersiell	©	©

Hvert område er styrt av åndsverksloven, mens mesteparten av kreativiteten ikke var styrt av den tidligere. Loven regulerer nå hele omfanget av kreativiteten – kommersiell eller ikke, omformende eller ikke – med de samme reglene som ble utformet for å regulere kommersielle utgivere.

Åndsverkloven er åpenbart ikke fienden. Fienden er regulering som ikke gjør noe bra. Så spørsmålet vi bør stille oss akkurat nå er hvorvidt å utvide reguleringene i åndsverkloven inn i hver av disse områdene faktisk gjør noe bra.

Jeg er ikke i tvil om at det er en god idé å regulere kommersiell kopiering. Men jeg har heller ingen tvil om at det gjør mer skade enn gavn når en regulerer (slik det reguleres akkurat nå) ikke-kommersiell kopiering, og spesielt ikke-kommersiell omforming. Og i stadig større grad, av årsaker skissert spesielt i kapitlene 7 (s. 81) og 8 (s. 85), kan en godt undre på hvorvidt den gjør mer skade enn gavn for kommersiell omforming. Flere kommersielle omformede verk ville vært skapt hvis avledede rettigheter var skarpere begrenset.

Temaet her er dermed ikke så enkelt som hvorvidt opphavsrett er eiendom eller ikke. Selvfølgelig er opphavsrett en type «eiendom,» og selvfølgelig, som med enhver eiendom, bør staten beskytte den. Men uansett førsteinntrykk, så har denne eiendomretten, historisk sett (som med alle eiendomsretter[152]) vært utformet for å balansere det viktige behovet å gi forfattere og artister incentiver med det like viktige behovet å sikre tilgang til kreative verk. Denne balansen har alltid blitt funnet i lys av nye teknologier. Og i nesten halve vår tradisjon kontrollerte ikke «opphavsretten» *i det hele tatt* friheten andre hadde til å bygge på og omforme et kreativt verk. USAs kultur ble født fri, og i nesten 180 år beskyttet vårt land konsistent en pulse-

135

rende og rik fri kultur.

Vi oppnådde den frie kulturen på grunn av at vårt lovverk respekterte viktige begrensninger i rekkevidden av interessene beskyttet av «eiendom.» Selve fødselen til «opphavsretten» som en lovfestet rett gjenkjente disse begrensningene, ved å å gi opphavsrettseierne beskyttelse kun for en begrenset tidsperiode (historien i kapittel 6 (s. 75)). Tradisjonen til «rimelig bruk» er drevet av en lignende bekymring som i stadig større grad er under press etter hvert som kostnaden ved å utøve en hvilken som helst rimelig bruk blir uunngåelig høy (historien i kapittel 7 (s. 81)). Å legge til lovbestemte rettigheter der markeder kan hemme nyskapning er en annen kjent begrensning på eiendomsrettigheten som opphavsretten utgjør (kapittel 8 (s. 85)). Og å tildele arkiver og biblioteker en bred frihet til å samle, uavhengig av krav om eiendom, er en avgjørende del av det å garantere sjelen til en kultur (kapittel 9 (s. 91)). Fri kultur, på samme måte som frie markeder, er bygget på eiendom. Men naturen til eiendommen som bygger en fri kultur er svært forskjellig fra den ekstremistvisjonen som dominerer debatten i dag.

Fri kultur er stadig større grad ofret i denne krigen mot piratvirksomhet. Som respons på en reell, men ennå ikke kvantifisert trussel som teknologiene på Internett gir til det tjuende århundrets forretningsmodeller for produksjon og distribusjon av kultur, har lovverk og teknologi blitt omformet på en slik måte at det undergraver vår tradisjon for fri kultur. Eiendomsretten som opphavsretten utgjør, er ikke lenger den balanserte rettigheten som det var, eller var ment å være. Eiendomsretten som opphavsretten utgjør har blitt ubalansert, med utslag mot et ytterpunkt. Muligheten til å skape og omforme blir svekket i en verden der det å skape krever tillatelse, og kreativitet må sjekke med en advokat.

Del III

Nøtter

Kapittel elleve: Kimære

I en velkjent novelle av H. G. Wells, snublet en fjellklatrer ved navn Nunez ned en is-skråning inn i en ukjent og isolert dal i de Peruanske Andesfjellene.[153] Dalen er utrolig vakker, med «friskt vann, beiteland, et jevnt klima og bakker med rik brun jord med virvar av buskas som bar en velsmakende frukt.» Men landsbyboerne er alle blinde. Nunez ser dette som en mulighet. «I de blindes rike,» forteller han seg selv, «er den enøyde konge.» Så han bestemmer seg for å slå seg ned hos landsbyboerne for å utforske livet som konge.

Ting blir ikke helt som han har planlagt. Han forsøker å forklare idéen om syn til landsbyboerne. De forstår ikke. Han forteller dem at de er «blind.» De mangler et ord for *blind*. De tror han bare er treg. Etter hvert som de oppdager tingene han ikke kan gjøre (for eksempel høre lyden av gress som blir tråkket på), forsøker de mer og mer å kontrollere ham. Han blir dermed mer og mer frustrert. «'Dere forstår ikke,' ropte han, i en stemme som var ment å være storslått og bestemt, og som skar ut. 'Dere er blinde og jeg kan se. La meg være i fred!'»

Landsbyboerne lot ham ikke være i fred. Og de ser (for å si det slik) ikke det fine i hans spesielle krefter. Ikke engang det ultimate målet for hans hengivenhet, en ung kvinne som for han synes «den vakreste tingen i hele skapelsen,» forstår skjønnheten i å kunne se. Nunez sine beskrivelser av det han ser «virket for henne å være de mest poetiske av fantasier, og hun hørte på hans beskrivelser av stjernene og fjellene og hennes egen søte hvit-lysende skjønnhet som om det var en skyldig tilfredsstillelse .» «Hun trodde ikke,» forteller Wells oss, og «hun kunne bare halvveis forstå, men hun var underlig gledet.»

Når Nunez kunngjør sitt ønske om å gifte seg med sin «underlig herlige» kjærlighet, protesterte faren og landsbyen. «Du skjønner, kjære,» instruerer hennes far, «han er en idiot. Han har vrangforestillinger. Han kan ikke gjøre noe riktig.» De tar Nunez til landsbylegen.

Etter en nøye undersøkelse gir legen sin vurdering. «Hjernen hans er påvirket,» rapporterer han.

«Hva påvirker den?» spør faren. «De sære tingene som kalles øyene ... er sykelige ... på en måte som påvirker hjernen hans.»

Legen fortsetter: «Jeg tror jeg med rimelig sikkerhet kan si at for å kunne helbrede ham er alt vi trenger å gjøre en enkel og lett kirurgisk operasjon – nemlig å fjerne disse irriterte organene [øynene].»

«Takk Gud for vitenskapen!» sier faren til doktoren. De forteller Nunez

om dette kravet som han må oppfylle for å få sin brud. (Du får lese origina-
len for å lære hvordan historien ender. Jeg tror på fri kultur, men ikke på å
avsløre hvordan en historie ender.)

Det skjer noen ganger at eggene til tvillinger sveises sammen i morens
livmor. Den sammensveisingen skaper en «kimære.» En kimære er én skap-
ning med to sett med DNA. DNA-et i blodet kan for eksempel være forskjel-
lig fra DNA-et i huden. Denne muligheten er en for lite brukt handling i
mordmysterier. «Men DNA-et viser med 100 prosent sikkerhet at hennes
blod ikke er det som var på åstedet. ...» Før jeg hadde lest om kimærer, så
ville jeg ha sagt at det var umulig. En enkelt person kan ikke ha to sett med
DNA. Selve idéen med DNA er at det er koden til et individ. Likevel er det jo
faktisk slik at ikke bare kan to individer ha samme sett med DNA (identiske
tvillinger), men en person kan ha to ulike sett med DNA (en kimære). Vår
forståelse av en «person» bør gjenspeile denne virkeligheten.

Jo mer jeg arbeider for å forstå den nåværende «opphavsrettskrigen»
rundt opphavsrett og kultur, som jeg både har kalt urettferdig og ikke urett-
ferdig nok, jo mer tenker jeg at det er en kimære vi snakker om. For eksem-
pel i kampen om spørsmålet «Hva er p2p-fildeling?» har begge sider rett, og
begge sider tar feil. En side sier, «fildeling er akkurat som om to unger tar
opp hverandres plater på bånd – akkurat slik vi har gjort det de siste tredve
årene uten at noen har stilt spørsmål ved det i det hele tatt.» Det er riktig,
i hvert fall delvis. Når jeg ber min beste venn om å høre på en ny CD jeg
har kjøpt, og i stedet for å bare sende CD-en, så viser jeg han til min p2p-
tjener, så er det på alle relevante måter akkurat det samme som enhver leder
i ethvert plateselskap uten tvil gjorde som barn: deling av musikk.

Men beskrivelsen er også delvis uriktig. For når min p2p-tjener er på et
p2p-nettverk der enhver kan få tilgang til min musikk, så kan helt klart mine
venner få tilgang, men det strekker betydningen av «venner» forbi briste-
punktet når en sier «mine ti tusen beste venner» kan få tilgang. Uansett om
«vi alltid har hatt lov til» å dele min musikk med min beste venner, så har vi
ikke alltid hatt lov til å dele musikk med «våre ti tusen beste venner.»

Tilsvarende, når den andre siden sier, «Fildeling er som å gå inn hos Tow-
er Records å ta en CD fra hylla og gå ut av butikken med den,» så er det riktig,
i hvert fall delvis. Hvis jeg, etter at Lyle Lovett (endelig) gir ut et nytt album,
i stedet for å kjøpe den går på Kazaa og finner et gratis eksemplar jeg kan ta,
så er det veldig likt det å stjele et eksemplar fra Tower.

Men det er ikke helt som å stjele fra Tower. Tross alt har Tower Record
en CD mindre de kan selge når jeg tar en CD fra Tower. Når jeg tar en CD
fra Tower Records, så får jeg en bit plastikk og et omslag, og noe å vise frem
på hyllene mine. (Og når vi først er i gang, bør vi også ta med at når jeg tar
en CD fra Tower Records, så er den maksimale boten jeg kan pådra meg, i
hvert fall ifølge loven i California, 1 000 dollar. I følge RIAA kan jeg derimot,
hvis jeg laster ned en CD med ti sanger, bli ansvarlig for 1 500 000 dollar i
erstatning.)

Poenget er ikke at beskrivelsen fra begge sider er feil. Poenget er at begge
sider har rett – både som RIAA beskriver det, og som Kazaa beskriver det.
Det er en kimære. Og i stedet for å ganske enkelt benekte det den andre siden

hevder, så må vi begynne å tenke på hvordan vi kan svare på dette kimære. Hvilke regler bør styre det?

Vi kunne svare ved å ganske enkelt late som om det ikke er en kimære. Vi kunne, sammen med RIAA, bestemme at hver eneste fildeling bør være en forbrytelse. Vi kan straffeforfølge familier for millioner av dollar i skade kun på bakgrunn av at fildelingen skjedde på en av familiens datamaskiner. Og vi kan få universiteter til å overvåke all datatrafikk for å sikre at ingen datamaskin blir brukt til å gjennomføre denne forbrytelsen. Disse svarene er kanskje ekstreme, men hver av dem har enten blitt foreslått, eller er allerede gjennomført.[154] Alternativt kan vi svare på fildeling slik mange unger oppfører seg som om vi har svart. Vi kan legalisere det fullstendig. Fjern alt ansvar for brudd på opphavsretten, både sivilt og strafferettslig, når en gjør opphavsrettsbeskyttet materiale tilgjengelig på nettet. Gjør med fildeling som sladder: regulert av sosiale normer i stedet for med lov, hvis det er regulert i det hele tatt.

Begge svarene er mulige. Jeg tror hver av dem ville være en tabbe. I stedet for å velge en av disse to ekstremene, så bør vi velge noe som gjenkjenner sannheten i begge. Og selv om jeg avslutter denne boken med en skisse til et system som gjør akkurat det, så er målet mitt med neste kapittel å vise akkurat hvor grufullt det ville være for oss om vi adopterer nulltoleranse-ekstremet. Jeg tror *begge* ekstremene vil være verre enn et rimelig alternativ. Men jeg tror nulltoleranse-løsningen vil være den verste av de to ekstremene.

Likevel er nulltoleranse i stadig større grad våre myndigheters politikk. Midt i dette kaoset som Internett har skapt, finner et ekstraordinært eiendomstyveri fra fellesskapet sted. Retten og teknologien endres til å gi innholdsinnehaverne en type kontroll over kulturen vår som de aldri har hatt før. Og i denne ekstremiteten vil mange muligheter for nye oppfinnelser og ny kreativitet gå tapt.

Jeg snakker ikke om muligheten for unger til å «stjele» musikk. Min fokus er i stedet på den kommersielle og kulturelle nyskapningen som denne krigen også vil ta knekken på. Vi har aldri før sett muligheten til å skape spre seg så bredt blant våre borgere, og vi har bare så vidt begynt å se nyskapningen som denne muligheten vil frigjøre. Likevel har Internett allerede sett slutten på en generasjon av nyskapning rundt teknologier for å distribuere innhold. Lovverket er ansvarlig for at den forsvant. Som visepresidenten for global offentlig politikk hos en av disse nye oppfinnerne, eMusic.com, formulerte det da han kritiserte hvordan DMCA la til vern for opphavsrettsbeskyttet materiale.

> eMusic er imot piratkopiering av musikk. Vi er en distributør av opphavsrettsbeskyttet materiale, og vi ønsker å beskytte disse rettighetene.

> Men å bygge en teknologisk festning som låser inn interessene til de store plateselskapene er ikke nødvendigvis den eneste måten å beskytte opphavsrettsinteresser, og heller ikke nødvendige den beste. Det er ganske enkelt for tidlig å svare på det spørsmå-

let. Markedskrefter som opererer fritt kan godt gi en helt annen industrimodell.

Dette er et kritisk poeng. Valgene som industrisektorer gjør relatert til disse systemene, vil på mange vis direkte forme markedet for digitale media, og hvordan digitale medier blir distribuert. Dette påvirker så hvilke valg som er tilgjengelig for forbrukere, både når det gjelder hvor enkelt de vil være i stand til å få tilgang til digitale medier, og utstyret som de vil kreve for å gjøre dette. Dårlige valg som gjøres tidlig i dette spillet, vil hemme veksten i dette markedet, og skade alles interesser.[155]

I april 2001 ble eMusic.com kjøpt opp av Vivendi Universal, et av «de store plateselskapene.» Selskapets holdning rundt disse temaene har nå endret seg.

Å nå reversere vår tolerante tradisjon vil ikke bare knuse piratvirksomhet. Det vil ofre verdier som er viktige for denne kulturen, og det vil drepe muligheter som kan være svært verdifulle.

Kapittel tolv: Skader

Ved å bekjempe «piratvirksomhet» for å beskytte «eiendom» har innholdsindustrien erklært krig. Lobbyvirksomhet og mange valgkampbidrag har nå dratt myndighetene inn i denne krigen. Og som med enhver krig vil en både ha direkte og utilsiktet skadevirkning. Og som med enhver forbudskrig, er det mest våre egne folk som lider under disse ødeleggelsene.

Så langt har målet mitt vært å beskrive konsekvensene av denne krigen, og spesielt konsekvensene for «fri kultur.» Men nå er målet mitt å utvide denne beskrivelsen av konsekvensene til et argument. Er dette en godt begrunnet krig?

Etter mitt syn er den ikke det. Det er ingen god grunn nå, for første gang, at loven burde forsvare det gamle mot det nye, akkurat når makten til eiendomsretten som kalles «immateriell eiendom» er større enn den noen gang har vært i vår historie.

Likevel ser ikke «sunn fornuft» det slik. Sunn fornuft er fortsatt enig med Causbyene og innholdsindustrien. Det ekstreme krav om kontroll som fremmes på vegne av eiendomsrett, aksepteres fortsatt. «Piratvirksomhet» avvises fortsatt ukritisk.

Det vil være mange konsekvenser ved å fortsette denne krigen. Jeg ønsker å beskrive kun tre. Alle tre kan sies å være utilsiktet. Jeg er ganske sikker på at den tredje er utilsiktet, men jeg er mindre sikker om de første to. De første to beskytter de moderne RCA-ene, men det er ingen Howard Armstrong på flankene for å sloss mot dagens kulturmonopolister.

Legger bånd på skaperne

I de neste ti årene vil vi se en eksplosjon av digitale teknologier. Disse teknologiene vil gjøre det mulig for nesten hvem som helst å lagre og dele innhold. Å lagre og dele innhold er naturligvis det mennesker har gjort siden historiens begynnelse. Det er slik vi lærer og kommuniserer. Men lagring og deling ved hjelp av digital teknologi er annerledes. Gjengivelsen og styrken er forskjellig. Du kunne sendt en e-post og fortalt noen om en vits du så på Comedy Central, eller du kan sende selve klippet. Du kan skrive et innlegg om inkonsekvenser i argumentene til en politiker som du elsker å hate, eller du kan lage en kort film som setter uttalelser mot hverandre. Du kan skrive et dikt som uttrykker din kjærlighet, eller du kan veve sammen en tråd – en nettfletting – av sanger fra dine favorittartister i en slags fotomontasje, og gjøre den tilgjengelig på nettet.

Denne digitale «erobring og deling» er delvis en utvidelse av den erobringen og delingen som alltid har vært en del av vår kultur, og delvis noe som er nytt. Det er fortsettelsen av Kodaken, men det sprenger grensene for Kodak-lignende teknologier. Teknologien for digital «erobring og deling» lover oss en verden med ekstraordinær variert kreativitet som kan bli enkelt og bredt delt. Og når denne kreativiteten anvendes på demokratiet, vil den gjøre mulig for et bredt spekter av borgere å bruke teknologien til å uttrykke og kritisere og bidra til kulturen over det hele.

Teknologien har dermed gitt oss en mulighet til å gjøre noe med kultur som bare har vært mulig for enkeltpersoner i små grupper, isolert fra andre grupper. Forestill deg en gammel mann som forteller en historie til en samling med naboer i en liten landsby. Forestill deg så den samme historiefortellingen utvidet til å nå over hele verden.

Likevel er alt dette kun mulig hvis aktiviteten antas å være lovlig. I dagens juridiske reguleringsregime er det ikke det. La oss glemme fildeling et øyeblikk. Tenk på dine fantastiske favorittsteder på nettet. Nettsteder som tilbyr oppsummeringer av handlingen for glemte TV-serier, steder som samler tegneserier fra 1960-tallet, steder som mikser bilde og lyd for å kritisere politikere eller bedrifter, steder som samler avisartikler fra smale tema om vitenskap eller kultur. Det er store mengder kreative verk spredt rundt om på Internett. Men slik loven er satt sammen i dag er disse verkene antatt å være ulovlig.

Denne antagelsen vil i stadig større grad kjøle ned kreativiteten, etter hvert som eksemplene på ekstreme straffer for vage opphavsrettsbrudd fortsetter å spre seg. Det er umulig å få en klar forståelse for hva som er tillatt og hva som ikke er det, og samtidig er straffene for å krysse linjen forbløffende harde. De fire studentene som ble truet av RIAA (Jesse Jordan i kapittel 3 (s. 49) er bare en av dem), ble truet med et 98-milliarder dollar-søksmål for å lage søkemotorer som tillot sanger å bli kopiert. Mens World-Com – som svindlet investorer for 11 milliarder dollar, og førte til et tap hos investorer i markedskapital på over 200 milliarder dollar – førte til en bot som kun var på 750 millioner dollar.[156] Og i henhold til lovgiving som fremmes i Kongressen akkurat nå, kan en lege som skjødesløst fjerner feil fot i en operasjon ville risikere ikke mer enn 250 000 dollar i skadeerstatning for smerte og lidelse.[157] Kan sunn fornuft kjenne igjen det absurde i en verden der den maksimale boten for å laste ned to sanger fra Internett er høyere enn boten til en lege som skjødesløst slakter en pasient?

Konsekvensen av denne juridiske usikkerheten, sammen med disse ekstremt høye straffene, er at en ekstraordinær mengde kreativitet aldri vil gjennomføres, eller aldri vil gjennomføres åpnelyst. Vi tvinger denne kreative prosessen under jorda ved å hevde at de moderne Walt Disney-ene er «pirater.» Vi gjør det umulig for bedrifter å basere seg på et allemannseie på grunn av at grensene for allemannseiet er laget for å være uklare. Det betaler seg aldri å gjøre noe annet enn å betale for retten til å skape, og dermed vil kun de som kan betale få lov til å skape. Slik det var tilfelle i Sovjetunionen, dog av helt andre årsaker, så vil vi begynne å se en verden av undergrunnskunst – ikke fordi budskapet nødvendigvis er politisk, eller fordi temaet er kontroversielt, men på grunn av at selve det å skape denne kunsten er juridisk skummelt. Utstillinger med «ulovlig kunst» har allerede vært på turné i USA.[158] Hva består deres «ulovlighet» i? I det å mikse kulturen rundt oss med et uttrykk som er kritisk eller ettertenksomt.

En del av årsaken til denne frykten for ulovligheter har å gjøre med endringer i lovverket. Jeg beskrev endringen i detalj i kapittel 10 (s. 97). Men en enda større del har å gjøre med hvordan det blir stadig enklere å spore opp opphavsrettsbrudd. Slik brukerne av fildelingssystemer oppdaget i 2002, er det en triviell sak for opphavsrettseiere å få domstolene til å beordre Internett-leverandører til å avsløre hvem som har hvilket innhold. Det er som om din kassettspiller sender en liste med sanger du har spilt i privatsfæren i ditt eget hjem som enhver kan lytte på etter eget forgodtbefinnende.

Aldri før i vår historie har en maler trengt å bekymre seg om hans maleri krenker noen andres verk. Men en moderne maler, som bruker verktøyene til Photoshop og deler innholdet på nettet, må bekymre seg for dette hele tiden. Bilder er over alt, men de eneste trygge bildene å bruke i skapelsesprosessen er de som er kjøpt fra Corbis eller en annen av bildebutikkene. Og i denne kjøpsprosessen skjer det sensurering. Det er et fritt marked for blyanter. Vi trenger ikke bekymre oss for dets effekt på kreativiteten. Men det er et strengt regulert og monopolisert marked for kulturelle ikoner, retten til å kultivere og endre på dem er ikke tilsvarende fritt.

Advokater ser sjelden dette på grunn av at advokater sjeldent er empiriske. Som jeg beskrev i kapittel 7 (s. 81), som respons på historien om dokumentarfilmskaper Jon Else, har jeg blitt belært gang på gang av advokater som insisterer på at Elses bruk var rimelig bruk, og at jeg derfor tok feil når jeg sa at loven regulerer slik bruk.

Men rimelig bruk i USA betyr bare at en har rett til å hyre inn en advokat til å forsvare din rett til å skape. Og som advokater liker å glemme er vårt system for å forsvare ens rett utrolig dårlig – i nær sagt enhver sammenheng, men spesielt her. Det koster for mye, det leverer for tregt, og det som blir levert har ofte liten tilknytning til rettferdigheten i det underliggende kravet. Rettssystemet er kanskje tolererbart for de veldig rike. Men for alle andre er det pinlig for en tradisjon som ellers liker å være stolt av rettssikkerheten.

Dommere og advokater kan fortelle hverandre at rimelig bruk gir tilstrekkelig «pusterom» mellom lovregulering og tilgangen som loven bør tillate. Men det viser hvor fjernt vårt juridiske system har blitt at noen faktisk kan tro dette. Reglene som utgivere pålegger forfattere, reglene som filmdistributører pålegger filmskapere, reglene som aviser pålegger journalister – dette er de virkelige lovene som styrer kreativitet. Og disse reglene har lite til felles med «loven» som dommerne trøster hverandre med.

For i en verden som truer med 150 000 dollar i erstatningskrav for et enkelt bevisst opphavsrettsbrudd, og som krever titusener av dollar bare for å forsvare seg mot en påstand om å ha brutt opphavsretten, og som aldri vil gi dem som er feilaktig anklaget tilbake noen av de kostnadene hun ble påført for å forsvare sin rett til å uttale seg – i den verden, knebler de utrolig vidtrekkende reguleringene som går under navnet «opphavsrett» både tale og kreativitet. Og i den verden kreves det en utstudert blindhet for at noen fortsatt skal tro at de lever i en fri kultur.

Som Jed Horovitz, forretningsmannen som står bak Video Pipeline sa til meg:

> Vi mister [kreative] muligheter over alt. Kreative folk blir tvunget til å ikke uttrykke seg. Mange tanker kommer aldri ned på papiret. Og mens en masse ting kanskje [fortsatt] blir skapt, så blir de ikke distribuert. Selv om tingene blir laget … så får du ikke distribuert det i de tradisjonelle mediene med mindre du har en liten lapp fra en advokat som sier «dette er blitt klarert.» Du klarer ikke en gang å få det på PBS uten slik tillatelse. Det er poenget med den type kontroll de har.

Legger bånd på oppfinnere

Historien i den siste delen var en knasende venstreorientert historie – knust kreativitet, kunstnere får ikke uttrykke seg, bla bla bla. Kanskje slikt ikke overbeviser deg. Kanskje du mener det finnes nok sær kunst der ute, og nok uttrykk som er kritiske til omtrent hva som helst. Og hvis du tenker slik, så mener du kanskje at det er lite i den historien du trenger å bekymre deg for.

Men det er et aspekt ved denne historien som overhodet ikke er venstrevridd i det hele tatt. Faktisk er det et aspekt som kunne vært skrevet av den mest ekstreme ideologiske markedsforkjemper. Hvis du er en av disse (og en svært spesiell en, 146 sider inn i en bok som denne), så kan du se dette aspektet ved å bytte inn «fritt marked» hver gang jeg har snakket om «fri kultur.» Poenget er det samme, selv om interessene som påvirker kultur er mer fundamentale.

Argumentene jeg har fremmet om regulering av kulturen er de samme som forkjempere av frie markeder fremmer om markedsregulering. Alle er enige om at en viss regulering av markedene er nødvendig – som et minimum trenger vi regler om eiendom og kontrakter, og domstoler til å håndheve begge deler. På samme måten i denne kulturdebatten er alle enige om at det trengs i hvert fall et visst opphavsrettsrammeverk. Men begge perspektivene insisterer heftig på at selv om noe regulering er bra, så gjør ikke det at mer regulering er bedre. Og begge perspektivene er konstant oppmerksom på hvordan regulering ganske enkelt gjør det mulig for dagens mektige industrier å beskytte seg selv mot morgendagens konkurrenter.

Dette er den ene mest dramatiske effekten fra skiftet i regelverksstrategi som jeg beskrev i kapittel 10 (s. 97). Konsekvensen av denne massive trusselen om erstatningsansvar knyttet til de skumle grensene til opphavsrettsloven er at oppfinnere som ønsker å skape noe nytt innen dette området, kun trygt kan lage noe nytt hvis de har aksept fra siste generasjons dominerende industrier. Den leksjonen har blitt lært bort gjennom en serie med saker som ble utformet og utført for å lære venturekapitalister en lekse. Leksen – som tidligere Napster-CEO Hank Barry kaller en «kjernefysisk skygge» som har spredt seg over Silicon Vally – har blitt lært.

Her er et eksempel for å demonstrere dette poenget, en historie jeg fortalte starten av i *The Future of Ideas*, og som har utviklet seg på en måte som selv ikke jeg (en ekstraordinær pessimist) kunne ha spådd.

I 1997 etablerte Michael Roberts et selskap ved navn MP3.com. MP3.com var ute etter å endre musikkbransjen. Målet deres var ikke bare å bidra til nye måter å få tilgang til innhold. Målet var også å bidra til nye måter å skape innhold. Til forskjell fra de store plateselskapene tilbød MP3.com opphavspersonene en arena for å distribuere sin kreativitet, uten å kreve et eksklusivt engasjement fra opphavspersonene.

Men for å få dette systemet til å virke, trengte MP3.com en pålitelig måte å anbefale musikk til sine brukere. Idéen bak dette alternativet var å utnytte musikklytternes eksponerte musikkvalg for å anbefale nye artister. Hvis du liker Lyle Lovett, så vil du antagelig nyte Bonnie Raitt. Og så videre.

Denne idéen krevde en enkel måte å samle inn data om hva brukerne foretrekker. MP3.com kom opp med en svært snedig måte å samle inn data om hva brukerne foretrakk. Januar 2000 lanserte selskapet tjenesten my.mp3.com. Ved å bruke programvare fra MP3.com logget brukeren inn på en konto, og satte så en CD inn i datamaskinen sin. Programvaren ville kjenne igjen CD-en, og så gi brukeren tilgang til det innholdet. Dermed kunne du, hvis du f.eks. satte inn en CD av Jill Sobule, få tilgang til den musikken uansett hvor du var – på jobb eller hjemme – så snart du hadde logget inn på konto. Systemet var dermed et slags låsbart musikkskrin.

Det er ingen tvil om at noen kunne bruke dette systemet til å kopiere ulovlig innhold. Men den muligheten eksisterte både før og etter MP3.com. Målet med my.mp3.com-tjenesten var å gi brukere tilgang til sitt eget innhold, og som et biprodukt av å se hva slags innhold brukerne allerede eide, oppdage hva slags innhold brukerne likte.

Men for å få dette systemet til å fungere, måtte MP3.com kopiere 50 000 CD-er til en tjener. (I prinsippet kunne det vært brukerne som lastet opp musikken, men det ville tatt svært mye tid, og det ville gjort at produktet hadde tvilsom kvalitet.) Det kjøpte derfor 50 000 CD-er fra en butikk, og gikk i gang med å kopiere disse CD-ene. Og nok en gang, selskapet ville ikke gi ut innholdet fra disse kopiene til noen andre enn de som kunne bekrefte at de allerede hadde et eksemplar av CD-en de ønsket tilgang til. Så selv om dette var 50 000 kopier, så var det 50 000 kopier som ble tilbudt for å gi kunder noe de allerede hadde kjøpt.

Ni dager etter at MP3.com lanserte sin tjeneste, anla de fem store plateselskapene, under ledelse av RIAA, sak mot MP3.com. MP3.com inngikk forlik med fire av de fem. Ni måneder senere avgjorde en føderal dommer at MP3.com hadde vært skyldig i, med hensikt, å ha brutt opphavsretten når det gjaldt det femte. Ved å anvende loven slik den er utformet nå, ila dommeren MP3.com en bot på 118 millioner dollar. MP3.com inngikk så et forlik med den gjenstående saksøker, Vivendi Universal, og betalte mer enn 54 millioner dollar. Vivendi kjøpte MP3.com omtrent et år senere.

Den delen av historien har jeg fortalt før. Nå kommer konklusjonen.

Etter at Vivendi kjøpte MP3.com, snudde Vivendi seg rundt og saksøkte, for pliktforsømmelse, de advokatene som hadde gitt råd om at selskapet i god tro kunne hevde at tjenesten selskapet ønsket å tilby, ville bli ansett som lovlig i henhold til opphavsretten. I dette søksmålet ble det hevdet at det burde ha vært åpenbart at domstolene ville anse denne oppførselen for ulovlig. Dermed forsøkte man med dette søksmålet å straffe enhver advokat som våget å foreslå at loven var mindre restriktiv en plateselskapene krevde.

Den åpenbare hensikten med dette søksmålet (som ble avsluttet med et forlik for et uspesifisert beløp like etter at saken ikke lenger fikk pressedekning), var å sende en melding, som ikke kan misforstås, til advokater som gir råd til klienter på dette området: Det er ikke bare dine klienter som får lide hvis innholdsindustrien retter sine våpen mot dem. Det får også du. Så de av dere som tror loven burde være mindre restriktiv, bør innse at et slikt syn på loven vil koste deg og ditt firma dyrt.

Denne strategien er ikke begrenset kun til advokater. I april 2003 leverte Universal og EMI inn et søksmål mot Hummer Winblad, venturekapitalfirmaet (VC) som hadde finansiert Napster på et bestemt steg i dets utvikling; dets medstifter (John Hummer) og dets generelle partner (Hank Berry).[159] Påstanden her var også VC-en burde ha forstått at innholdsindustrien hadde rett til å kontrollere hvordan industrien burde utvikle seg. De burde holdes personlig ansvarlig for å ha finansiert et selskap hvis forretningsmodell viste seg å være utenfor loven. Igjen er formålet med søksmålet gjennomsiktig. Enhver VC forstår nå at hvis du finansierer et selskap med en forretningsplan som ikke blir godkjent av dinosaurene, så tar du ikke bare risikoen i markedet, men kjøper også et søksmål. Så ekstremt har miljøet blitt at selv bilprodusenter er redd for teknologi som berører innhold. I en artikkel i *Business 2.0* beskriver Rafe Needleman en diskusjon med BMW:

> Jeg spurte hvorfor det ikke fantes, med all lagrings- og beregningskapasitet som finnes i bilen, en måte å spille av MP3-filer. Jeg ble fortalt at BMW-ingeniører i Tyskland hadde satt opp et nytt kjøretøy til å spille MP3-er via bilens innebygde musikkanlegg, men at selskapets avdelinger for markedføring og juss ikke var komfortable med å lansere dette over hele landet. Selv i dag er det ingen nye biler solgt i USA med en fungerende MP3-spiller. …[160]

Dette er verden til mafiaen – fylt med «penger eller livet»-trusler, som ikke er regulert av domstolene, men av trusler som loven gir rettighetsinnehaver mulighet til å komme med. Det er et system som åpenbart og nødvendigvis vil kvele ny innovasjon. Det er vanskelig nok å starte et selskap. Det blir helt umulig hvis selskapet er stadig truet av søksmål.

Poenget er ikke at virksomheter skal ha lov til å starte ulovlig aktivitet. Poenget er definisjonen av «ulovlig.» Loven er et kaos av usikkerheter. Vi har ingen god måte å vite hvordan den bør anvendes på nye teknologier. Og likevel, ved å reversere vår tradisjon for juridisk hensynsfullhet, og omfavne det forbløffende høye straffenivået som pålegges av opphavsretten, gir denne usikkerheten nå en virkelighet som er mye mer konservativ enn det som er rimelig. Hvis loven påla dødsstraff for å parkere ulovlig, så ville vi ikke bare ha færre ulovlige parkeringer, vi ville også ha mye mindre kjøring.

Det samme prinsippet gjelder for nyskapning. Hvis nyskapning stadig kontrolleres av dette usikre og ubegrensede erstatningsansvaret, så vil vi ha mye mindre levende nyskapning, og mye mindre kreativitet.

Poenget er en direkte parallell til det knasende venstrevridde poenget om rimelig bruk. Uansett hvor «reell» loven er, så er realisme om effekten av lovverket i begge sammenhenger tilsvarende. Dette vilt straffende reguleringssystemet vil systematisk kvele kreativitet og nyskapning. Det vil beskytte noen industrier og noen skapere, mens det vil skade industri og kreativitet generelt. Fritt marked og fri kultur er avhengig av pulserende konkurranse. Likevel er effekten av lovverket i dag å kvele akkurat denne type konkurranse. Effekten er å lage en overregulert kultur, akkurat som effekten av for mye kontroll i markedet er å lage et overregulert regulert marked.

Oppbyggingen av en tillatelseskultur, i stedet for en fri kultur, er den første viktige måten der endringene jeg har beskrevet vil belaste nyskapning. En tillatelseskultur betyr en kultur med advokater – en kultur der evnen til å skape krever en samtale med din advokat. Igjen, jeg er ikke mot advokater, i hvert fall når de holdes seg der de hører hjemme. Og jeg er absolutt ikke mot lovverket. Men vår profesjon har tapt forståelse av dens begrensning. og lederne i vår profesjon har mistet forståelsen for den høye kostnaden vår profesjon påfører andre. Ineffektiviteten i vårt rettssystem stiller vår tradisjon i forlegenhet. Og mens jeg tror at vår profesjon derfor burde gjøre alt de kan for å gjøre rettssystemet mer effektivt, bør den også i hvert fall gjøre alt den kan for å begrense rekkevidden til lovverket der lovverket ikke gjør noe godt. Transaksjonskostnadene begravd i en tillatelseskultur er nok til å begrave et bredt spekter av kreativitet. Noen trenger mye rettferdiggjøring for å rettferdiggjøre det resultatet.

Usikkerheten i rettstilstanden er en av byrdene som legges på nyskapningen. Det er en annen byrde som virker mer direkte. Dette er effekten fra mange i innholdsindustrien som bruker loven til å direkte regulere teknologien på Internett slik at den beskytter innholdet deres bedre.

Motivasjonen for denne responsen er åpenbar. Internett gjør det mulig å effektivt spre innhold. Den effektiviteten er en egenskap med Internetts utforming. Men fra perspektivet til innholdsindustrien er denne egenskapen en «feil.» Den effektive spredningen av innhold betyr at innholdsdistributører får det vanskelig med å kontrollere distribusjonen av innhold. En åpenbar respons til denne effektiviteten er å gjøre Internett mindre effektivt. Hvis Internett gjør det mulig å drive med «piratvirksomhet,» så sier denne responsen at vi bør knekke kneskålene på Internett.

Det er mange eksempler på denne typen lovgiving. På oppfordring fra innholdsindustrien har noen i Kongressen truet med lovgiving som ville kreve at datamaskiner skulle avgjøre om innhold de hadde tilgang til var beskyttet eller ikke, og slå av muligheten for å spre beskyttet innhold.[161] Kongressen har allerede lansert forslag om å utforske et påkrevd «kringkastingsflagg» som ville være påkrevd på enhver enhet som kan sende digital video (med andre ord, en datamaskin), og som ville hindre kopiering av ethvert innhold som er merket med kringkastingsflagget. Andre medlemmer av Kongressen har foreslått immunitet til innholdsleverandører fra erstatning for teknologi som de kan ta i bruk for å spore opp de som bryter opphavsrettsen, og koble ut datamaskinene deres.[162]

På en måte virker disse løsningene fornuftige. Hvis problemet er koden, hvorfor ikke regulere koden for å fjerne problemet. Men enhver regulering av teknisk infrastruktur vil alltid være stilt inn mot dagens aktuelle teknologi. Den vil påføre teknologien betydelige byrder og kostnader, men vil mest sannsynlig bli overskygget av fremskritt når det gjelder akkurat disse kravene.

I mars 2002 forsøkte en bred koalisjon av teknologibedrifter, ledet av Intel, å få Kongressen til å se skaden slik lovgiving ville føre til.[163] Argumentet deres var selvsagt ikke at opphavsrett ikke skulle bli beskyttet. I stedet argumenterte de med at en beskyttelse ikke måtte gjøre mer skade enn gavn.

Det er en mer åpenbar måte som denne krigen har skadet nyskapning – igjen, en historie som vil være ganske familiær for dem som støtter det frie markedet.

Opphavsrett er kanskje eiendom, men som all eiendom er det også en form for regulering. Det er en regulering som gir fordeler for noen og skader for andre. Når det gjøres riktig, gir det fordeler til skapere og skader til snyltere. Når det er gjort galt, er det regulering som de mektige bruker til å beseire konkurrenter.

Som jeg beskrev i kapittel 10 (s. 97), og på tross av denne egenskapen av opphavsrett som regulering, og når en tar hensyn til viktige kvalifiseringer skissert av Jessica Litman i hennes bok *Digital Copyright*,[164] så er i det store og hele historien til opphavsretten ikke ille. Når nye teknologier dukker opp, slik kapittel 10 (s. 97) forteller mer om, har Kongressen funnet en balanse for å sikre at det nye er beskyttet fra det gamle. Tvangslisenser eller lovbestemte lisenser har vært del av denne strategien. Gratis bruk (slik tilfellet er for videoopptakeren) har vært en annen.

Men dette mønsteret med å beskytte nye teknologier har nå endret seg med fremveksten av Internett. I stedet for å finne en balanse mellom kravene til ny teknologi og de legitime rettighetene til skapere av innhold, har både domstolene og Kongressen innført juridiske restriksjoner som vil ha som effekt at de kveler det nye til fordel for det gamle.

Tilbakemeldingene fra domstolene har omtrent vært det samme.[165] Det har vært speilet i responsen som Kongressen har truet med, og faktisk implementert. Jeg vil ikke liste opp alle tilbakemeldingene her.[166] Men det er et eksempel som inneholder essensen av dem alle. Dette er historien om utryddelsen av Internett-radio.

Som jeg beskrev i kapittel 4 (s. 53), når en radiostasjon spiller en sang, får ikke plateartisten betaling for «radioavspillingen» med mindre han eller hun også er komponisten. Dermed, hvis for eksempel Marilyn Monroe hadde spilt inn en versjon av «Gratulerer med dagen» – for å minne om hennes berømte forestilling foran president Kennedy ved Madison Square Garden – så ville, hver gang platen ble spilt på radio, den aktuelle opphavsrettseieren av «Gratulerer med dagen» få litt penger, mens Marilyn Monroe ikke ville få noen.

Tanken bak denne balansen som Kongressen fant, gir litt mening. Begrunnelsen var at radio var en type annonsering. Plateartisten får dermed fordel fra avspillingen av musikken, radiostasjonen gjorde det mer sannsynlig at noen ville kjøpe hennes plater. Dermed fikk plateartisten noe, selv om det kun er indirekte. Sannsynligvis har denne argumentasjonen mindre å gjøre med resultatet enn makten til radiostasjonene. Deres lobbyister var ganske gode til å stoppe enhver innsats som forsøkte å få Kongressen til å kreve kompensasjonen til plateartistene.

Så kom Internett-radio. Som vanlig radio er Internett-radio en teknologi som sender innhold fra en kringkaster til en lytter. Kringkastingen farer over Internett, og ikke gjennom radiospekterets eter. Dermed kan jeg «peile meg inn» til en Internett-radiostasjon i Berlin mens jeg sitter i San Francisco, selv om det ikke er mulig for meg å peile meg inn på en vanlig radiostasjon på særlig større avstand enn byområdet til San Francisco.

Denne egenskapen i arkitekturen til Internett-radio betyr at det potensielt er et ubegrenset antall radiostasjoner som en bruker kan peile seg inn på ved hjelp av sin datamaskin, mens med den eksisterende arkitekturen for kringkastingsradio er det en åpenbar begrensning når det gjelder antall kringkastere og klare kringkastingsfrekvenser. Internett-radio kan dermed bli mer konkurranseutsatt enn vanlig radio, den kan tilby et bredere spekter med valg. Og i og med at det potensielle publikum for Internett-radio er hele verden, kan nisjestasjoner enkelt utvikle og markedsføre sitt innhold til et relativt stort antall brukere over hele verden. Ifølge noen estimater har mer enn åtti millioner brukere over hele verden koblet seg opp til denne nye formen for radio.

Internett-radio er dermed for radio det FM var for AM. Det er en forbedring som med potensielt større betydning enn FM-forbedringen hadde for AM, siden ikke bare er teknologien bedre, men konkurransen er også det. Faktisk er det en direkte parallell mellom kampen for å etablere FM-radio, og kampen for å beskytte Internett-radio. Som en forfatter beskrev Howard Armstrongs kamp for å muliggjøre FM-radio:

> Det var mulig med nesten et ubegrenset antall FM-stasjoner på kortbølgene, som dermed avsluttet de unaturlige begrensningene påført radio i de overbefolkede langbølgene. Hvis FM ble utviklet fritt, ville antall stasjoner kun være begrenset av økonomi og konkurranse i stedet for tekniske begrensninger. … Armstrong sammenlignet situasjonen som hadde vokst frem med radio, med den som oppsto etter oppfinnelsen av trykkepressen, da myndighetene og de styrende interessene forsøkte å kontrollere dette nye instrumentet for massekommunikasjon ved å påføre den begrensende lisenser. Dette tyranniet ble knust først etter at det ble mulig for folk å fritt skaffe seg trykkepresser, og fritt bruke dem. FM var på denne måten en like fantastisk oppfinnelse som trykkepressene, da det ga radio muligheten til å kvitte seg med lenkene.[167]

Dette potensialet for FM-radio ble aldri realisert – ikke på grunn av at Armstrong tok feil av teknologien, men fordi han undervurderte kraften i «økonomiske interesser, vaner, skikker og lovgiving»[168] i å hemme veksten av denne konkurrerende teknologien.

Akkurat den samme påstanden kan nå fremmes om Internett-radio. Også denne gangen er det ingen tekniske begrensninger som kan begrense antallet Internett-radioer. Den eneste begrensningen for Internett-radio er de som blir pålagt av lovverket. Opphavsrettsloven er en slik lov. Så det første spørsmålet vi bør stille er, hvilke opphavsrettsregler bestemmer over Internett-radio?

Men her er makten til lobbyistene motsatt. Internett-radio er en ny industri. Plateartistene derimot har en svært mektig lobby, RIAA. Dermed hadde lobbyistene forberedt Kongressen til å vedta en annen regel for Internett-radio enn reglene som gjelder for landbasert radio, da de vurderte fenomenet Internett-radio i 1995. Mens landbasert radio ikke må, hypotetisk, betale Marilyn Monroe når den, hypotetisk, spiller hennes opptak av «Gratulerer med dagen» på luften, *så må Internett-radio betale*. Ikke bare er lovverket ikke nøytralt når det gjelder Internett-radio – lovverket belaster Internett-radio mye mer enn det belaster landbasert radio.

Den finansielle belastningen er ikke ubetydelig. Slik jussprofessor William Fisher ved Harvard estimerte, hvis en Internett-radiostasjon distribuerte reklamefri populærmusikk til (i gjennomsnitt) ti tusen lyttere, tjuefire timer i døgnet, så ville de totale utbetalingene til artister som denne radiostasjonen ville skylde være over en million dollar i året.[169] En radiostasjon som kringkaster det samme innholdet ville ikke måtte betale et tilsvarende beløp.

Byrden er ikke kun økonomisk. Ifølge det opprinnelige forslag til regler, måtte en Internett-radiostasjon (men ikke en landbasert radiostasjon) samle inn følgende informasjon for *hver eneste lytter-transaksjon*:

1. navn på tjenesten

2. kanalen til programmet (AM/FM-stasjoner bruker stasjons-ID)

3. type program (fra arkivet / i løkke / direkte)

4. dato for sending

5. tidspunkt for sending

6. tidssone til opprinnelsen for sending

7. numerisk angivelse av plassering for lydopptaket i programmet

8. varigheten av sending (til nærmeste sekund)

9. lydinnspillingstittel

10. ISRC-kode for opptaket

11. utgivelsesår for albumet i henhold til opphavsrettsmerking, og i tilfelle samlealbum, utgivelsesår for albumet og opphavsrettsdato for sporet

12. spillende plateartist

152

13. tittel på album i butikker

14. plateselskap

15. UPC-koden for albumet i butikker

16. katalognummer

17. informasjon om opphavsrettsinnehaver

18. musikksjanger for kanal eller programmet (stasjonsformat)

19. navn på tjenesten eller selskap

20. kanal eller program

21. dato og klokkeslett da brukeren logget på (i brukerens tidssone)

22. dato og klokkeslett da brukeren logget ut (i brukerens tidssone)

23. tidssone der signalet ble mottatt (bruker)

24. unik bruker-identifikator

25. landet til brukeren som mottok sendingene

Kongressbibliotekaren stoppet til slutt disse rapporteringskravene, i påvente av flere undersøkelser. Han endret også de opprinnelige prisene satt av voldgiftspanelet som fikk oppgaven med å fastsette prisene. Men den grunnleggende forskjellen mellom Internett-radio og landbasert radio består: Internett-radio må betale *en slags opphavsrettsavgift* som landbasert radio slipper.

Hvorfor er det slik? Hva rettferdiggjør denne forskjellen? Ble det gjort noen studier av de økonomiske konsekvensene for Internett-radio som kan forsvare disse forskjellene? Var motivet å beskytte kunstnere mot piratvirksomhet?

I et sjeldent oppriktig øyeblikk, innrømmet en RIAA-ekspert det som virket åpenbart for alle på den tiden. Dette fortalte Alex Alben, visepresident med ansvar for offentlig politikk ved Real Networks, meg:

> RIAA, som representerte plateselskapene, presenterte noen vitnesbyrder om hva de trodde en villig kjøper ville betale til en villig selger, og det var mye høyere. Det var ti ganger høyere enn det radiostasjoner betaler for å fremføre de samme sangene i den samme tidsperioden. Så advokatene som representerte webcasterne spurte RIAA, … «Hvordan kommer du opp med en sats som er så mye høyere? Hvorfor er det verdt mer enn radio? Fordi her har vi hundretusenvis av webcastere som ønsker å betale, og det ville etablere markedsraten, og hvis du setter den satsen så høyt, vil du tvinge de små webcasterne til å måtte gi opp. …»
>
> Og RIAA-eksperten svarte, «Vel, vår modell er ikke for en industri med tusenvis av webcastere. *Vi tror det bør bli en industri med,*

153

du vet, fem eller syv store aktører som kan betale en høy avgift, og slik få et stabilt og forutsigbart marked.» (min utheving.)

Oversettelse: Målet er å bruke loven til å fjerne konkurranse, slik at denne plattformen som potensielt muliggjør massiv konkurranse, og dermed fører til en eksplosjon i mangfold og omfang av tilgjengelig innhold, ikke forårsaker smerte for eldre tiders dinosaurer. Ingen, hverken på høyre- eller venstresiden, burde bifalle denne bruken av loven. Og likevel er det praktisk talt ingen, hverken på høyre- eller venstresiden, som har gjort noe effektivt for å hindre det.

Skader borgere

For mye regulering knebler kreativiteten. Den kveler nyskapning. Den gir dinosaurer vetorett over fremtiden. Den kaster bort den ekstraordinære muligheten for en demokratisk kreativitet som digital teknologi gjør mulig.

I tillegg til disse viktige skadene, så er det en til som var viktig for våre forfedre, men som synes glemt i dag. For mye regulering skader borgerne, og svekker respekten for loven.

Krigen som føres i dag er en forbudskrig. Og som enhver forbudskrig, er den rettet mot oppførselen til et veldig stort antall borgere. Ifølge *The New York Times*, lastet 43 millioner amerikanere ned musikk i mai 2002.[170] Ifølge RIAA gjør oppførselen til disse 43 millionene amerikanere dem til forbrytere. Vi har dermed et sett med regler som gjør 20 prosent av USA til kriminelle. Mens RIAA saksøker ikke bare Napsterne og Kazaaene i verden, men studenter som bygger søkemotorer, og i økende grad vanlige brukere som laster ned innhold, vil teknologiene for deling bli utviklet til å beskytte og skjule ulovlig bruk. Det er et våpenkappløp eller en borgerkrig, med ekstremer på den ene siden som inviterer til en mer ekstrem respons fra den andre.

Innholdsindustriens taktikk utnytter feilene i USAs juridiske system. Da RIAA saksøkte Jesse Jordan, visste de at Jordan var et offerlam, og ikke en som kunne forsvare seg. Trusselen om å enten måtte betale alle pengene i verden i erstatning (15 000 000 dollar), eller nesten alle pengene i verden for å forsvare seg mot å betale alle pengene i verden i erstatning (250 000 dollar i advokatutgifter) fikk Jordan til å velge å betale alle pengene han hadde i verden (12 000 dollar) for å bli kvitt søksmålet. Den samme strategien driver RIAAs søksmål mot individuelle brukere. I september 2003 saksøkte RIAA 261 individer – inkludert en tolv år gammel jente som bodde i en kommunal leilighet, og en sytti år gammel dame som ikke hadde noe idé om hva fildeling var.[171] Som disse offerlammene oppdaget, vil det alltid koste mer å forsvare seg mot disse søksmålene enn det vil koste å ganske enkelt inngå forlik. (Tolvåringen, for eksempel, betalte på samme måte som Jesse Jordan, sine 2 000 dollar i sparepenger for å inngå forlik.) Vårt rettssystem er et grusomt system for dem som skal forsvare sine rettigheter. Det setter vår tradisjon i forlegenhet. Og konsekvensen er at vårt rettssystem gjør det mulig for dem med makt å utnytte domstolene til å knuse enhver rettighet de er imot.

Forbudskriger er ikke noe nytt i USA. Denne er bare noe mer ekstrem enn noen annet vi har sett tidligere. Vi eksperimenterte med alkoholforbud, i en periode da alkoholkonsum pr. person var 5.7 liter pr. person pr. år. Krigen mot drikking reduserte i starten det forbruket til bare 30 prosent av nivået før forbudet ble innført, men på slutten av forbudstiden var forbruket kommet opp til 70 prosent av opprinnelig nivå. Amerikanere drakk akkurat like mye som før, men nå var en stor andel av dem kriminelle.[172] Vi har satt i gang en krig mot narkotika med mål om å redusere forbruket av kontrollerte rusmidler som 7 prosent (eller 16 millioner) Amerikanere nå bruker.[173] Dette er en reduksjon fra toppen i 1979 med 14 prosent av befolkningen. Vi regulerer biler til et nivå der det store flertall av amerikanere bryter loven hver dag. Vi har et så komplekst skattesystem at flertallet av kontantbaserte bedrifter jukser regelmessig.[174] Vi er stolte over å leve i et «fritt samfunn,» men en endeløs rekke av vanlige oppførsler er regulert i vårt samfunn. Som et resultat bryter en stor andel av amerikanere regelmessig en eller annen lov.

Denne situasjonen er ikke helt uten konsekvenser. Det er et spesielt fremtredende tema for lærere som meg, som har som jobb å lære juss-studenter om viktigheten av «etikk.» Som min kollega Charlie Nesson fortalte en klasse på Stanford, tar jussstudiene inn tusenvis av studenter hvert år som har lastet ned musikk ulovlig, ulovlig brukt alkohol og noen ganger narkotika, jobbet ulovlig uten å betale skatt, og kjørt ulovlig. Dette er unger der det å oppføre seg i strid med loven i stadig større grad er normen. Og så skal vi, som jussprofessorer, lære dem å oppføre seg etisk – hvordan si nei til bestikkelser, til å holde strengt skille mellom egne og klienters penger, eller støtte et krav om å utlevere et dokument som betyr at saken deres er over. Generasjoner av amerikanere – mer betydelig i noen deler av USA enn andre, men likefullt over hele USA i dag – kan ikke leve sitt liv både normalt og lovlydig, siden «normalt» innebærer en viss grad av lovbrudd.

Svaret på denne generelle lovløsheten er enten å håndheve lovverket strengere, eller å endre loven. Vi som samfunn må lære hvordan vi gjør det valget mer rasjonelt. Hvorvidt en lov gir mening er avhengig av, delvis i hvert fall, hvorvidt kostnaden til loven, både tiltenkt og utilsiktet, veier mer enn fordelene. Hvis kostnaden, tiltenkt og utilsiktet, veier mer enn fordelene, da bør loven endres. Alternativt, hvis kostnaden til det eksisterende systemer er mye større enn kostnaden til et alternativ, da har vi en god grunn til å vurdere alternativet.

Poenget mitt er ikke det idiotiske: Bare fordi folk bryter en lov bør vi oppheve den. Vi kunne naturligvis redusere mordstatistikken dramatisk ved å gjøre mord lovlig på onsdager og fredager. Men det gir overhodet ikke mening, da mord er galt hver eneste dag i uka. Et samfunn gjør rett i å alltid bannlyse mord overalt.

Poenget mitt er i stedet ett som demokratier har forstått i generasjoner, men som vi nylig har lært å glemme. Respekt for loven er avhengig av at folk følger loven. Jo oftere og dess flere ganger vi som borgere erfarer å bryte loven, jo mindre respekterer vi loven. I de fleste tilfeller er åpenbart det viktige

155

temaet loven, og ikke respekt for loven. Jeg bryr meg ikke om en voldtekts-mann respekterer loven eller ikke. Jeg ønsker at han fanges og bures inne. Men jeg bryr meg om hvorvidt mine studenter respekterer loven. Og jeg bryr meg hvis lovverket sår økende respektmangel på grunn av de ekstreme reguleringene de påfører. Tjue millioner amerikanere har vokst til siden Internett introduserte denne nye idéen om «deling.» Vi må være i stand til å kalle disse tjue millionene amerikanere «borgere,» ikke «forbrytere.»

Når minst førtitre millioner innbyggere laster ned innhold fra Internett, og når de bruker verktøy for å kombinere det innholdet på måter som ikke er autorisert av opphavsrettsinnehaverne, så er ikke det første spørsmålet vi bør stille hvordan vi best involverer FBI. Det første spørsmålet bør være hvorvidt dette spesifikke forbudet virkelig er nødvendig for å oppnå det fornuftige målet som opphavsretten sikter mot. Er det en annen måte å sikre at kunstnere får betalt uten å gjøre førtitre millioner amerikanere til forbrytere? Gir det mening hvis det finnes andre måter å sikre at kunstnere får betalt uten å gjøre USA til en nasjon av forbrytere?

Dette abstrakte poenget kan gjøres klarere med et bestemt eksempel.

Vi eier alle CD-er. Mange av oss eier fortsatt musikkplater. Disse plastikkbitene koder musikk som vi i en viss forstand har kjøpt. Rettsvesenet beskytter vår rett til å kjøpe og selge denne plastikken. Det er ikke å krenke opphavsretten hvis jeg selger alle mine klassiske plater hos en bruktplate-handel, og kjøper jazzplater for å erstatte dem. Det er fritt frem for denne «bruken» av platene.

Men som MP3-manien har demonstrert, er det en annen bruk av musikkplater som også effektivt sett er fritt frem. Da disse platene ble laget uten kopieringsbeskyttelsesteknologier, står jeg «fritt» til å kopiere, eller «rippe» musikk fra mine plater inn til en datamaskinharddisk. Faktisk gikk Apple Corporation så langt at de foreslo at denne «friheten» var en rettighet: I en serie reklamefilmer gikk Apple god for «ripp, miks, brenn»-mulighetene til digitale teknologier.

Denne «bruken» av mine plater er helt klart verdifull. Jeg har begynt en stor prosess hjemme for å rippe (kopiere) alle mine og min kones CD-er, og lagrer dem i et arkiv. Dermed kan vi, ved hjelp av iTunes fra Apple, eller et praktfullt program ved navn Andromeda, bygge ulike spillelister for musikken vår: Bach, Barokk, Kjærlighetssanger, Kjærlighetssanger til vår kjære – potensialet er uendelig. Og ved å redusere kostnaden med å lage spillelister, har disse teknologiene hjulpet til med å bygge en kreativitet rundt spillelister som uavhengig av dette er verdifull i seg selv. Samlinger av sanger er kreative og meningsfylte på egen hånd.

Denne bruken er muliggjort av ubeskyttede media – enten CD-er eller plater. Men ubeskyttede medier muliggjør også fildeling. Fildeling truer (eller det tror i hvert fall innholdsindustrien) muligheten skaperne har til en rimelig inntekt fra sin kreativitet. Og dermed begynner mange å eksperimentere med teknologier som fjerner ubeskyttede medier. Disse teknologiene ville, for eksempel, gjøre det mulig at CD-er ikke kan rippes. Eller de kan gjøre det mulig for spionprogrammer å identifisere rippet innhold på folks maskiner.

Hvis disse teknologiene tok av, så ville bygging av store arkiver med egen musikk bli ganske vanskelig. Du kan henge i hacker-miljøer og få tak i teknologi som kobler ut teknologiene som beskytter innholdet. Å selge og kjøpe slike teknologier er forbudt, men kanskje det ikke bryr deg så mye. Uansett vil disse beskyttelsesteknologiene for de fleste folk effektivt sett ødelegge mulighet for å arkivere CD-er. Teknologien ville med andre ord tvinge oss alle tilbake til en verden der vi enten hører på musikk ved å fikle med plastbiter, eller er del av et svært komplekst «digitalt rettighetsstyringssystem.»

Hvis den eneste måten å sikre at kunstnere fikk betalt var å fjerne all mulighet til å fritt flytte innhold, så ville disse teknologier som griper inn i friheten til å flytte innhold kunne forsvares. Men hva hvis det finnes en annen måte å sikre at kunstnere fikk betalt, uten å låse ned ethvert innhold? Med andre ord, hva om et annet system kunne sikre kompensasjon til kunstnere som også beholdt friheten til å enkelt flytte innhold?

Mitt poeng nå er ikke å bevise at det eksisterer et slikt system. Jeg legger frem en versjon av et slikt system i det siste kapittelet i denne boken. Nå er det eneste poenget et relativt ukontroversielt et: Hvis et annet system oppnådde samme legitime mål som det eksisterende opphavsrettssystemet oppnår, men ga forbrukere og skapere mye mer frihet, så ville vi ha en svært god grunn til å forfølge dette alternativet – nemlig frihet. Valget, med andre ord, ville ikke være mellom proprietær eller piratvirksomhet. Valget ville være mellom ulike proprietære systemer og frihetene hver av dem tillater.

Jeg tror det finnes en måte å sikre at kunstnere får betalt uten å gjøre forbrytere av førtiti millioner amerikanere. Men den fremtredende egenskapen til dette alternativet er at det vil føre til et svært annerledes marked for å produsere og distribuere kreativitet. De få dominerende aktørene, som i dag kontrollerer det aller meste av distribusjonen av innhold i verden, ville ikke lenger utøve denne ekstreme kontrollen. I stedet ville det gå med dem som med hestekjerrene.

Det er bare det at denne generasjonens kjerreprodusenter allerede har salet opp Kongressen og rir rettsvesenet for å beskytte seg selv mot denne nye formen for konkurranse. For dem er valget mellom førtiti millioner amerikanere som kriminelle og deres egen overlevelse.

Det er forståelig hvorfor de velger som de gjør. Det er ikke forståelig hvorfor vi som demokrati fortsetter å velge som vi gjør. Jack Valenti er sjarmerende, men ikke så sjarmerende at det rettferdiggjør å gi slipp på en tradisjon så dyp og viktig som vår tradisjon for fri kultur.

Det er et annet aspekt ved denne skaden som er spesielt viktig for borgerrettigheter, og som følger direkte fra enhver forbudskrig. Som advokat Fred von Lohmann i Elektronisk Forpost-stiftelsen beskriver det, dette er den «utilsiktede skaden» som «oppstår hver gang en gjør en stor andel av befolkningen til kriminelle.» Dette er den utilsiktede skaden til borgerrettighetene generelt.

«Hvis du kan behandle noen som en antatt lovbryter,» forklarer von Lohmann:

Så fordamper plutselig en rekke grunnleggende rettigheter for borgerbeskyttelse helt eller delvis. ... Hvis du bryter opphavsretten, hvordan kan du håpe på rett til vern av privatsfæren? Hvis du bryter opphavsretten, hvordan kan du håpe å være trygg mot beslag av din datamaskin? Hvordan kan du håpe på å fortsatt ha Internett-tilgang? ... Vår følsomhet endres så snart vi tenker, «åh, vel, den personen er en kriminell, en lovbryter.» Vel, det denne kampanjen mot fildeling har gjort er å gjøre en bemerkelsesverdig prosentandel av USAs Internett-brukende befolkning til «lovbrytere.»

Konsekvensen av denne transformeringen av det amerikanske folket til kriminelle er at det blir trivielt, i tråd med god rettspraksis, og effektivt sett ta bort mye av personvernet som de fleste tar for gitt.

Brukere på Internett begynte å se dette generelt i 2003 da RIAA lanserte sin kampanje for å tvinge Internett-leverandører til å overlevere navnene på kundene som RIAA trodde brøt opphavsrettsloven. Verizon kjempet mot dette kravet og tapte. Men en enkel forespørsel til en dommer, og uten å gi beskjed til kunden i det hele tatt, blir identiteten til en Internett-bruker avslørt.

RIAA utvidet så denne kampanjen ved å annonsere en generell strategi om å saksøke individuelle brukere av Internett som blir anklaget for å ha lastet ned opphavsrettsbeskyttet musikk fra fildelingssystemer. Men som vi har sett er de potensielle skadene fra slike søksmål astronomiske: Hvis en families datamaskin blir brukt til å laste ned musikk tilsvarende en enkelt CD, så kan familien risikere å måtte betale 2 millioner dollar i erstatning. Dette stoppet ikke RIAA fra å saksøke et antall av disse familiene, på samme måte som de hadde saksøkt Jesse Jordan.[175]

Selv dette undervurderer spioneringen som blir gjennomført av RIAA. I en rapport fra CNN sent sist sommer beskriver en strategi som RIAA har adoptert for å spore Napster-brukere.[176] Ved å bruke en sofistikert hashingsalgoritme tok RIAA det som effektivt sett er et fingeravtrykk av hver eneste sang i Napster-katalogen. Enhver kopi av disse MP3-ene vil ha samme «fingeravtrykk.»

Så se for deg det følgende ikke usannsynlige scenariet: Tenk at en venn gir en CD til din datter – en samling med sanger lik de kassettene du laget som barn. Hverken du eller din datter vet hvor disse sangene kom fra. Men hun kopierer disse sangene inn på datamaskinen sin, og tar så maskinen med seg til universitetet og kobler den på universitetsnettverket. Hvis universitetsnettet «samarbeider» med RIAAs spionering, og hun ikke har beskyttet sitt innhold på riktig vis (vet du selv hvordan du gjør dette?), så vil RIAA kunne identifisere din datter som en «kriminell.» Og i henhold til de reglene som universiteter er i gang med å rulle ut,[177] så kan din datter miste retten til å bruke universitetets datanettverk. Hun kan i noen tilfeller bli utvist.

Nå har hun selvfølgelig rett til å forsvare seg selv. Du kan leie inn en advokat til henne (til 300 dollar per time, hvis du er heldig), og hun kan hevde at hun ikke visste noen ting om hvor sangene kom fra, eller at de kom fra Napster. Og det kan godt hende at universitetet tror henne. Men det kan også godt hende at universitetet ikke tror henne. Og som et antall universitetsstudenter allerede har lært, forsvinner vår antagelse om å være uskyldig inntil det motsatte er bevist når en er midt i en forbudskrig. Denne krigen er ikke annerledes. Som von Lohmann sier det:

> Når vi snakker om tall som førti til seksti millioner amerikanere som i essensen bryter opphavsretten, så skaper du en situasjon der borgerrettighetene til disse folkene i praksis står i fare for å forsvinne. [Jeg] tror [ikke det finnes noen] tilsvarende tilfeller hvor du kan velge en tilfeldig person på gata og være trygg på at de har brutt loven på en måte som gjør at de risikerer straffedom, eller å måtte betale millioner av dollar i sivil erstatning. Vi kjører alle for fort, men å kjøre for fort er ikke den type handlinger hvor vi på rutine fratar folk borgerrettigheter. Noen folk bruker narkotika, og jeg tror det er den nærmeste analogien, [men] mange har kommentert at krigen mot narkotika har radert bort alle våre borgerrettigheter på grunn av at det behandler så mange amerikanere som kriminelle. Jeg tror det er rimelig å si at fildeling gjelder en størrelsesorden flere amerikanere enn bruk av narkotika. ... Hvis førti til seksti millioner amerikanere har blitt lovbrytere, da er vi på glattisen der borgerrettighetene for alle disse førti til seksti personene kan skli vekk.

Når førti til seksti millioner amerikanere ifølge rettsvesenet anses som «kriminelle,» og når loven kunne oppnå det samme målet – sikre rettigheter til forfattere – uten at disse millionene anses å være «kriminelle,» hvem er det da som er skurken? Amerikanerne eller loven? Hva er amerikansk, en konstant krig mot vårt eget folk, eller en felles innsats i demokratiet vårt for å endre loven vår?

Del IV

Maktfordeling

Så her er bildet: Du står på siden av veien. Bilen din står i brann. Du er sint og opprørt fordi du delvis bidro til å starte brannen. Nå vet du ikke hvordan du slukker den. Ved siden av deg er en bøtte, fylt med bensin. Bensin vil åpenbart ikke slukke brannen.

Mens du tenker over situasjonen, kommer noen andre forbi. I panikk griper hun bøtta, og før du har hatt sjansen til å be henne stoppe – eller før hun forstår hvorfor hun bør stoppe – er bøtten i svevet. Bensinen er på tur mot den brennende bilen, og brannen, som bensinen kommer til å fyre opp, vil straks sette fyr på alt i omgivelsene.

En krig om opphavsrett pågår over alt – og vi fokuserer alle på feil ting. Det er ingen tvil om at dagens teknologier truer eksisterende virksomheter. Uten tvil kan de true artister. Men teknologier endrer seg. Industrien og teknologer har en rekke måter å bruke teknologi til å beskytte dem selv mot dagens trusler på Internett. Dette er en brann som overlatt til seg selv vil brenne ut.

Likevel er ikke beslutningstagere villig til å la denne brannen i fred. Ladet med masse penger fra lobbyister er de lystne på å gå imellom for å fjerne problemet slik de oppfatter det. Men problemet slik de oppfatter det er ikke den reelle trusselen som vår kultur står med ansiktet mot. For mens vi ser på denne lille brannen i hjørnet, er det en massiv endring i hvordan kultur blir skapt som foregår over alt.

På en eller annen måte må vi klare å snu oppmerksomheten mot dette mer viktige og fundamentale problemet. Vi må finne en måte å unngå å helle bensin på denne brannen.

Vi har ikke funnet denne måten ennå. I stedet synes vi å være fanget i en enklere sort-hvitt-tenkning. Uansett hvor mange folk som presser på for å gjøre rammen for debatten litt bredere, er det dette enkle sort-hvitt-synet som består. Vi kjører sakte forbi, og stirrer på brannen når vi i stedet burde holde øynene på veien.

Denne utfordringen har vært livet mitt de siste årene. Det har også vært min fiasko. I de to neste kapitlene, beskriver jeg en liten innsats, så langt uten suksess, på å finne en måte å endre fokus på denne debatten. Vi må forstå disse mislykkede forsøkene hvis vi skal forstå hva som kreves for å lykkes.

Kapittel tretten: Eldred

I 1995 var en far frustrert over at hans døtre ikke syntes å like Hawthorne. Det eksisterte uten tvil mer enn en slik far, men i hvert fall én gjorde noe med det. Eric Eldred, en pensjonert dataprogrammerer som bodde i New Hampshire, bestemte seg for å putte Hawthorne på nettet. En elektronisk versjon, tenkte Eldred, med lenker til bilder og forklarende tekst, ville gjøre denne nittenhundretallets forfatters verk mer levende.

Det virket ikke – i hvert fall ikke på hans døtre. De fant ikke Hawthorne noe mer interessant enn tidligere. Men Eldreds eksperiment ga opphavet til en hobby, og hobbyen hans ga opphav til et kall: Eldred ville lage et bibliotek over verk i det fri ved å skanne disse og gjøre dem gratis tilgjengelig.

Biblioteket til Eldred var ikke bare en kopi av visse verk i det fri, selv om en kopi ville vært av stor verdi for folk rundt om i verden som ikke kan få tilgang til papirutgaver av disse verkene. I stedet laget Eldred avledede verk fra disse allemannseide verkene. På samme måte som Disney gjorde Grimm om til historier som var mer tilgjengelige i det tjuende århundret, gjorde Eldred om på Hawthorne og mange andre, til noe mer tilgjengelig – teknisk tilgjengelig – i dag.

Eldreds frihet til å gjøre dette med Hawthornes verk kom fra samme kilde som Disneys. Hawthornes *Scarlet Letter* hadde falt i det fri i 1907. Alle hadde frihet til å ta det uten tillatelse fra boet etter Hawthorne eller noen andre. Noen, slik som Dover Press og Penguin Classics, tar verk som er falt i det fri, og lager papirutgaver som de selger i bokhandler rundt om i landet. Andre, slik som Disney, tar disse historiene og gjør dem om til tegnefilmer. Noen ganger med suksess (*Askepott*), og noen ganger uten (*Ringeren i Notre Dame, Treasure Planet*). Alle disse er kommersielle publiseringer av verk i det fri.

Internett skapte muligheten for ikke-kommersiell publisering av verk i det fri. Eldreds publisering er bare ett eksempel. Det finnes bokstavelig talt tusenvis andre. Hundretusenvis rundt om i verden har oppdaget denne plattformen for å uttrykke seg, og bruker den til å dele verk som, i henhold til loven, kan tas fritt. Dette har skapt det vi kan kalle den «ikke-kommersielle forlagsindustrien,» hvilket før Internett var begrenset til folk med store ego, eller med politiske eller sosiale kall. Men med Internett inkluderer det en lang rekke med individer og grupper som er dedikert til å spre kultur generelt.[178]

Som jeg sa, bor Eldred i New Hapshire. I 1998 skulle diktsamlingen *New Hampshire* av Robert Frost falle i det fri. Eldred ønsket å publisere denne samlingen i sitt fritt og offentlig tilgjengelige bibliotek. Men Kongressen kom i veien. Som jeg beskrev i kapittel 10 (s. 97), utvidet Kongressen for ellevte gang på førti år, vernetiden for eksisterende opphavsretter – denne gang med tjue år. Eldred ville ikke stå fritt til å legge inn verk nyere enn 1923 til sin samling før 2019. Faktisk vil ikke et eneste opphavsrettsbeskyttet verk falle i det fri før det året (og ikke en gang da, hvis Kongressen utvider vernetiden igjen). Som kontrast ville mer enn en million patenter falle i det fri i samme periode.

Dette var Sonny Bono utvidelse av Loven om vernetiden for opphavsrett (CTEA), lagt frem til minne om kongressrepresentant og tidligere musiker Sonny Bony, som ifølge hans enke Mari Bony mente at «opphavsretten bør vare evig.»[179]

Eldred bestemte seg for å sloss mot denne loven. Han valgte først å bekjempe den gjennom sivil ulydighet. I en serie intervjuer annonserte Eldred at han kom til å publisere som planlagt, på tross av CTEA. Men på grunn av en annen lov som ble vedtatt i 1998, NET-loven (Nei til Elektronisk Tyveri), så ville det å publisere gjøre Eldred til en kriminell – uansett om noen protesterer eller ikke. Dette var en farlig strategi å gjennomføre for en handikappet programmerer.

Det var her jeg ble involvert i Eldreds kamp. Jeg var en grunnlovsforsker hvis første lidenskap var grunnlovstolkning. Og selv om grunnlovskursene aldri fokuserer på «Fremskrittsbestemmelsen» av Grunnloven, så har det alltid slått meg at forskjellen er viktig. Som du vet sier Grunnloven følgende,

> Kongressen har myndighet til å fremme utviklingen av viten-skap… ved å sikre forfattere, i et begrenset tidsrom, … eksklusive rettigheter til sine … skrifter. …

Som jeg har beskrevet, er denne bestemmelsen unik innenfor bestemmelsene som deler ut myndighet i artikkel I, seksjon 8, av Grunnloven vår. Alle de andre bestemmelsene deler ut myndighet til Kongressen ved å ganske enkelt si at Kongressen har myndighet til å gjøre noe – for eksempel til å regulere «handel mellom flere stater» eller «erklære krig.» Men her er dette «noe» ganske spesifikt – å «fremme utviklingen» – gjennom virkemidler som også er ganske spesifikke – ved å «sikre» «eksklusive rettigheter» (det vil si opphavsretten) «i et begrenset tidsrom.»

I de siste førti årene har Kongressen lagt seg på en praksis med å utvide eksisterende vernetid i opphavsretten. Det som ga meg hodebry var at hvis Kongressen hadde myndighet til å utvide eksisterende vernetid, da ville Grunnlovens krav om at vernetiden skulle være «begrenset», ikke ha noen praktisk effekt. Hvis Kongressen hadde myndighet til å utvide vernetiden, hver gang vernetiden holder på å gå ut, så kunne Kongressen oppnå det Grunnloven tydelig forbyr – evigvarende vernetid «på avbetaling,» som professor Peter Jaszi så pent formulerte det.

Som akademiker var min første reaksjon å rette meg mot bøkene. Jeg husker at jeg satt på kontoret en kveld og søkte gjennom nettdatabaser etter enhver seriøs vurdering av spørsmålet. Ingen hadde noen gang utfordret Kongressens praksis med å utvide verneperioder. Den feilen kan

166

være deler av årsaken til at Kongressen virket så ubekymret i sin praksis, det, og det faktum at denne praksisen hadde blitt så lukrativ for Kongressen. Kongressen vet at opphavsrettseiere vil være villig til å betale mye penger for å se utvidelser i vernetiden for opphavsretten. Og dermed er Kongressen ganske fornøyd med å fortsatt kunne få disse lettjente pengene.

For dette er kjernen i korrupsjonen av vårt nåværende styringssystem. «Korrupsjon» ikke i den forstand at representanter blir bestukket, men i stedet «korrupsjon» på den måten at systemet legger opp til at de som har fordeler av det som gjøres i Kongressen, skal skaffe og gi penger til Kongressen for å legge opp til at bestemte ting blir gjort. Det er begrenset med tid, og det er så mye Kongressen kan gjøre. Hvorfor ikke begrense det den gjør til de tingene den må gjøre – og de tingene som betaler seg? Å utvide vernetiden i opphavsretten betaler seg.

Hvis det ikke er åpenbart for deg, vurder følgende: La oss si at du er en av de heldige få opphavsrettseierne hvis opphavsrett fortsetter å skaffe penger ett hundre år etter at den ble tildelt. Boet etter Robert Frost er et godt eksempel. Frost døde i 1963. Hans poesi fortsetter å være svært verdifull. Dermed har rettighetshaverne etter Robert Frost store fordeler av en utvidelse av opphavsretten, siden ingen utgiver ville betale arvingene penger hvis diktene Frost har skrevet kunne gis gratis ut av enhver.

Tenk deg så at rettighetshaverne etter Robert Frost tjener 100 000 dollar hvert år fra tre av diktene til Frost. Og forestill deg så at disse diktene snart faller i det fri. Du sitter i styret for boet etter Robert Frost. Din økonomirådgiver kommer til styremøtet med en veldig dyster rapport:

«Neste år,» kunngjør rådgiveren, «vil verkene A, B og C falle i det fri. Det betyr at etter neste år vil vi ikke lenger motta den årlige vederlagssjekken på 100 000 dollar fra utgiverne av disse verkene.»

«Men det er et forslag i Kongressen,» fortsetter hun, «som kan endre dette. Noen kongressrepresentanter har lansert et lovforslag om å utvide vernetiden i opphavsretten med tjue år. Det forslaget vil være ekstremt verdifullt for oss. Så vi bør håpe at den loven blir vedtatt.»

«Håpe?,» sier en kollega i styret. «Kan vi ikke gjøre mer enn det?»

«Vel, jo, selvfølgelig,» svarer rådgiveren. «Vi kan bidra med valgkampstøtte til et antall representanter for å forsøke å sikre at de vil støtte lovforslaget.»

Du hater politikk. Du hater å bidra til valgkampanjer. Så du ønsker å vite hvorvidt denne motbydelige praksisen er verdt det. «Hvor mye vil vi få hvis denne utvidelsen blir vedtatt?» spør du rådgiveren. «Hvor mye er det verdt?»

«Vel,» sier rådgiveren og fortsetter, «hvis du er sikker på at du vil fortsette å få minst 100 000 dollar i året for disse opphavsrettene, og du bruker samme 'diskonteringssats' som vi bruker for å vurdere eiendomsinvesteringer (6 prosent), så vil denne loven være verdt 1 146 000 dollar for boet.»

Du blir litt sjokkert over tallet, men du kommer raskt frem til riktig konklusjon:

«Så du sier at det vil være verdt det for oss å betale mer enn 1 000 000 dollar i valgkampbidrag hvis vi var trygge på at disse bidragene ville sikre at loven ble vedtatt?»

«Absolutt,» svarer rådgiveren. «Det er verdt det hvis du bidrar med opp til dagens verdi av inntektene du forventer fra disse opphavsrettene. Hvilket for oss betyr over 1 000 000 dollar.»

Du tar raskt poenget – du som styremedlem samt, regner jeg med, du som leser. Hver gang opphavsretten holder på å løpe ut, har hver eneste mottaker i samme posisjon som arvingene etter Robert Frost det samme valget: Hvis de bidrar til å få en lov vedtatt som utvider opphavsretten, så vil de ha stor nytte av den utvidelsen. Så hver eneste gang opphavsretten er i ferd med å løpe ut, så er det en massiv lobbyvirksomhet for å få opphavsrettsvernetiden utvidet.

Dermed har vi en kongressbasert evighetsmaskin: Så lenge lovgiving kan kjøpes (riktignok indirekte), så vil det være alle incentiver i verden for å kjøpe ytterligere utvidelser av opphavsretten.

I lobbyvirksomheten som førte til at Sonny Bono utvidelse av Loven om vernetiden for opphavsrett ble vedtatt, ble denne «teorien» om incentiver bevist å være riktig. Ti av de tretten originale sponsorene til loven i Overhuset mottok maksimale bidrag fra Disneys politiske handlingskomite. I Senatet mottok åtte av de tolv sponsorene bidrag.[180] RIAA og MPAA er estimert å ha brukt mer enn 1,5 millioner dollar til lobbyvirksomhet i 1998-valgperioden. De betalte ut mer enn 200 000 dollar i kampanjebidrag.[181] Disney er estimert å ha bidratt med mer enn 800 000 dollar i gjenvelgelseskampanjer den perioden.[182]

Forfatningsrett er ikke uvitende om det åpenbare. Eller det trenger ikke være det. Så da jeg vurderte klagen fra Eldred, så var denne virkeligheten om de ubegrensede incentivene for å øke opphavsrettsvernetiden sentral i min tenking. Etter min mening ville en pragmatisk domstol som var forpliktet til å tolke og anvende Grunnloven gitt av vår grunnlovsforsamling, se at hvis Kongressen hadde myndighet til å utvide eksisterende vernetid, så ville det ikke være noe grunnlovsmessig krav om at vernetiden skulle være «begrenset.» Hvis de kunne utvide den én gang, så kunne de utvide den igjen og igjen og igjen.

Det var også min vurdering at *denne* Høyesteretten ikke ville tillate Kongressen å utvide den eksisterende vernetiden. Som alle som kjenner Høyesteretts arbeid vet, har denne domstolen i stadig større grad begrenset makten til Kongressen når den har vurdert at Kongressens vedtak går ut over myndigheten tildelt dem i Grunnloven. Blant grunnlovsforskere var det mest berømte eksemplet på denne trenden avgjørelsen fra Høyesterett i 1995 om å slå ned på en lov som forbød besittelse av våpen nær skoler.

Siden 1937 hadde Høyesterett tolket Kongressens tildelte myndighet svært bredt. Så mens Grunnloven gir Kongressen myndighet til å kun regulere «handel mellom stater» (også kjent som «mellomstatlig handel»), så hadde Høyesterett tolket den myndigheten til å inneholde myndigheten til å regulere enhver aktivitet som kun berører mellomstatlig handel.

Etter hvert som økonomien vokste, betød denne standarden i stadig større grad at det ikke var noen grenser for Kongressens myndighet til å regulere, siden stort sett hver eneste aktivitet, når en vurderte det på nasjonal skala, påvirker mellomstatlig handel. En grunnlov utformet for å begrense Kongressens myndighet ble i stedet tolket til å ikke ha noen grense.

Høyesterett endret, under ledelse av høyesterettsjustitiarius Rehnquist, det i *United States* mot *Lopez*. Staten hadde argumentert med at å bære våpen nær skoler påvirket mellomstatlig handel. Våpen nær skoler øker kriminalitet, kriminalitet reduserte eiendomsverdier, og så videre. I den muntlige argumentasjonen spurte høyesterettsjustitiariusen staten om det fantes noen aktivitet som ikke ville påvirke mellomstatlig handel i henhold til begrunnelsen som staten fremførte. Staten sa at det fantes ikke. Hvis Kongressen sa at en aktivitet påvirket mellomstatlig handel, så påvirket den aktiviteten mellomstatlig handel. Staten sa at Høyesterett ikke var i posisjon til å etterprøve Kongressen.

«Vi tar en pause for å vurdere implikasjonene fra regjeringens argumenter,» skrev høyesterettsjustitiariusen.[183] Hvis alt Kongressen sier er mellomstatlig handel dermed må anses å være mellomstatlig handel, så finnes det ingen begrensninger i Kongressens myndighet. Avgjørelsen i *Lopez* ble bekreftet fire år senere i *United States* mot *Morrison*.[184]

Hvis det er et prinsipp som anvendes her, så bør det være like gyldig for Fremskrittsbestemmelsen som for Handelsbestemmelsen.[185] Og hvis det anvendes på Fremskrittsbestemmelsen, bør prinsippet føre til konklusjonen at Kongressen ikke kan utvide en eksisterende vernetid. Hvis Kongressen kan utvide en eksisterende vernetid, så finnes det intet «endepunkt» for Kongressens myndighet over vernetiden, selv om grunnloven klart sier at det finnes en slik grense. Dermed, hvis det samme prinsippet anvendes på myndigheten til å dele ut opphavsretter, burde det gjøre at Kongressen ikke får lov til å utvide vernetiden til eksisterende opphavsretter.

Dette stemmer *hvis* prinsippet lagt frem i *Lopez* var et prinsipp. Mange mente avgjørelsen i *Lopez* var politisk – en konservativ Høyesterett, som trodde på statenes rettigheter, brukte sin myndighet over Kongressen til å fremme sine egne personlige politiske preferanser. Men jeg avviste det synet på avgjørelsen fra Høyesterett. Jeg hadde til og med skrevet en artikkel like etter avgjørelsen som demonstrerte hvor «tro mot opphavet» en slik tolking var mot Grunnloven. Idéen om at Høyesterett avgjorde saker basert på sin politiske overbevisning, slo meg som usedvanlig kjedelig. Jeg kom ikke til å dedikere mitt liv til å lære bort forfatningsrett hvis disse ni dommerne kun skulle være smålige politikere.

La oss nå ta et øyeblikks pause for å være sikker på at vi forstår hva argumentet i *Eldred* ikke handlet om. Ved å insistere på Grunnlovens begrensning på opphavsretten, så gikk selvsagt ikke Eldred god for piratvirksomhet. Faktisk sloss han, på en åpenbar måte, mot en slags piratvirksomhet – røving av allemannseiet. Da Robert Frost skrev sine verk, og når Walt Disney skapte Mikke Mus, så var den maksimale vernetiden bare femtiseks år. På grunn av endringer i mellomtiden har Forst og Disney allerede nytt godt av syttifem års monopol på sine verk. De har fått fordelen i avtalen som Grunnloven ser for seg: I bytte for et monopol beskyttet i femtiseks år, så skapte de nye verk. Men nå brukte disse aktørene sin makt – uttrykt gjennom strømmen av lobbyvirksomhetens penger – til å få tjue års forlengelse av monopolet.

Denne forlengelsen vil bli tatt fra allemannseiet. Eric Eldred sloss mot pirat-virksomhet som påvirker oss alle.

Noen folk ser på allemannseiet med forakt. I innlegget de sendt til Høy-esteretten, skrev Nashville sangforfatterforening at allemannseiet ikke var noe annet enn «lovlig piratvirksomhet.»[186] Men det er ikke piratvirksom-het når loven tillater det. Og i vårt konstituelle system krever loven dette. Noen liker kanskje ikke paragrafene i Grunnloven vår, men det gjør ikke Grunnloven til en piratkodeks.

Som vi har sett, krever vårt konstitusjonelle system begrensninger på opphavsretten som en måte å sikre at opphavsrettsinnehavere ikke får for sterk påvirking på utviklingen og distribusjonen av kulturen vår. Likevel, som Eric Eldred oppdaget, har vi satt opp et system som sikrer at opphavs-rettsvernetiden igjen vil bli utvidet, og utvidet, og utvidet. Vi har skapt den perfekte storm for allemannseiet. Opphavsrettene har ikke gått ut på dato, og vil aldri gå ut på dato, så lenge Kongressen står fritt til å la seg kjøpe for å utvide dem igjen.

Det er verdifull opphavsrett som er ansvarlig for at verneperiodene blir utvidet. Mikke Mus og «Rhapsody in Blue.» Disse verkene er for verdiful-le til at opphavsrettseierene kan ignorere dem. Men den reelle skaden fra opphavsrettsutvidelser for samfunnet vårt er ikke at Mikke Mus forblir Dis-neys. Glem Mikke Mus. Glem Robert Frost. Glem alle verk fra 1920-tallet og 1930-tallet som fortsatt har kommersiell verdi. Den reelle skaden fra ut-videlse av vernetiden kommer ikke fra disse berømte verkene. Den reelle skaden er fra de verkene som ikke er berømte, ikke kommersielt utnyttet, og dermed heller ikke lenger tilgjengelig.

Hvis du ser på arbeider laget i de første tjue årene (1923 til 1942) påvirket av Sonny Bono utvidelse av Loven om vernetiden for opphavsrett, så har 2 prosent av disse verkene fortsatt kommersielle verdi. Det var opphavsretts-innehaverne for disse 2 prosentene som fikk igjennom CTEA. Men loven og dens effekt var ikke begrenset til disse 2 prosentene. Loven utvidet verneti-den til opphavsretten generelt.[187]

Tenk praktisk over konsekvensen av denne utvidelsen – praktisk som en forretningsmann, ikke som en advokat ivrig etter mer juridisk arbeide. I 1930 ble 10047 bøker publisert. I 2000 var 174 av disse bøkene fortsatt tilgjengelig fra forlaget. La oss anta at du var Brewster Kahle, og du ønsket å gjøre de resterende 9873 tilgjengelig for verden i ditt iArkiv-prosjekt. Hva ville du måtte gjøre?

Vel, først må du finne ut hvilke av disse 9873 bøkene som fortsatt er ver-net av opphavsretten. Det krever at du går til biblioteket (den informasjonen er ikke tilgjengelig på nettet) og blar igjennom haller med bøker mens du kryss-sjekker titler og forfatterne av disse 9873 bøkene med opphavsretts-registreringene og fornyingsmeldingene for verk publisert i 1930. Dette vil gi en liste med bøker som fortsatt er vernet av opphavsretten.

Så, for bøkene som fortsatt er vernet av opphavsretten, må en finne de nåværende opphavsrettseiere. Hvordan vil du gjøre det?

De fleste folk tenker at det må være en liste over disse opphavsrettsei-erne en eller annen plass. Praktiske folk tenker slik. Hvordan kan det være tusener på tusener av monopoler delt ut av myndighetene uten at det i hvert fall finnes en liste?

Men det er ingen liste. Det kan være et navn fra 1930, og deretter i 1959, for personen som registrerte opphavsretten. Men bare tenkt rundt hvor utrolig vanskelig det vil være å praktisk spore opp tusenvis av slike arkiv- oppføringer – spesielt siden personen som er registrert ikke nødvendigvis er den nåværende eier. Og vi snakker kun om 1930!

«Men det er ikke generelt en liste over hvem som eier eiendom» svarer forsvarerne av systemet. «Hvorfor skulle det finnes en liste over opphavs- rettseiere?»

Vel, egentlig, når du tenker på det, så *finnes* det mange lister over hvem som eier hvilken eiendom. Tenk på skjøter for hus, eller hvem som eier biler. Og der det ikke finnes en liste, så er reglene for den virkelige verden ganske flinke til å foreslå hvem som eier en bit eiendom (en huske plassert i bakha- gen din er sannsynligvis din). Så både formelt og uformelt har vi en ganske god måte å vite hvem som eier hvilken konkrete eiendom.

Dermed: Du vandrer ned en gate og ser et hus. Du kan vite hvem som eier huset ved å slå opp i kommunehusets eiendomsregister. Hvis du ser en bil, så er det normalt et bilskilt som vil knytte eieren til bilen. Hvis du ser en haug med barneleker som ligger på plenen forran et hus, så er det rimelig enkelt å finne ut hvem som eier lekene. Og hvis du tilfeldigvis ser en baseball som ligger i grøfta ved siden av veien, så ser du deg rundt et øyeblikk etter unger som spiller ball. Hvis du ikke ser noen barn, så ok: her er det en bit eien- dom hvis eier vi ikke enkelt kan spore opp. Dette er unntaket som bekrefter regelen: at vi normalt vet veldig godt hvem som eier hvilken eiendom.

Sammenlign denne historien med immateriell eiendom. Du går inn i et bibliotek. Biblioteket eier bøkene. Men hvem eier opphavsretten? Som jeg allerede har nevnt, så finnes det ingen liste med opphavsrettseiere. Det er navnene til forfattere, naturligvis, men deres opphavsrett kan ha blitt over- ført, eller blitt arvet til et bo lik bestemors gamle smykker. For å vite hvem som eier hva så må du hyre en privatdetektiv. Det en sitter igjen med er at eieren ikke enkelt kan finnes. Og med et regime som vårt, der det er en for- brytelse å bruke slik eiendom uten tillatelse fra eieren av eiendommen, så vil eiendommen ikke bli brukt.

Konsekvensen for gamle bøker er at de ikke vil bli digitalisert, og dermed ganske enkelt vil råtne bort på hyller. Men konsekvensen for andre kreative arbeider er mye mer alvorlig.

Se på historien til Michael Agee, styreleder ved Hal Roach Studios, som eier opphavsrettene for Helan- og Halvan-filmene. Agee har dermed direk- te fordel av Bono-loven. Helan og Halvan-filmene ble laget mellom 1921 og 1951. Kun en av disse filmene, *The Lucky Dog*, har så langt falt i det fri. Men hadde det ikke vært for CTEA, ville filmer laget etter 1923 begynt å falle i det fri. Da Agee kontrollerer de eksklusive rettighetene for disse populære filmene, så tjener han en god del penger. Ifølge et estimat, «har Roach solgt omtrent 60 000 videokassetter og 50 000 DVD-er av filmene til denne stum- filmduoen.»[188]

Likevel gikk Agee mot CTEA. Hans begrunnelse er en sjelden dyd i denne kulturen: uselviskhet. Han argumenterte i sitt innlegg foran Høyesteretten at Sonny Bono utvidelse av Loven om vernetiden for opphavsrett vil, hvis den ble stående, ødelegge en hel generasjon med amerikansk film.

Argumentet hans er enkelt. En liten brøkdel av disse verkene har vedvarende kommersiell verdi. Resten – i den grad de overlever i det hele tatt – ligger i et hvelv og samler støv. Det kan være at noen av disse verkene som nå ikke er kommersielt verdifulle, vil bli vurdert å være verdifulle av eierne av hvelvene. For at det skal skje, må den kommersielle gevinsten fra verkene overstige kostnaden med å gjøre verket tilgjengelig for distribusjon.

Vi kan ikke vite gevinsten, men vi vet mye om kostnadene. For det meste av filmhistorien har kostnaden med å restaurere film vært veldig høy. Digital teknologi har redusert disse kostnadene betydelig. Mens det i 1993 kostet mer enn 10 000 dollar for å restaurere en nittiminutters sort-hvitt-film, så kan det nå koste så lite som 100 dollar å digitalisere én times 8-millimeterfilm.[189]

Restaureringsteknologien er ikke den eneste kostnaden, og heller ikke den viktigste. Advokater er også en kostnad, og i stadig større grad, en veldig viktig del. I tillegg til å bevare filmen, så må en distributør sikre seg rettighetene. Og for å sikre seg rettighetene til en film som er vernet av opphavsretten, så må du finne opphavsrettseieren.

Eller for å være mer presis, *eiere*. Som vi har sett er det ikke bare en enkelt opphavsrett tilknyttet en film. Det er mange. Det er ikke en enkelt person som du kan kontakte om disse opphavsrettene. Det er like mange som det er opphavsretter knyttet til den, hvilket viser seg å være et ekstremt høyt antall. Dermed blir kostnaden med å klarere rettighetene for disse filmene eksepsjonelt høy.

«Men kan du ikke bare restaurere filmen, distribuere den, og så betale opphavsrettseieren når hun dukker opp?» Jovisst, hvis du ønsker å gjøre deg selv til kriminell. Og selv om du ikke er bekymret over å begå en forbrytelse, så vil hun når hun dukker opp, ha rett til å saksøke deg for all fortjeneste du har hatt. Så hvis du lykkes, så kan du være rimelig sikker på at du får besøk fra noens advokat. Og hvis du ikke lykkes, så vil du ikke ha tjent nok til å dekke kostnaden for din egen advokat. Uansett vil du være nødt til å snakke med en advokat. Og det å si at du må snakke med en advokat er ofte det samme som å si at du ikke vil tjene noen penger.

For noen filmer kan det hende gevinsten fra å gi ut filmen vil overskride disse kostnadene. Men for de aller fleste av dem er det ingen mulighet for at gevinsten vil oppveie de juridiske kostnadene. Dermed vil de aller fleste gamle filmer, argumenterte Agee, ikke bli restaurert og distribuert før opphavsretten løper ut.

Men innen opphavsretten for disse filmene er utløpt, vil filmen ha gått tapt. Disse filmene ble produsert på nitratbaserte filmruller, og nitratfilm går i oppløsning over tid. De vil være borte, og metalleskene der de nå blir lagret vil kun inneholde støv.

Av alle de kreative verk produsert av mennesker i verden, så er det kun en liten brøkdel som fortsetter å ha kommersiell verdi. For denne lille brøkdel er opphavsretten et viktig og kritisk juridisk virkemiddel. For denne lille brøkdelen skaper opphavsretten incentiver til å produsere og distribuere kreativt arbeid. For denne lille brøkdelen fungerer opphavsrett som en «drivkraft for uttrykksfrihet.»

Men selv for denne lille brøkdelen, så er den reelle tiden som det kreative verket har et kommersielt liv ekstremt kort. Som jeg antydet tidligere blir de fleste bøker utsolgt fra forlaget innen et år. Det samme er tilfellet for musikk og film. Kommersiell kultur er som et rovdyr. Den må fortsette å bevege seg. Og når et kreativt verk ikke lenger får godviljen fra en kommersiell distributør, så tar dens kommersielle epoke slutt.

Likevel betyr ikke dette at livet til det kreative verket er over. Vi har ikke biblioteker for å konkurrere med Barnes & Noble, og vi har ikke filmarkiver fordi vi forventer at folk skal velge mellom å tilbringe fredagskvelden med å se nye filmer, eller tilbringe fredagskvelden med å se en nyhetsdokumentar fra 1930. Det ikke-kommersielle epoken til kulturen er viktig og verdifullt – som underholdning men også, og viktigere, for kunnskap. For å forstå hvem vi er, hvor vi kom fra og hvordan vi gjorde de feil vi har gjort, så må vi ha tilgang til denne historien.

Opphavsretten i denne sammenhengen utgjør ikke en drivkraft for uttrykksfrihet. I denne sammenhengen er det ikke behov for en eksklusiv rettighet. Opphavsretten i denne sammenhengen bidrar ikke positivt.

Men for det meste av historien vår gjorde den liten skade. For det meste av vår historie, når den kommersielle epoken til et verk tok slutt, så var det ikke noe *opphavsrettsrelatert bruk* som ville bli blokkert av en eksklusiv rett. Når en bok ble utsolgt fra forlaget, så kunne du ikke kjøpe det fra et forlag. Men du kunne fortsatt kjøpe den fra en bruktbokhandel. Og når en bruktbokhandel selger den, i hvert fall i USA, så er det ikke nødvendig å betale noe til opphavsrettseieren. Dermed var den vanlige bruken av en bok etter at den kommersielle epoken tok slutt, en bruk som var uavhengig av opphavsrettslov.

Det samme var praktisk sett tilfelle også for film. På grunn av at kostnadene med å restaurere en film – de egentlige økonomiske kostnadene, ikke advokatkostnadene – var så høye, så var det aldri praktisk mulig å ta vare på, eller restaurere film. Omtrent som med restene etter en flott middag, når den er over, så er den over. Når den kommersielle epoken til en film var over, så kan den ha blitt arkivert en stund, men det var slutten på filmens liv så lenge markedet ikke hadde noe mer å tilby.

Med andre ord, selv om opphavsrettsbeskyttelsen har vært relativt kort for det meste av vår historie, så ville ikke lang opphavsrettsbeskyttelse gjort noe forskjell for arbeider som har mistet sin kommersielle verdi. Lang opphavsrettsbeskyttelse for disse verkene ville ikke kommet i veien for noe.

Men denne situasjonen er nå endret.

En veldig viktig konsekvens av fremveksten av digitale teknologier er å muliggjøre arkivet som Brewster Kahle drømmer om. Digitale teknologier gjør det nå mulig å ta vare på og gi tilgang til alle typer kunnskap. Når en bok er utsolgt fra forlaget, så kan vi forestille oss å digitalisere den og gjøre den tilgjengelig for alle, til evig tid. Når en film ikke lenger er tilgjengelig fra distributør, kan vi digitalisere den og gjøre den tilgjengelig for alle, til evig tid. Digitale teknologier gir nytt liv til opphavsrettsbeskyttet materiale etter at den kommersielle epoke er over. Det er nå mulig å ta vare på og sikre universell tilgang til denne kunnskapen og kulturen, mens det tidligere ikke var mulig.

Men nå kommer opphavsrettsloven i veien. Hvert steg som trengs for å produsere dette digitale arkivet over vår kultur krenker den eksklusive retten i opphavsretten. Å digitalisere en bok er å kopiere den. For å gjøre det må en ha tillatelse fra opphavsrettseieren. Det samme gjelder musikk, film og ethvert annet aspekt av vår kultur som er beskyttet av opphavsretten. Innsatsen som trengs for å gjøre disse tingene tilgjengelig for fremtiden, eller til forskere, eller for dem som bare ønsker å utforske den, er nå hindret av det sett med regler som ble skrevet for en radikalt annen sammenheng.

Her er kjernen i den skaden som kommer fra å utvide verneperiodene: Nå som teknologi gjør det mulig for oss å gjenoppbygge biblioteket i Alexandria, kommer loven i veien. Og den kommer ikke i veien på grunn av et nyttig *opphavsretts*formål, som jo er å gjøre det mulig for det kommersielle markedet å spre kultur. Nei, vi snakker om kultur etter at den har levd sin kommersielle epoke. I denne sammenhengen har ikke opphavsretten noe formål *i det hele tatt*, relatert til spredning av kunnskap. I denne sammenhengen er ikke opphavsrett en drivkraft for uttrykksfrihet. Opphavsrett er en bremsekloss.

Du kan godt spørre, «Men hvis digitale teknologier reduserer kostnaden for Brewster Kahle, så reduserer de også kostnadene for Random House (USAs største bokforlag). Vil ikke Random House da spre kultur like vidt som Brewster Kahle?» Mulig det. En eller annen dag. Men det finnes intet som tyder på at utgivere vil bli like komplette som biblioteker. Hvis Barnes & Noble tilbød utlån av bøker fra sine lager til en lavere pris, ville det eliminere behovet for biblioteker? Kun hvis du mener at den eneste rollen et bibliotek skal tjene, er den «markedet» etterspør. Men hvis du mener bibliotekrollen er større en dette – hvis du mener dets rolle er å arkivere kultur, uavhengig av om det er en etterspørsel etter en bestemt bit av den kulturen eller ikke – da kan vi ikke basere oss på at det kommersielle markedet vil gjøre bibliotekjobben for oss.

Jeg er blant de første til å være enig i at markedet skal gjøre så mye som det kan: Vi bør basere oss på markedet så mye som mulig for å spre og gjøre kultur mulig. Mitt budskap er absolutt ikke imot markedet. Men der vi ser at markedet ikke gjør jobben bør vi tillate krefter utenfor markedet friheten til å fylle hullene. En forsker beregnet for amerikansk kultur at 94 prosent av filmer, bøker og musikk produsert mellom 1923 og 1946, ikke er kommersielt tilgjengelig. Uansett hvor mye du elsker markedet, så er 6 prosent en svikt hvis tilgang er et måleparameter.[190]

I januar 1999 anla vi sak på vegne av Eric Eldred ved den føderale regionsdomstolen i Washington, D.C., og ba retten om å erklære Sonny Bono utvidelse av Loven om vernetiden for opphavsrett i strid med Grunnloven. De to sentrale påstandene vi kom med var (1) at å utvide eksisterende vernetid, var i strid med Grunnlovens krav om «et begrenset tidsrom,» og (2) at å utvide vernetiden med tjue nye år, var i strid med første grunnlovstillegg.

Regionsdomstolen avviste våre krav uten en gang å høre på noe argumentasjon. Et kammer i ankedomstolen for D.C.-kretsen avviste også våre krav, denne gang etter å ha hørt en omfattende argumentasjon. Men den avgjørelsen hadde i det minste en dissens, fra en av de mest konservative dommerne i den domstolen. Denne dissensen ga liv til våre krav.

Dommer David Sentelle sa at CTEA kun brøt med kravet om at opphavsrett skal gis for «et begrenset tidsrom.» Hans argument var like elegant som det var enkelt. Hvis Kongressen kan utvide eksisterende vernetid, så finnes det ikke noe «endepunkt» for Kongressens myndighet ifølge opphavsrettsbestemmelsen. Myndigheten til å utvide vernetiden betyr at Kongressen ikke er nødt til å dele ut vernetider som er «begrenset.» Dermed argumenterte dommer Sentelle at retten måtte tolke begrepet «begrenset tidsrom» for at det skulle ha mening. Og dommer Sentelle argumenterte at den beste tolkningen ville være å nekte Kongressen myndighet til å utvide eksisterende vernetid.

Vi spurte ankedomstolen for D.C. ankekretsen i sin helhet om å ta opp saken. Saker tas normalt opp i et kammer med tre deltagere, med unntak av viktige saker, eller saker som tar opp tema som er spesifikt for kretsen som helhet, der domstolen vil samles «i plenum» for å ta opp saken.

Ankedomstolen avviste vår anmodning om å ta opp saken i plenum. Denne gangen fikk dommer Sentelle følge av det mest liberale medlemmet av ankekretsen i D.C., dommer David Tatel. Både den mest konservative og den mest liberale dommerne i ankekretsen i D.C. mente kongressen hadde gått over sine grenser.

Det var her de fleste forventet at *Eldred* mot *Ashcroft* ville dø, for Høyesterett tar sjelden opp en avgjørelse gjort av en ankedomstol. (Den tar opp omtrent hundre saker i året, ut av mer enn fem tusen anker.) Og den revurderer praktisk talt aldri en avgjørelse som opprettholder en regel når ingen annen domstol så langt har revurdert regelen.

Men i februar 2002 overrasket Høyesterett verden ved å innvilge vår forespørsel om å ta opp igjen avgjørelsen fra D.C.-kretsen. Argumentasjonen ble fastsatt til oktober 2002. Sommeren ble tilbrakt med å skrive innlegg og forberede oss på argumentasjonen.

Det er mer enn et år senere når jeg skriver disse ordene. Det er fortsatt utrolig vanskelig. Hvis du vet noe om denne historien, så vet du at vi tapte anken. Og hvis du vet noe mer enn bare litt, så tror du antagelig at det var ingen måte å vinne denne saken på. Etter vårt nederlag fikk jeg bokstavelig talt tusenvis av hilsninger fra støttespillere og folk som ville ønske meg lykke til, som takket meg for min innsats på vegne av denne noble, men fortapte sak. Og ingen fra denne bunken var viktigere for meg enn e-posten fra min klient, Eric Eldred.

Men klienten min, og disse vennene tok feil. Denne saken kunne vært vunnet. Den burde ha vært vunnet. Og uansett hvor hardt jeg prøver å fortelle den historien til meg selv, kan jeg aldri slippe unna troen på at det er min feil at vi ikke vant.

Feilen ble gjort tidlig, skjønt det ble først åpenbart på slutten. Saken vår hadde hatt støtte hos en ekstraordinær advokat, Geoffrey Stewart, helt fra starten, og hos advokatfirmaet han hadde flyttet til, Jones, Day, Reavis og Pogue. Jones Day mottok mye press fra sine opphavsrettsbeskyttende klienter på grunn av sin støtte til oss. De ignorerte dette presset (noe veldig få advokatfirmaer noensinne ville gjøre), og ga alt de hadde gjennom hele saken.

Det var tre viktige advokater på saken fra Jones Day. Geoff Stewart var den første, men siden ble Dan Bromberg og Don Ayer ganske involvert. Bromberg og Ayer spesielt, hadde en felles oppfatning om hvordan denne saken ville bli vunnet: vi ville bare vinne, fortalte de gjentatte ganger til meg, hvis vi fikk problemet til å virke «viktig» for Høyesterett. Det måtte synes som om dramatisk skade ble gjort på ytringsfriheten og fri kultur, ellers ville de aldri stemme mot «de mektigste mediaselskapene i verden.»

Jeg hater dette synet på rettsvesenet. Selvfølgelig mente jeg at Sonny Bono-loven utgjorde en dramatisk skade på ytringsfriheten og fri kultur. Det mener jeg fremdeles. Men idéen om at Høyesterett avgjør rettstilstanden, basert på hvor viktig de mener problemene er, blir bare galt. Det er kanskje «riktig» i betydningen «sant,» mente jeg, men det er «galt» som i «det burde ikke være slik.» Ettersom jeg trodde at enhver trofast tolkning av det våre grunnlovsforfattere gjorde, ville føre til konklusjonen om at CTIA var i strid med Grunnloven, og ettersom jeg trodde at enhver trofast tolkning av hva første grunnlovstillegg mener, ville føre til konklusjonen om at myndigheten til å utvide opphavsrettslovens vernetid er i strid med Grunnloven, var jeg ikke overbevist om at vi måtte selge saken vår som såpe. På samme måte som loven som forbød solkorset var i strid med Grunnloven, ikke fordi domstolene liker nazister men fordi en slik lov ville være i strid med Grunnloven, så ville også, etter mitt syn, domstolene bestemme hvorvidt Kongressens lov var i tråd med Grunnloven basert på Grunnloven, ikke basert på om de likte verdiene som grunnlovsforfatterne skrev inn i Grunnloven.

Jeg tenkte uansett at domstolen allerede må se farene og skadene forårsaket av denne type lov. Hvorfor skulle de ellers gå med på å ta opp saken? Det var ingen grunn til å ta opp saken i Høyesterett hvis de ikke var overbevist om at dette lovverket var skadelig. Dermed var det etter mitt syn ikke nødvendig å overbevise den om at denne loven var ille. Vi trengte å vise dem hvorfor den var forfatningsstridig.

Det var derimot én måte der jeg følte at politikk ville bety noe, og hvor jeg tenkte en appell var hensiktsmessig. Jeg var overbevist om at domstolen ikke ville høre på våre argumenter hvis den mente at de bare var argumenter fra en gruppe med venstrevridde gærninger. Denne Høyesteretten kom ikke til å stupe inn i et nytt juridisk vurderingsfelt hvis det virket som om dette feltet kun var interessant for en liten politisk minoritet. Selv om mitt fokus i saken ikke var å demonstrere hvor ille Sonny Bono-loven var, men å demonstrere at den var i strid med Grunnloven, så var det mitt håp å argumentere for dette mot en bakgrunn av innlegg som dekket hele spekteret av politiske ståsteder. For å vise at denne påstanden mot CTEA var fundert i *lovverket* og ikke i politikken, forsøkte vi derfor å samle den videste rekken av troverdige kritikere – ikke troverdige fordi de var rike og berømte, men fordi de, samlet sett, demonstrerte at denne loven var i strid med Grunnloven uavhengig av ens politiske syn.

Det første steget skjedde helt av seg selv. Organisasjonen til Phyllis Schlafly, Ørneforumet, hadde vært motstander av CTEA helt fra begynnelsen. Fru Schlafly så på CTEA som at Kongressen hadde solgt seg. Hun skrev en skarp leder i november 1998 som angrep den republikanske Kongressen for å tillate at loven ble vedtatt. Der skrev hun «Du lurer noen ganger på hvorfor lovforslag som skaper finansiell medvind til smale særinteresser, glir så enkelt gjennom den intrikate lovgivende prosessen, mens lovforslag som gir fordeler til allmennheten generelt ser ut til å stoppe opp?» Svaret, slik lederartikkelen dokumenterte, er pengenes makt. Schlafly listet opp bidrag fra Disney til sentrale aktører i komiteene. Det var penger, ikke rettferdighet, som ga Disney kontroll over Mikke Mus i tjue år ekstra, hevdet Schlafly.

I ankedomstolen var Ørneforumet ivrig etter å sende inn et innlegg som støttet vår posisjon. Deres innlegg kom med argumentet som ble kjernekravet i Høyesterett: Hvis Kongressen kunne utvide vernetiden i opphavsretten, så fantes det ingen begrensninger i Kongressens myndighet til å fastsette vernetider. Dette sterkt konservative argumentet overbeviste en sterk og konservativ dommer, Dommer Sentelle.

I Høyesterett var innleggene som støttet vår side så ulike som de kunne bli. De inkluderte et ekstraordinært historisk innlegg fra Free Software Foundation (opphavet til GNU-prosjektet som gjorde GNU/Linux mulig). De inkluderte et sterkt innlegg fra Intel om omkostningene ved usikkerhet. Det var innlegg fra to jussprofessorer, et fra en opphavsrettsakademiker, og et fra Første grunnlovstillegg-akademikere. Det var et uttømmende og uomtvistet innlegg fra verdens ekspert på historien til Fremskrittsbestemmelsen. Og naturligvis var det et innlegg fra Ørneforumet, som gjentok og styrket sitt argument.

Disse innleggene fremmet et juridisk argument. Og til støtte for det juridiske argumentet var det en rekke sterke innlegg fra biblioteker og arkiver, inkludert Internett-arkivet, den amerikanske forening for juss-biblioteker og den nasjonale skribentunionen.

Men to innlegg formidlet argumentet om klok politikk best. Ett støttet argumentet jeg allerede har beskrevet: Et innlegg fra Hal Roach Studios argumenterte med at med mindre loven ble droppet, ville en hel generasjon amerikansk film forsvinne. Det andre gjorde det økonomiske argumentet helt klart.

Innlegget fra økonomene var underskrevet av sytten økonomer, derav fem nobelprisvinnere, inkludert Ronald Coase, James Buchanan, Milton Friedman, Kenneth Arrow, og George Akerlof. Økonomene, slik listen med nobelprisvinnere demonstrerer, spredte seg over hele det politiske spektrum. Deres konklusjon var sterk: Det fantes ingen troverdig påstand om at å utvide vernetiden for eksisterende opphavsrett, ville øke incentivene for å skape. Slik utvidelse var intet mer enn å «tilkarringsvirksomhet» (på engelsk «rent-seeking») – det fancy begrepet økonomer bruker for å beskrive særinteresselovgivning på villspor.

Den samme balanserte fremstilling ble reflektert i den juridiske gruppen vi samlet for å forfatte våre innlegg i saken. Advokatene fra Jones Day hadde vært med oss fra starten. Men da saken kom til Høyesterett, la vi til tre advokater for å hjelpe oss å forme dette argumentet til domstolen. Den ene var Alan Morrison, en advokat fra Washington-grupperingen Public Citizen, en gruppe som hadde laget konstitusjonell historie med en rekke banebrytende seire i Høyesterett som forsvarte individuelle rettigheter. Den andre var min kollega og fakultetsleder, Kathleen Sullivan, som hadde lagt fram mange saker for domstolen, og som tidlig hadde gitt oss råd om en Første grunnlovstilleggsstrategi. Til sist, tidligere regjeringsadvokat Charles Fried.

Fried var en spesiell seier for vår side. Alle de andre tidligere regjeringsadvokatene var hyret inn av den andre siden for å forsvare Kongressens rett til å gi mediaselskaper den spesielle gunsten med utvidede opphavsrettsvernetid. Fried var den eneste som hadde takket nei til den lukrative oppgaven for å stå for noe han trodde på. Han hadde vært Ronald Reagens sjefsadvokat i Høyesterett. Han hadde bidratt med å formulere den rekken av saker som hadde begrenset Kongressens myndighet i forbindelse med Handelsbestemmelsen. Og selv om han hadde argumentert mange posisjoner i Høyesterett som jeg personlig var uenig i, var det at han ble med i saken et tillitsvotum for våre argumenter.

Regjeringen hadde, i sitt forsvar av lovendringen, også sin egen samling venner. Det er verdt å merke seg at ingen av disse «vennene» inkluderte historikere eller økonomer. Innleggene på den andre siden av saken var skrevet eksklusivt av store medieselskaper, kongressmedlemmer og opphavsrettsinnehavere.

Medieselskapene overrasket ikke. De hadde mest å tjene på loven. Kongressmedlemmene var heller ikke overraskende – de forsvarte sin makt og, indirekte, de lettjente pengene som denne makten førte til. Og det var naturligvis ikke overraskende at opphavsrettsinnehaverne ville forsvare idéen om at de skulle fortsette å ha retten til å kontrollere hvem som gjorde hva med innhold de ønsket å kontrollere.

Representanter for Dr. Seuss argumenterte for eksempel med at det var bedre at rettighetshaverne etter Dr. Seuss kontrollerte hva som skjedde med verkene til Dr. Seuss – bedre enn å la de falle i det fri – på grunn av at hvis dette kreative arbeidet var allemannseie, så ville folk bruke det til å «forherlige narkotika og skape pornografi.»[191] Dette var også motivet til rettighetshaverne etter Gershwin, som forsvarte sin «beskyttelse» av verkene til George Gershwin. De avviste for eksempel å lisensiere ut *Porgy and Bess* til enhver som nektet å bruke afrikansk-amerikanere i rollelista.[192] Det var deres syn på hvordan denne delen av amerikansk kultur burde bli kontrollert, og de ønsket hjelp fra denne loven til å effektuere denne kontrollen.

Dette argumentet gjorde klart et tema som sjelden blir lagt merke til i denne debatten. Når Kongressen beslutter å forlenge vernetiden til eksisterende opphavsretter, så gjør Kongressen et valg om hvilke stemmer de gir fordeler. Berømte og elskede opphavsrettseiere, slik som Gershwin-boet og Dr. Seuss, kommer til Kongressen og sier «Gi oss tjue år ekstra til å kontrollere ytringene om disse Amerikanske kultur-ikonene. Vi kommer til å gjøre en bedre jobb enn noen andre.» Kongressen liker naturligvis å belønne de populære og berømte ved å gi dem det de ønsker. Men når Kongressen gir folk en eksklusiv rett til å snakke på en bestemt måte, så er det akkurat det Første grunnlovstillegg tradisjonelt er ment å blokkere.

Vi hevdet det samme i et avsluttende innlegg. Ikke bare ville det å opprettholde CTEA bety at det ikke fantes noen grense for Kongressens myndighet til å utvide vernetiden – utvidelser som ytterligere ville snevre inn markedet. Det ville også bety at det ikke var noen begrensninger i Kongressens mulighet til å favorisere enkeltaktører, ved hjelp av opphavsretten, og styre hvem som hadde lov til å ytre seg.

Mellom februar og oktober gjorde jeg lite annet enn å forberede meg for denne saken. Som jeg nevnte tidligere, bestemte jeg strategien tidlig.

Høyesteretten var delt i to viktige grupper. En gruppe kalte vi «de konservative.» Den andre kalte vi «resten.» De konservative inkluderte høyesterettsjustitiarius Rehnquist, dommer O'Connor, dommer Scalia, dommer Kennedy og dommer Thomas. Disse fem hadde vært mest konsistente i å begrense Kongressens makt. Disse var de fem som hadde støttet *Lopez/Morrison*-rekken av saker som sa at en opplistet kompetanse måtte tolkes slik at den sikret at Kongressens kompetanse hadde begrensninger.

Resten var de fire dommerne som sterkt motsatte seg å begrense Kongressens myndighet. Disse fire – dommer Stevens, dommer Souter, dommer Ginsburg og dommer Breyer – hadde gjentatte ganger argumentert med at Grunnloven gir Kongressen svært bredt skjønn til å bestemme hvordan den skal best bruke sin myndighet. I sak etter sak hadde disse dommerne argumentert at domstolens rolle skulle være å overlate denne vurderingen til andre. Selv om voteringen til disse fire dommerne var voteringene jeg personlig hadde vært mest konsekvent enig med, så var de også stemmene det var minst sannsynlig at vi ville få.

Spesielt lite sannsynlig var stemmen til dommer Ginsburg. I tillegg til hennes generelle syn om å overlate vurderingen til Kongressen (unntatt der tema om kjønn var involvert), så hadde hun vært spesielt klar på å overlate vurderingen til Kongressen i forbindelse med beskyttelse av intellektuell eiendom. Hun og hennes datter (en glimrende og velkjent akademiker innen immateriell eiendom) var to alen av samme immaterielle eiendomsstykke. Vi forventet at hun ville være enig med skriftene til datteren: at Kongressen hadde myndighet i denne sammenhengen til å gjøre som den ønsket, selv om det Kongressen ønsket ikke ga mening.

Tett bak dommer Ginsburg var to dommere som vi også så på som usannsynlige allierte, men vi kunne bli overrasket. Dommer Souter favoriserte sterkt å la Kongressen bestemme, og det samme gjorde dommer Breyer. Men begge var også svært følsomme for ytringsfrihetsbekymringer. Og vi trodde sterkt at det var viktige ytringsfrihetsargumenter mot disse tilbakevirkende utvidelsene.

Den eneste stemmen vi kunne være trygg på var den til dommer Stevens. Historien viser at dommer Stevens er en av de største dommerne i denne domstolen. Hans stemmer har vært konsistent eklektisk, hvilket bare betyr at ikke noen enkel ideologi forklarer hvordan han vil stille seg. Men han hadde konsistent argumentert for begrensninger i sammenheng med immateriell eiendom generelt. Vi var rimelig sikre på at han ville kjenne igjen begrensningene her.

Denne analysen av «resten» viste tydeligst hvor vår fokus måtte være: på de konservative. For å vinne denne saken måtte vi lage en sprekk mellom disse fem, og få i hvert fall et flertall over på vår side. Dermed ble det ene overstyrende argument som ga liv til vår påstand hvilende på de konservatives viktigste rettsvitenskapelige nyskapning – argumentet som dommer Sentelle hadde basert seg på i ankedomstolen, at Kongressens kompetanse måtte tolkes slik at kompetansene som var listet opp hadde begrensninger.

Dette var dermed kjernen i vår strategi – en strategi som jeg er ansvarlig for. Vi ville få retten til å se at akkurat som i *Lopez*-saken, så ville Kongressen ifølge regjeringens argumentasjon alltid ha ubegrenset makt til å utvide eksisterende vernetider. Hvis noe var klart om Kongressens makt i henhold til Fremskrittsbestemmelsen, så var det at makten var ment å være «begrenset.» Vår målsetting ville være å få retten til å forene *Eldred* med *Lopez*: Hvis Kongressens myndighet til å regulere handel var begrenset, så måtte også Kongressens myndighet til å regulere opphavsretten være begrenset.

Argumentet på regjeringens side kokte ned til dette: Kongressen har gjort det før, og bør få lov til å gjøre det igjen. Regjeringen hevdet at helt fra starten har Kongressen utvidet vernetiden til eksisterende opphavsrett. Derfor, argumenterte regjeringen, burde ikke domstolen nå si at praksisen var forfatningsstridig.

Det var noe sant i regjeringens påstand, men ikke mye. Vi var helt klart enig i at Kongressen hadde utvidet verntiden i 1831 og i 1909. Og selvfølgelig i 1962, da Kongressen begynte å regelmessig utvide eksisterende vernetid – elleve ganger på førti år.

Men denne «konsistensen» bør en se på i perspektiv. Kongressen utvidet gjeldende vernetid en gang de første hundre årene av republikken. Deretter utvidet de den gjeldende vernetid enda en gang i løpet av de neste femti. Disse sjeldne utvidelsene står i kontrast til dagens praksis om å regelmessig utvide gjeldende vernetid. Uansett hva slags selvbeherskelse Kongressen hadde tidligere, så er denne selvbeherskelsen nå borte. Kongressen var nå i en syklus med utvidelser, og det var ingen grunn til å forvente at denne syklusen kom til å ta slutt. Denne domstolen hadde ikke nølt med å gripe inn når Kongressen var i lignende utvidelses-sykluser. Det var ingen grunn til at de ikke kunne gripe inn her.

Muntlig argumentasjon var fastsatt til første uke i oktober. Jeg ankom D.C. to uker før dette. I løpet av disse to ukene ble jeg gang på gang «drillet» av advokater som hadde meldt seg frivillig til å hjelpe til i saken. Slike «opponeringsøkter» er i essensen øvelsesrunder hvor de som vil være dommere fyrer av spørsmål mot de som vil vinne.

Jeg var overbevist om at for å vinne, måtte jeg holde domstolen fokusert på et enkelt poeng: hvis denne utvidelsen ble akseptert, så ville det ikke være noen grenser for myndigheten til å vedta vernetider. Å være enig med regjeringen ville bety at vernetider effektivt sett ville være ubegrenset. Å være enig med oss ville gi Kongressen en klar linje å følge: Ikke utvid eksisterende vernetider. Opponeringsøktene var effektiv trening. Jeg fant måter å bringe hvert eneste spørsmål tilbake til den sentrale idéen.

Én opponeringsøkt var foran advokatene hos Jones Day. Don Ayer var skeptikeren. Han hadde tjenestegjort i Justisdepartementet under Reagen med regjeringsadvokat Charles Fried. Han hadde presentert mange saker foran Høyesterett. Og i sin oppsummering av opponeringsøkten kom han med sin bekymring:

«Jeg er bare redd for at med mindre de virkelig ser skaden, så vil de ikke være villige til å bryte denne praksisen som regjeringen sier har vært konsistent praksis i to hundre år. Du må få dem til å se skaden – ettertrykkelig få dem til å se skaden. Hvis de ikke ser den, så har vi ingen sjanse til å vinne.»

Han hadde kanskje lagt frem mange saker foran denne domstolen, tenkte jeg, men han hadde ikke forstått dens sjel. Som en funksjonær hadde jeg sett dommerne gjøre det riktige – ikke på grunn av politikk, men fordi det var riktig. Som en jussprofessor hadde jeg brukt livet på å lære mine studenter at denne domstolen gjør det som er riktig – ikke på grunn av politikk, men fordi det var riktig. Mens jeg hørte på Ayers lidenskapelige bønn om politisk press, forsto jeg hans poeng, og jeg forkastet det. Vårt argument var riktig. Det var nok. La politikerne lære at det også var godt.

Natten før argumentasjonen begynte en kø av folk å dukke opp foran Høyesterett. Saken hadde fått oppmerksomhet fra pressen og Fri kulturbevegelsen. Hundrevis sto på rekke for å få en sjanse til å se forhandlingen. Flokkevis tilbrakte natten på trappen til Høyesterett for å sikre seg et sete.

Alle måtte ikke vente i kø. Folk som kjenner dommerne kan be om plasser de kontrollerer. (Jeg ba dommer Scalias kontor om plass til mine foreldre, for eksempel.) Medlemmer med møterett i Høyesterett kan be om en plass i en spesiell del forbeholdt dem. Og senatorer og kongressmedlemmer har en spesiell plass der de også kan sitte. Og til slutt har naturligvis pressen et galleri på samme måte som kontorpersonell som jobber for dommerne i domstolen. Da vi ankom den morgenen, var det ingen plasser som var ledig. Dette var en diskusjon om immaterialrett, og likevel var hallene helt fulle. Da jeg gikk inn for å ta min plass foran domstolen, så jeg mine foreldre sittende på venstre side. Da jeg satte meg ned ved bordet, så jeg Jack Valenti sittende i den spesielle delen normalt forbeholdt familien til dommerne.

Da høyesterettsjustitiariusen ba meg om å starte på min argumentasjon, begynte jeg der jeg planla å holde meg: ved spørsmålet om begrensningene i Kongressens makt. Dette var en sak om de opplistede kompetansene, sa jeg, og hvorvidt disse opplistede kompetansene har grenser.

Dommer O'Connor stoppet meg før det jeg var kommet ett minutt inn i åpningsforedraget mitt. Historien plaget henne.

> Dommer O'Connor: Kongressen har gjennom tiden utvidet vernetiden så mange ganger. Hvis du har rett, risikerer vi ikke å forstyrre tidligere utvidelser av vernetiden? Jeg mener, dette virker å være en praksis som startet med den aller første lovendringen?

Hun var ganske villig til å innrømme «at dette går rett i synet på det grunnlovsforfatterne hadde i tankene.» Men min respons igjen og igjen var å understreke begrensningene i Kongressens myndighet.

Herr Lessig: Vel, hvis det går rett i synet på det grunnlovsforfatterne hadde i tankene så er spørsmålet, er det en måte å tolke deres ord som gir effekten de hadde i tankene, og svaret er ja.

Det var to poenger i dette argumentet der jeg burde ha sett hvor retten var på vei. Det første var et spørsmål fra dommer Kennedy, som observerte:

Dommer Kennedy: Vel, jeg antar at det er implisitt i argumentet at endringen fra 1976 også bør bli kjent ugyldig, og at vi kan la den være for å unngå forstyrrelsen, er at i alle disse årene som loven har hemmet fremgang i vitenskap og nyttige kunstarter, så ser jeg intet empirisk bevis for dette.

Her følger min åpenbare feil. Som en professor som korrigerer en student, svarte jeg:

Herr Lessig: Dommer, det er ikke en empirisk påstand i det hele tatt. Ingenting i påstanden om vår opphavsrettsbestemmelse baserer seg på den empiriske antagelsen om å hindre fremgang. Vårt eneste argument er at dette er en strukturell begrensning som er nødvendig for å sikre at det som i praksis ville være en evigvarende vernetid ikke blir tillatt i opphavsrettsloven.

Det var et riktig svar, men det var ikke det riktige svaret. Det riktige svaret var i stedet at skaden var åpenbar og dyptgripende. En rekke innlegg var blitt skrevet om den. Han ønsket å høre det. Og det var her rådet fra Don Ayer burde ha hatt betydning. Dette var en lett pasning, og mitt svar bommet fullstendig.

Det andre kom fra høyesterettsjustitiariusen, som hele saken hadde blitt utformet for. For høyesterettsjustitiariusen hadde utformet *Lopez*-avgjørelsen og vi håpet at han ville se at denne saken var dens tremenning. Det var klart allerede ett sekund inn i hans spørsmål at han overhodet ikke hadde sympati med oss. For ham var vi en gjeng med anarkister. Han spurte deretter:

Høyesterettsjustitiarius: Vel, men du ønsker mer enn det. Du ønsker å ha lov til å ordrett kopiere andre folks bøker, gjør du ikke?

Herr Lessig: Vi ønsker retten til å ordrett kopiere verk som bør være allemannseie, og ville vært allemannseie hadde det ikke vært for en lovpraksis som ikke kan rettferdiggjøres med vanlig analyse av det første grunnlovstillegg, eller med korrekt lesning av begrensningene som er bygd inn i opphavsrettsbestemmelsen.

Ting gikk bedre for oss da regjeringen presenterte sitt åpningsforedrag. For nå tok retten tak i kjernen i våre påstander. Dommer Scalia spurte regjeringsadvokat Olson:

Dommer Scalia: Du sier at den funksjonelle ekvivalenten til en ubegrenset vernetid ville være i strid [med Grunnloven], men det er jo nøyaktig det argumentet som fremmes av saksøkerne her, at en begrenset vernetid som er utvidbar er den funksjonelle ekvivalenten til en ubegrenset vernetid.

Da Olson var ferdig, var det min tur til å gi et avsluttende motinnlegg. Olsons overhøvling hadde vekket sinnet mitt. Men sinnet mitt var fortsatt rettet mot det akademiske, ikke det praktiske. Regjeringen argumenterte som om dette var den første gang noensinne domstolene vurderte å begrense Kongressens myndighet over opphavsrett og patenter. Som alltid som en professor og ikke en talsmann, avsluttet jeg med å peke på domstolens lange historie med å innføre begrensninger i Kongressens myndighet over opphavsretts- og patentbestemmelsen i Grunnloven – faktisk var det første tilfellet der en lov fra Kongressen ble funnet å gå ut over en spesifikk opplistet kompetanse basert på opphavsretts- og patentbestemmelsen. Alt sant, men det kom ikke til å vinne domstolen over på min side.

Da jeg dro fra retten den dagen, visste jeg det var hundrevis av ting jeg skulle ønske jeg hadde gjort på nytt. Det var hundrevis av spørsmål jeg skulle ønske jeg hadde svart annerledes. Men én måte å tenke på denne saken gjorde meg optimistisk.

Regjeringen hadde blitt spurt om og om igjen, hvor er grensen? Og igjen og igjen hadde den svart at det var ingen grense. Det var nettopp svaret jeg ønsket at retten skulle høre. For jeg kunne ikke forestille meg hvordan retten kunne forstå at regjeringen mente Kongressens myndighet var ubegrenset under betingelsene i opphavsrettbestemmelsen, og opprettholde regjeringens argument. Regjeringsadvokaten hadde fremmet mitt argument for meg. Uansett hvor mye jeg forsøkte, kunne jeg ikke forstå hvordan retten kunne komme til at Kongressens myndighet ifølge handelsbestemmelsen var begrenset mens den under opphavsrettsbestemmelsen var ubegrenset. I de sjeldne øyeblikk der jeg lot meg selv tro at vi hadde nådd frem, var det på grunn av at jeg opplevde at denne domstolen – spesielt de konservative – ville se at de selv ble rammet av begrensningene av den rettspraksis den allerede hadde etablert.

På morgenen 15. januar 2003 var jeg fem minutter for sent til kontoret, og gikk glipp av 07:00-oppringingen fra rettsskriveren i Høyesterett. Jeg forsto øyeblikkelig, bare ved å høre på meldingen på telefonsvareren, at hun kom med dårlige nyheter. Høyesteretten hadde bekreftet avgjørelsen fra ankedomstolen. Syv dommere hadde utgjort flertallet, og det var to dissenser.

Noen få sekunder senere ankom domsavsigelsen via e-post. Jeg tok telefonrøret av kroken, la ut en kunngjøring på bloggen vår, og satte meg så ned for å se hvor jeg hadde tatt feil i min argumentasjon.

Min *argumentasjon*. Her var en sak som satset all verdens penger på at *argumentasjon* ville tape. Og her satt den siste naive jussprofessoren og trålet gjennom sidene på jakt etter argumentasjon.

Først trålet jeg domsavsigelsen for å finne hvordan domstolen ville skille prinsippet i denne saken fra prinsippet i *Lopez*. Jeg fant ikke argumentet noe sted. Saken var ikke en gang sitert. Argumentet som var kjerneargumentet i vår sak var ikke en gang til stede i domstolens domsavsigelsen.

Dommer Ginsburg ignorerte ganske enkelt argumentet om opplistede kompetanser. Konsistent med hennes syn om at Kongressens makt ikke var begrenset generelt, hadde hun konkludert med at Kongressens myndighet ikke var begrenset her.

Hennes betenkning var helt rimelig – for henne og for dommer Souter. Ingen av dem tror på *Lopez*. Det ville være for mye å forvente at de skulle skrive en rettsbetenkning som anerkjente, langt mindre forklarte, den doktrinen som de hadde jobbet så hardt for å bekjempe.

Men etter hvert som jeg innså hva som hadde skjedd, så kunne jeg ikke helt tro det jeg leste. Jeg hadde sagt at det ikke var mulig for domstolen å forene begrenset myndighet for Handelsbestemmelsen og ubegrenset myndighet for Fremskrittsbestemmelsen. Det hadde aldri slått meg at de kunne forene disse to ved å ganske enkelt å *ikke ta hensyn til argumentet*. Det skapte ikke inkonsistens ganske enkelt fordi de lot være å omtale de to sammen. Det var dermed ikke noe prinsipp som fulgte fra *Lopez*-saken: I den sammenhengen var Kongressens myndighet begrenset, men i denne sammenhengen var den ikke begrenset.

Likevel, med hvilken rett får de velge hvilke av grunnlovsforfatternes verdier de skulle respektere? Med hvilken rett fikk de – de tause fem – velge hvilken del av Grunnloven de ville håndheve basert på verdiene de mente var viktige? Vi var helt tilbake til det argumentet som jeg sa jeg hatet i starten: Jeg hadde feilet i å overbevise dem om at problemet her var viktig, og jeg hadde feilet i å innse at uansett hvor mye jeg hater et system der domstolen kan velge hvilke konstitusjonelle verdier den vil respektere, så er det systemet vi har.

Dommerne Breyer og Stevens skrev svært sterke dissenser. Stevens betenkning var utformet basert på lovverket: Han argumenterte med at tradisjonen til immateriallretten ikke burde støtte denne uberettigede utvidelsen av vernetiden. Han baserte sitt argument på en parallell analyse som hadde styrt i patentsammenheng (slik vi gjorde). Men resten av domstolen avviste denne parallellen – uten å forklare hvordan nøyaktig de samme ordene i Fremskrittsbestemmelsen kunne bety noe helt annet avhengig av hvorvidt de handlet om patenter eller opphavsrett. Domstolen lot dommer Stevens anklage stå ubesvart.

Dommer Breyers betenkning, kanskje den beste betenkningen han noensinne har skrevet, var uavhengig av Grunnloven. Han argumenterte med at vernetiden i opphavsretten hadde blitt så lang at den effektivt sett var ubegrenset. Vi hadde sagt at under de nåværende vilkårene ga opphavsretten en forfatter 99,8 prosent av verdien til en uendelig vernetid. Breyer sa vi tok feil, at det faktiske tallet var 99,9997 prosent av en uendelig vernetid. Uansett var poenget klart: Hvis Grunnloven sa at vernetiden måtte være «begrenset,» og den eksisterende vernetiden var så lang at den i praksis var ubegrenset, så var den grunnlovstridig.

Disse to dommerne forsto alle argumentene vi hadde kommet med. Men fordi ingen av dem trodde på *Lopez*-saken, var ingen av dem villig til å bruke den som en grunn til å avvise denne utvidelsen. Saken var avgjort uten at noen tok tak i argumentet vi hadde tatt med fra dommer Sentelle. Det var

Hamlet uten prinsen.

Tap gir depresjon. De sier det er et sunnhetstegn når depresjon må vike for sinne. Mitt sinne kom raskt, men det kurerte ikke depresjonen. Sinnet gikk i to retninger.

Det var først sinne mot de fem «Konservative.» Det ville vært en ting om de hadde forklart hvorfor prinsippet i *Lopez* ikke skulle anvendes i dette tilfellet. Jeg tror ikke det ville ikke vært et veldig overbevisende argument, etter å ha lest det fremmet av andre, og forsøkt å fremføre det selv. Men det ville i hvert fall vært en handling med integritet. Spesielt disse dommerne hadde gjentatte ganger sagt at den riktige måten å tolke Grunnloven på var «originalisme» – å først forstå grunnlovsforfatternes tekst, tolket i deres sammenheng, i lys av strukturen i Grunnloven. Den metoden hadde ført til *Lopez* og mange andre «originalistiske» avgjørelser. Hvor var deres «originalisme» nå?

Her hadde de samlet seg om en betenkning som ikke en eneste gang forsøkte å forklare hva grunnlovsforfatterne hadde ment ved å utforme Fremskrittsbestemmelsen slik de gjorde. De ble med på en betenkning som aldri forsøkte å forklare hvordan strukturene til denne bestemmelsen ville påvirke tolkningen av Kongressens myndighet. Og de ble med på en betenkning som ikke engang forsøker å forklare hvorfor denne tildeling av myndighet kunne være ubegrenset, mens Handelsbestemmelsen ville være begrenset. Kort sagt, de hadde blitt med på en betenkning som gjaldt for, og var inkonsistent med, deres egen metode for å tolke Grunnloven. Denne betenkningen ga muligens et resultat som de likte. Men den ga ikke en begrunnelse som var konsistent med deres egne prinsipper.

Mitt sinne mot de konservative ga raskt etter for sinnet mot meg selv. For jeg hadde latt en holdning til loven som jeg likte forstyrre en holdning til loven slik den er.

De fleste advokater, og de fleste jussprofessesorer, har liten tålmodighet for idealisme om domstolene generelt, og denne Høyesteretten spesielt. De fleste har et mer pragmatisk syn. Da Don Ayer sa at denne saken ville vinnes basert på om jeg kunne overbevise dommerne om at grunnlovsforfatternes verdier var viktige, kjempet jeg mot idéen, fordi jeg ikke ønsket å tro at dette var hvordan denne domstolen tok avgjørelser. Jeg insisterte på å argumentere for denne saken som om det var en enkel anvendelse av et sett med prinsipper. Jeg hadde et argument som fulgte av logikken. Jeg trengte ikke å kaste bort tiden min ved å vise at det også burde følge av folkemeningen.

Når jeg igjen leser igjennom avskriften fra argumentasjonen i oktober, ser jeg hundrevis av plasser hvor svarene kunne ha tatt samtalen i andre retninger, hvor sannheten om skaden som denne ukontrollerte myndigheten vil forårsake kunne vært klargjort for domstolen. Dommer Kennedy ønsket i god tro å bli vist dette. Jeg, idiotisk nok, korrigerte spørsmålet hans. Dommer Souter ville i god tro bli vist skadene relatert til Første grunnlovstillegg. Jeg, som en mattelærer, omrammet spørsmålet for å legge frem det logisk poenget. Jeg hadde vist dem hvordan de kunne slå ned på denne loven hvis de ønsket det. Det var hundrevis av steder hvor jeg kunne ha hjulpet dem til å ønske det, men min vrangvilje, det at jeg aldri ga meg, hindret meg. Jeg hadde stått foran hundrevis av publikum og forsøkt å overtale dem. Jeg hadde brukt lidenskap i mitt forsøk på å overtale, men jeg nektet å stå foran dette publikumet og forsøke å overtale dem med den lidenskapen jeg hadde brukt andre steder. Det var ikke på et slikt grunnlag en domstol burde avgjøre denne saken.

Ville det gått annerledes hvis jeg hadde argumentert litt forskjellig? Ville det ha gått annerledes hvis Don Ayer hadde argumentert? Eller Charles Fried? Eller Kathleen Sullivan?

Mine venner samlet seg rundt meg for å insistere på at det ville det ikke. Domstolen var ikke klar, insisterte vennene mine. Det var et tap bestemt av skjebnen. Det ville kreve mye mer for å vise samfunnet vårt hvorfor grunnlovsforsamlingen hadde rett. Og når vi gjør dette, så vil vi være i stand til å vise det til denne domstolen.

Mulig det, men jeg tviler. Disse dommerne hadde ingen økonomiske interesser i å gjøre noe annet enn det som var riktig. De blir ikke utsatt for lobbyvirksomhet. De har liten interesse i og unngå å gjøre det som er riktig. Jeg klarer ikke la være å tenke at om jeg hadde gitt slipp på mitt pene bilde av jussen uten følelser, så hadde jeg overbevist dem.

Men selv om jeg ikke kunne det, så unnskylder dette ikke det som skjedde i januar. For i starten av denne saken hadde en av USAs ledende professorer innen immaterialretten uttalt offentlig at jeg gjorde en feil ved å fremme denne saken. «Domstolen er ikke klar», hadde Peter Jaszi sagt, og fulgte opp med «dette temaet bør ikke tas opp før den er det.»

Etter argumentasjonen og etter avgjørelsen sa Peter til meg, og offentlig, at han tok feil. Men hvis domstolen faktisk ikke kunne bli overbevist, så er det alt bevis som trengs for å vite at her hadde Peter nok en gang rett. Enten var ikke jeg klar til å argumentere for denne saken på en måte som ville bidra positivt, eller så var de ikke klare for å ta opp denne saken på en måte som ville bidra positivt. Uansett var avgjørelsen om å fremme denne saken – en avgjørelse jeg hadde tatt fire år tidligere – feil.

Mens reaksjonen på Sonny Bono-loven selv var nesten enstemmig negativ, så var reaksjonen på domstolens avgjørelse blandet. Ikke en eneste, i hvert fall i pressen, forsøkte å si at det var en god idé å utvide vernetiden i opphavsretten. Vi hadde vunnet kampen om idéen. Avgjørelsen fikk støtte fra aviser som hadde vært skeptisk til domstolens aktivisme i andre saker. Å holde hendene unna var en god ting, selv om den lot en dum lov bli stående. Men der avgjørelsen ble angrepet, så ble den angrepet på grunn av at den lot en dum og skadelig lov bli stående. *The New York Times* skrev i sin leder:

> Effekten er at beslutningen i Høyesterett gjør det sannsynlig at vi ser starten på slutten for allemannseie, og fødselen til evig opphavsrett. Allemannseie har vært et storslått eksperiment, som ikke bør få lov til å dø. Evnen til å fritt utnytte hele den kreative produksjonen til menneskeheten er en av grunnene til at vi lever i en tid med så fruktbart kreativt vekstmiljø.

De beste responsene dukket opp i tegneseriene. Det var en haug veldig morsomme tegninger – av Mikke i fengsel og dets like. Det beste fra mitt ståsted i saken, var fra Ruben Bolling, gjengitt i figur 13.1 (s. 188). Tekstlinjen om «mektig og rik» er litt urettferdig. Men slaget i ansiktet føltes akkurat slik ut.

Bildet som for alltid står inne i hodet mitt er det som ble utløst av et sitat fra *New York Times*. At «det store eksperimentet» vi kaller «allemannseie» er over? Når jeg kan ta lett på det, så tenker jeg «Kjære, jeg krympet Grunnloven.» Men jeg klarer sjelden å ta lett på det. Vi hadde i Grunnloven vår en forpliktelse til å frigjøre kultur. I den saken som jeg hadde ansvar for, ga Høyesterett effektivt avkall på den forpliktelsen. En bedre advokat ville fått dem til å se annerledes på det.

TOM the DANCING BUG®
BY RUBEN BOLLING
SUPERMAN IS PATROLLING THE CITY, WHEN HE HEARS A HIGH-PITCHED PLEA!
HELP! SUPERMAN!
THAT CRY CAME FROM THIS BUILDING...
WHO'S THERE?
HA-HA! WELCOME TO MY DOMAIN, SUPERMAN!
MY PUBLIC DOMAIN! WHERE I AM YOUR! MASTER!
THAT'S BECAUSE WHEN CONGRESS'S ENDLESS EXTENSIONS OF COPYRIGHT TERMS ARE DECLARED UNCONSTITUTIONAL, YOU'LL ALL BE MY--OR ANYONE'S--HELPLESS PLAYTHINGS!
COPYRIGHT... FADING! CAN'T...RESIST UNAUTHORIZED...USE!
IF HE CAN CAPTURE SUPERMAN, WHO CAN SAVE US?!
AND NOW I'LL FORCE YOU ALL TO PERFORM "GONE WITH THE WIND"!
OH...ASHLEY...
CRASH
OH NO! JUDGE SCALIA!!
JUDGE SCALIA
JUDGE SCALIA, CRUSADING SUPREME COURT JUSTICE, WHO FIGHTS A NEVER-ENDING BATTLE TO PROTECT THE POWERFUL AND WEALTHY.
GO! RUN BACK TO YOUR CORPORATIONS!
B-BUT YOU MUST AGREE THAT THE CONSTITUTION PLAINLY LIMITS CONGRESS'S POWER... URK
POW
FRANKLY, PUNK, I DON'T GIVE A DAMN!
THE END
DIST. BY UNIVERSAL PRESS SYNDICATE ©2003 R.BOLLING 633 www-tomthedancingbug-com

Figur 13.1

Kapittel fjorten: Eldred II

Dagen *Eldred* ble avgjort, ville skjebnen at jeg skulle reise til Washington, D.C. (Dagen da en forespørsel om ny høring for *Eldred* ble avslått – som betød at saken endelig var ferdig – skjebnen gjorde at jeg holdt en tale til teknologer ved Disney World.) Dette var en spesielt lang flytur til den byen jeg setter minst pris på. Trafikk forsinket kjøreturen fra Dulles flyplass til byen, så jeg åpnet min datamaskinen og skrev en kronikk.

Jeg hadde dårlig samvittighet. Gjennom hele flyturen fra San Francisco til Washington hadde jeg i mitt indre øre hørt om og om igjen det samme rådet fra Don Ayer: Du må få dem til å forstå hvorfor dette er viktig. Og innimellom dette rådet var spørsmålet fra dommer Kennedy: «I alle disse årene som loven har hemmet fremgang i vitenskap og nyttige kunstarter, så ser jeg intet empirisk bevis for dette.» Og dermed, etter å ha feilet i å argumentere med konstitusjonelle prinsipper, forsøkte jeg å argumentere politisk.

New York Times publiserte kronikken. I den foreslo jeg en enkel fiks: Femti år etter at et verk har blitt publisert, bør opphavsrettseieren være nødt til å registrere verket og betale en liten avgift. Hvis han betalte avgiften, fikk han fordelene av hele opphavsrettsvernetiden. Hvis han ikke gjorde det, ble verket allemannseie.

Vi kalte dette Eldred-loven, men det var kun for å gi det et navn. Eric Eldred var snill nok til å la sitt navn brukes nok en gang, men han sa tidig at den ikke ville bli vedtatt med mindre den fikk et annet navn.

Eller to andre navn. For avhengig av synsvinkel, så er dette enten «Forbedring av allemannseieloven» eller «Avregulering av opphavsrettsvernetidsloven.» Uansett er essensen i idéen klar og tydelig: Fjern opphavsretten der den ikke gjør noe annet enn å blokkere for tilgang og spredning av kunnskap. La den eksistere så lenge som Kongressen tillater det for de verk der verdien er minst en dollar. For alt annet, slipp innholdet fri.

Reaksjonen på denne idéen var utrolig sterk. Steve Forbes gikk god for den i en leder, og jeg mottok et skred av støttende e-post og brev. Når man fokuserer temaet på tapt kreativitet, så ser folk at opphavsrettssystemet ikke gir mening. En god republikaner kunne si at her kommer ganske enkelt myndighetsregulering i veien for nyskapning og kreativitet. Og en god demokrat kunne si at her blokkerer myndighetene uten god grunn tilgang til og spredning av kunnskap. Det er faktisk ingen reell forskjell mellom demokrater og republikanere rundt dette temaet. Enhver kan gjenkjenne de idiotiske skadene som dagens ordning gir.

189

Faktisk ser mange de åpenbare fordelene med registreringskravet. For en av de vanskeligste tingene med dagens system for folk som ønsker å lisensiere innhold er at det ikke er noen åpenbar plass å slå opp gjeldende opphavsrettseiere. Siden registrering ikke er påkrevd, så blokkeres ofte fremgangen på å spore opp opphavsrettseiere for å be om tillatelse til å bruke eller lisensiere deres verk. Dette systemet ville redusert slike kostnader ved å etablere et register hvor opphavsrettseierene i hvertfall kan identifiseres.

Som jeg beskrev i kapittel 10 (s. 97) ble formaliteter fjernet fra opphavsrettsloven i 1976, da kongressen fulgte etter europeerne i å avskaffe alle formelle krav før opphavsretten ble innvilget.[193] Europeerne sies å anse opphavsrett som en «naturlig rettighet.» Naturlige rettigheter trenger ingen formaliteter for å eksistere. Angloamerikanske, og liggende, tradisjoner har krevd at opphavsrettseiere må følge visse formaliteter for at deres rettigheter skal bli beskyttet, mens europeerne mente at slikt ikke tilstrekkelig respekterte forfatterens verdighet. Mine rettigheter som skaper stammer fra min kreativitet, og er ikke noe som deles ut av myndighetene.

Det er flott retorikk, og det høres vidunderlig romantisk ut. Men det er absurd opphavsrettspolitikk. Det er absurd spesielt for forfattere, fordi en verden uten formaliteter skader den som skaper. Muligheten til å spre «Walt Disney-kreativitet» forsvinner når det ikke er noen enkel måte å vite hva som er beskyttet, og hva som ikke er det.

Kampen mot formaliteter oppnådde sin første virkelige seier i Berlin i 1908. Internasjonale opphavsrettsadvokater fikk på plass et tillegg i Bernkonvensjonen i 1908 som krevde opphavsrettsvernetid ut forfatterens liv pluss femti år, i tillegg til å avskaffe opphavsrettsformaliteter. Formalitetene var hatet på grunn av historiene om utilsiktet tap som ble mer og mer vanlige. Det var som om en karakter fra Charles Dickens drev alle opphavsrettskontorene, og det å glemme å sette prikken over en *i* eller glemme å streke gjennom en *t* førte til at en enke mistet sin eneste inntekt.

Disse klagene var reelle og fornuftige. Og det var absurd hvor strengt formalitetene ble håndhevd, spesielt i USA. Loven bør alltid ha måter å tilgi uskyldige feil. Det er ingen grunn til at ikke også åndsverksloven skulle kunne det. I stedet for å droppe formaliteter helt, så burde responsen i Berlin vært å omfavne et mer rettverdig registreringssystem.

Selv det ville fått motstand, på grunn av at registrering fortsatt var kostbart og plagsomt i det nittende og tjuende århundret. Avviklingen av formaliteter lovde ikke bare å redde sultende enker, men også det å redusere en unødvendig regulatorirsk belastning som var påtvunget skapere.

I tillegg til de praktiske klagene fra forfatterne i 1908, så fantes det også moralske innsigelser. Det var ingen grunn til at kreative eiendomsrettigheter skulle være en annenrangs type eiendom. Hvis en snekker lager et bord, så er ikke hans rettigheter over dette bordet avhengig av at han sender inn et skjema til myndighetene. Han har en «naturgitt» eiendomsrett til bordet, og kan hevde denne retten mot enhver som forsøker å stjele bordet, uansett om han har informert myndighetene om sitt eierskap til bordet.

Dette argumentet er riktig, men dets implikasjoner er misvisende. For argumenter i favør av formaliteter er ikke avhengig av at kreativ eiendom er annenrangs eiendom. Argumentet i favør av formaliteter kretser rundt de spesielle problemene som kreativ eiendom gir oss. Loven om formaliteter er et resultat av de spesielle fysiske egenskapene til kreativ eiendom, for å sikre at den kan spres effektivt og rettferdig.

For eksempel er det ingen som mener at landområder er annenrangs eiendom kun fordi du må tinglyse et skjøte hvis ditt salg av land skal få effekt. Og få mener at en bil er annenklasses eiendom bare på grunn av at du må registrere bilen hos Biltilsynet, og merke den med et bilskilt. I begge disse tilfellene ser alle at det er viktige grunner til å kreve registrering – både på grunn av at det gjør markedet mer effektivt, og på grunn av at det bedre sikrer rettighetene til eieren. Uten et registreringssystem for landområder måtte landeiere hele tiden vokte sin eiendom. Med registrering kan de ganske enkelt vise politiet et skjøte. Uten et registreringssystem for biler ville biltyveri være mye enklere. Med et registreringssystem blir det mye vanskeligere for tyven å få solgt den stjålne bilen. En liten byrde blir lagt på eiendomseieren, men disse byrdene gir et generelt sett mye bedre system for å beskytte eiendom.

Det er lignende spesielle fysiske egenskaper som gjør formaliteter viktig i opphavsrettslovgiving. I motsetning til en snekkers bord, er det ingenting i naturen som gjør det relativt åpenbart hvem som kan eie en bestemt bit av kreativ eiendom. Et opptak av Lyle Lovetts siste album kan eksistere en milliard steder uten at noe nødvendigvis peker det tilbake til en bestemt eier. Og på samme måte som en bil, er det ingen måte å være trygg ved kjøp og salg av kreativ eiendom med mindre det finnes en enkel måte å bekrefte hvem som er skaperen, og hvilke rettigheter han har. Enkle transaksjoner blir umulige i en verden uten formaliteter. Kompliserte, dyre, *advokat*-transaksjoner trer inn i stedet.

Dette var forståelsen av problemet med Sonny Bono-loven som vi forsøkte å demonstrere for retten. Dette var den delen som den ikke «skjønte.» Fordi vi lever i et system uten formaliteter, så er det ikke noen enkel måte å bygge på, eller bruke kulturen fra vår fortid. Hvis vernetiden i opphavsretten var, slik dommer Story sa den ville være, «kort,» da ville ikke dette bety stort. I fjorten år, ifølge systemet til de som skrev grunnloven, ville et verk kunne antas å være kontrollert. Etter fjorten år kunne en anta at det ikke var kontrollert.

Men nå når opphavsretten kan vare nesten et århundre, så er den manglende evnen til å vite hva som er beskyttet og hva som ikke er beskyttet blitt en stor og åpenbar byrde på den kreative prosessen. Hvis den eneste måten et bibliotek kan legge frem en Internett-utstilling om New Deal, er ved å hyre inn en advokat til å klarere rettighetene til hvert eneste bilde og hver eneste lydinnspilling, så belaster opphavsrettssystemet kreativiteten på en måte som aldri før er observert, *fordi det ikke finnes noen formaliteter.*

Eldred-loven var utformet for å svare på akkurat dette problemet. Hvis det er verdt en dollar for deg, så registrer verket ditt, og du kan få lengre vernetid. Andre vil vite hvordan de skal kontakte deg, og dermed hvordan de kan få din tillatelse hvis de ønsker å bruke ditt verk. Og du vil få fordelen av en utvidet opphavsrettslig vernetid.

Hvis det ikke er verdt det for deg å registrere verket for å få fordelene av en utvidet vernetid, så bør det heller ikke være verdt det for myndighetene å forsvare ditt monopol over det samme verket. Verket bør bli allemannseie slik at enhver kan kopiere det, eller lage arkiver med det, eller lage en film basert på det. Det bør frigjøres hvis det ikke er verdt en dollar for deg.

Noen bekymrer seg over byrden på forfattere. Gjør ikke byrden med å registrere verket at beløpet 1 dollar egentlig er misvisende? Er ikke ekstraarbeidet verdt mer enn 1 dollar? Er ikke dette det virkelige problemet med registrering?

Det stemmer. Ekstraarbeidet er forferdelig. Systemet som finnes nå er grufullt. Jeg er helt enig i at opphavsrettskontoret har gjort en forferdelig jobb (uten tvil på grunn av at de har forferdelig dårlig finansiering) i å gjøre registrering enkelt og billig. En skikkelig løsning på problemet med formaliteter må adressere det egentlige problemet med *myndigheter* som befinner seg i kjernen av ethvert system med formaliteter. I denne boken legger jeg frem en slik løsning. Løsningen gjør i essensen om på opphavsrettskontoret. Forestill deg at registrering kun krever ett klikk. Eldred-loven foreslo en enkel, ettklikks-registrering, femti år etter at et verk var publisert. Basert på historiske data ville dette systemet få opp mot 98 prosent av kommersielle verk, kommersielle verk som ikke lenger har et kommersielt liv, til å bli allemannseie etter femti år. Hva tror du?

Da Steve Forbes støttet idéen, begynte enkelte i Washington å følge med. Mange kontaktet meg med tips til representanter som kan være villig til å introdusere en Eldred-lov, og jeg hadde noen få som foreslo direkte at de kan være villige til å ta det første skrittet.

En representant, Zoe Lofgren fra California, gikk så langt som å få lovforslaget utarbeidet. Utkastet løste noen problemer med internasjonal lov. Det påla de enklest mulige forutsetninger på innehaverne av opphavsretter. I mai 2003 så det ut som om loven kom til å bli introdusert. 16. mai postet jeg på Eldred Act-bloggen, «vi er nære.» Det oppstod en generell reaksjon i blogg-samfunnet om at noe godt kunne skje her.

Men på dette stadiet begynte lobbyister å bryte inn. Jack Valenti og MPAAs sjefsjurist kom til kongressrepresentantens kontor for å gi MPAAs syn på saken. Veiledet av sin advokat, slik Valenti har fortalte meg, informerte Valenti kongressrepresentanten om at MPAA ville motsette seg Eldredloven. Begrunnelsen var pinlig knapp. Enda viktigere er det at deres knapphet viser noe klart om hva denne debatten egentlig handler om.

MPAAs første argument var at Kongressen «bestemt hadde avvist det sentrale konseptet i lovforslaget» – om at opphavsretter skal fornyes. Det er riktig, men irrelevant, etter som Kongressen «bestemt hadde avvist» dette lenge før Internett gjorde påfølgende bruk mye mer sannsynlig. Det andre argumentet var at forslaget ville skade fattige opphavsrettseiere – tilsynelatende de som ikke har råd til en avgift på en dollar. Det tredje argumentet var at Kongressen hadde konkludert med at å utvide vernetiden i opphavsretten, ville oppmuntre til å restaurere verk. Det kan stemme for den lille prosentandelen verk vernet av åndsverkloven, og som fortsatt er kommersielt verdifulle. Men dette er også irrelevant, ettersom forslaget ikke ville fjerne den utvidede vernetiden med mindre avgiften på en dollar ikke ble betalt. Det fjerde argumentet fra MPAA var at forslaget ville påføre «enorme» kostnader, ettersom et registreringssystem ikke er gratis. Sant nok, men disse kostnadene er helt klart lavere enn kostnadene med å klarere rettigheter for en opphavsrett der eieren er ukjent. Det femte argumentet var at de var bekymret over risikoen hvis opphavsretten til en historie som lå til grunn for en film skulle bli allemannseie. Men hva slags risiko er dette? Hvis den er allemannseie, så er filmen gyldig avledet bruk.

Til slutt hevdet MPAA at eksisterende lovverk gjorde det mulig for opphavsrettseiere å gjøre dette hvis de ønsket det. Men hele poenget er at det er tusenvis av opphavsrettseiere som ikke engang vet at de har en opphavsrett å gi bort. Hvorvidt de står fritt til å gi bort opphavsretten eller ikke – som i og for seg er en kontroversiell påstand – så med mindre de vet om en opphavsrett, så er det lite sannsynlig at de vil gjøre det.

I begynnelsen av denne boken fortalte jeg to historier om hvordan loven reagerte på endringer i teknologien. I den ene vant sunn fornuft frem. I den andre ble sunn fornuft forsinket. Forskjellen mellom de to historiene er styrken til opposisjonen – styrken til den siden som sloss for å forsvare status quo. I begge tilfellene truet ny teknologi gamle interesser. Men i kun ett av tilfellene hadde disse interessene nok makt til å beskytte seg mot denne nye konkurransemessige trusselen.

Jeg brukte disse to tilfellene som en måte å ramme inn krigen som denne boken har handlet om. For her er det også en ny teknologi som tvinger loven til å reagere. Og her bør vi også spørre, er loven i tråd med, eller i strid med, sunn fornuft. Hvis sunn fornuft støtter loven, hva forklarer denne sunne fornuften?

Når problemet er piratvirksomhet, så er det riktig at loven støtter opphavsrettseierne. Den kommersielle piratvirksomheten som jeg har beskrevet er uriktig og skadelig, og loven bør jobbe for å eliminere den. Når problemet er p2p-deling, så er det enkelt å forstå hvorfor loven fortsatt støtter eierne. Mye av denne delingen er uriktig, selv om mye er harmløst. Når problemet er opphavsrettsvernetiden for Mikke Mus-ene i verden, så er det forsatt mulig å forstå hvorfor loven favoriserer Hollywood: De fleste kjenner ikke igjen grunner til å begrense vernetiden for opphavsretten. Det er dermed forsatt mulig å se god tro i motstanden.

Men når opphavsrettseiere motsetter seg et forslag som Eldred-loven, så er det endelig et eksempel som eksponerer den nakne egeninteressen som holder denne krigen i gang. Dette lovforslaget ville frigjøre en ekstraordinær serie med innhold som ellers ville forbli ubrukt. Det ville ikke forstyrre noen opphavsrettseiers trang til å utøve fortsatt kontroll over sitt innhold. Det ville ganske enkelt frigjøre det som Kevin Kelly kaller det «mørke innhold» som fyller arkivene rundt om i verden. Så når krigerne motsetter seg en slik endring, så bør vi stille et enkelt spørsmål:

Hva ønsker denne industrien egentlig?

Med svært liten innsats kunne krigerne beskytte sitt innhold. Så innsatsen for å blokkere noe tilsvarende Eldred-loven er ikke egentlig om å beskytte *deres* innhold. Innsatsen for å blokkere Eldred-loven er en innsats for å sikre at ingenting nytt blir allemannseie. Det er et nytt steg for å sikre at allemannseiet aldri vil konkurrere, at det ikke vil være noe bruk av innhold som ikke er kommersielt kontrollert, og at det ikke vil være noe kommersiell bruk av innhold som ikke først krever *deres* tillatelse.

Motstanden mot Eldred-loven avslører hvor ekstrem den andre siden er. Den mektigste, sexy og høyt elskede av lobbyvirksomhetene har som mål ikke å beskytte «eiendom», men å bli kvitt en tradisjon. Deres mål er ikke bare å beskytte det som er deres. *Deres mål er å sikre at alt som finnes er det som er deres.*

Det er ikke vanskelig å forstå hvorfor krigerne har dette synet. Det er ikke vanskelig å se hvordan det vil gi dem fordeler hvis konkurransen fra allemannseiet knyttet til Internett på en eller mannen måte kunne knuses. På samme måte som RCA fryktet konkurransen fra FM, frykter de konkurransen fra allemannseiet knyttet til en befolkning som nå har mulighet til å skape med den, og dele sine egne verk.

Det som er vanskelig å forstå er hvorfor folket har dette synet. Det er som om loven gjorde at flymaskiner tok seg inn på annen manns eiendom. MPAA står side om side med Causbyene og krever at deres fjerne og ubrukelige eierrettigheter blir respektert, slik at disse fjerne og glemte opphavsrettsinnehaverne kan blokkere fremgangen til andre.

Alt dette ser ut til å lett følge fra å ukritisk akseptere «eiendoms»biten av immateriell eiendom. Sunn fornuft støtter det, og så lenge den gjør det vil teknologiene på Internett være under angrep. Konsekvensene vil være mer og mer et «tillatelsessamfunn.» Fortiden kan kun kultiveres hvis du kan finne eieren og be om tillatelse til å bygge på hans verk. Fremtiden vil bli kontrollert av denne døde (og ofte bortfalne) hånd fra fortiden.

Konklusjon

Det er mer enn trettifem millioner mennesker over hele verden med AIDS-viruset. Tjuefem millioner av dem bor i Afrika sør for Sahara. Sytten millioner har allerede dødd. Sytten millioner afrikanere er prosentvis proporsjonalt med syv millioner amerikanere. Viktigere er det at dette er 17 millioner afrikanere.

Det finnes ingen kur for AIDS, men det finnes legemidler som kan hemme sykdommens utvikling. Disse antiretrovirale terapiene er fortsatt eksperimentelle, men de har hatt en dramatisk effekt allerede. I USA øker levealderen til AIDS-pasienter, som regelmessig tar en cocktail av disse legemidlene, med ti til tjue år. For noen gjør legemidlene sykdommen nesten usynlig.

Disse legemidlene er dyre. Da de først ble introdusert i USA, kostet de mellom 10 000 og 15 000 dollar per person hvert år. I dag koster noen av dem 25 000 dollar per år. Med slike priser har, selvfølgelig, ingen afrikansk stat råd til legemidlene for det store flertall av sine innbyggere: 15 000 dollar er tredve ganger brutto nasjonalprodukt per innbygger i Zimbabwe. Med slike priser er disse legemidlene fullstendig utilgjengelig.[194]

Disse prisene er ikke høye fordi ingrediensene til legemidlene er dyre. Disse prisene er høye fordi legemidlene er beskyttet av patenter. Farmasiselskapene som produserer disse livreddende blandingene nyter minst tjue års monopol på sine oppfinnelser. De bruker denne monopolmakten til å hente ut så mye de kan fra markedet. Ved hjelp av denne makten holder de prisene høye.

Det er mange som er skeptiske til patenter, spesielt patenter på legemiddel. Det er ikke jeg. Faktisk av alle forskningsområder som kan være støttet av patenter, er forskning på legemidler, etter min mening, det klareste tilfelle der patenter er nødvendig. Patenter gir et farmasøytisk firma en viss forsikring om at hvis det lykkes i å finne opp et nytt medikament som kan behandle en sykdom, vil det kunne tjene tilbake investeringen, og vel så det. Dette er sosialt sett et ekstremt verdifullt incentiv. Jeg er den siste personen som vil argumentere for at loven skal avskaffe dette, i det minste uten andre endringer.

Men det er én ting å støtte patenter, selv patenter på legemidler. Det er en annen ting å avgjøre hvordan en best skal håndtere en krise. Og idet afrikanske ledere begynte å erkjenne ødeleggelsen AIDS brakte, begynte de å se etter måter å importere HIV-medisiner til kostnader betydelig lavere enn markedspris.

I 1997 forsøkte Sør-Afrika seg på en tilnærming. Landet vedtok en lov som tillot import av patenterte legemidler som hadde blitt produsert og solgt i en annen nasjons marked med godkjenning fra patenteieren. For eksempel, hvis legemidler var solgt i India, så kunne de bli importert inn til Afrika fra India. Dette kalles «parallellimport» og er stort sett tillatt i internasjonal handelsbestemmelser, og spesifikt tillatt innad den europeiske unionen.[195]

Men USA var imot lovendringen. Og de nøyde seg ikke med å være imot. Som International Intellectual Property Association karakteriserte det, «Myndighetene i USA presset Sør-Afrika ... til å ikke tillate tvungen lisensiering eller parallellimport.»[196] Gjennom kontoret til USAs handelsrepresentant (USTR), ba myndighetene Sør-Afrika om å endre loven – og for å legge press bak den forespørselen, listet USTR i 1998 opp Sør-Afrika som et land som burde vurderes for handelsrestriksjoner. Samme år gikk mer enn førti farmasiselskaper til retten for å utfordre myndighetenes handlinger. USA fikk selskap av andre myndigheter fra EU. Deres påstand, og påstanden til farmasiselskapene, var at Sør-Afrika brøt sine internasjonale forpliktelser ved å diskriminere mot en bestemt type patenter – farmasøytiske patenter. Kravet fra disse myndighetene, med USA i spissen, var at Sør-Afrika skulle respektere disse patentene på samme måte som alle andre patenter, uavhengig av eventuell effekt på behandlingen av AIDS i Sør-Afrika.[197] Vi bør sette USAs innblanding i sammenheng. Det er ingen tvil om at patenter ikke er den viktigste årsaken til at afrikanere ikke har tilgang til legemidler. Fattigdom og den totale mangel på effektivt helsevesen betyr mer. Men uansett om patenter er den viktigste grunnen eller ikke, så har prisen på legemidler en effekt på etterspørselen, og patenter påvirker prisen. Så uansett hvor stor eller liten effekten var, så hadde det effekt når våre myndigheter grep inn for å stoppe strømmen av legemidler til Afrika.

Ved å stoppe strømmen av HIV-behandlinger til Afrika, sikret ikke myndighetene i USA legemidler til USAs borgere. Dette er ikke som hvete (hvis de spiser det, så kan ikke vi spise det). Det som USA i praksis intervenerte for å stoppe, var strømmen av kunnskap: Informasjon om hvordan en kan ta kjemikalier som finnes i Afrika, og gjøre disse kjemikaliene om til legemidler som kan redde 15 til 30 millioner liv.

Innblandingen fra USA ville heller ikke beskytte fortjenesten til legemiddelselskapene i USA – i hvert fall ikke betydelig. Det var jo ikke slik at disse landene hadde mulighet til å kjøpe legemidlene til de prisene som legemiddelselskapene forlangte. Igjen var afrikanerne for fattige til å ha råd til disse legemidlene til de tilbudte prisene. Å blokkere for parallellimport av disse legemidlene ville ikke øke salget til de amerikanske selskapene betydelig.

I stedet var argumentet til fordel for restriksjoner på denne flyten av informasjon, som var nødvendig for å redde millioner av liv, et argument om eiendoms ukrenkelighet.[198] Det var på grunn av at «intellektuell eiendom» ville bli krenket, at disse legemidlene ikke skulle strømme inn til Afrika. Det var prinsippet om viktigheten av «intellektuell eiendom» som fikk disse myndighetsaktørene til å innblande seg mot Sør-Afrikas mottiltak mot AIDS.

La oss ta et skritt tilbake for et øyeblikk. En gang om tredve år vil våre barn se tilbake på oss og spørre, hvordan kunne vi la dette skje? Hvordan kunne vi tillate å gjennomføre en politikk hvis direkte kostnad var å få 15 til 30 millioner afrikanere til å dø raskere, og hvis eneste virkelige fordel var å opprettholde «ukrenkeligheten» til en idé? Hva slags berettigelse kan noensinne eksistere for en politikk som resulterer i så mange døde? Hva slags galskap er det egentlig som tillater at så mange dør for en slik abstraksjon?

Noen skylder på farmasiselskapene. Det gjør ikke jeg. De er selskaper, og deres ledere er lovpålagt å tjene penger for sitt selskapet. De presser på for en bestemt patentpolitikk, ikke på grunn av idealer, men fordi det er dette som gjør at de tjener mest penger. Og dette gjør kun at de tjener mest penger på grunn av en slags korrupsjon i vårt politiske system – en korrupsjon som farmasiselskapene helt klart ikke er ansvarlige for.

Denne korrupsjonen er våre egne politikeres manglende integritet. For legemiddelprodusentene ville elske – sier de selv, og jeg tror dem – å selge sine legemidler så billig som de kan til land i Afrika og andre steder. Det er utfordringer de må løse for å sikre at legemidlene ikke kommer tilbake til USA. Men disse er bare teknologiske utfordring, og slike kan bekjempes.

Et annet problem kan derimot ikke løses. Det er frykten for at en politiker som skal vise seg, og kaller inn lederne hos legemiddelprodusentene til høring i Senatet eller representantenes hus og spør, «hvordan har det seg at du kan selge HIV-medisinen i Afrika for bare 1 dollar per pille, mens samme pille koster en amerikaner 1 500 dollar?» Da det ikke finnes et «kjapt svar» på det spørsmålet, ville effekten bli regulering av priser i Amerika. Legemiddelprodusentene unngår dermed denne spiralen ved å sikre at det første steget ikke tas. De forsterker idéen om at eierrettigheter skal være ukrenkelige. De legger seg på en rasjonell strategi i en irrasjonell omgivelse, med den utilsiktede konsekvens at kanskje millioner dør. Og den rasjonelle strategien rammes dermed inn ved hjelp av dette ideal – ukrenkeligheten til en idé som kalles «immaterielle rettigheter.»

Så når du blir konfrontert med ditt barns sunne fornuft, hva vil du si? Når den sunne fornuften hos en generasjon endelig gjør opprør mot hva vi har gjort, hvordan vil vi rettferdiggjøre det? Hva er argumentet?

En fornuftig patentpolitikk kunne gå god for, og gi sterk støtte til patentsystemet uten å måtte nå alle overalt på nøyaktig samme måte. På samme måte som en fornuftig opphavsrettspolitikk kunne gå god for, og gi sterk støtte til et opphavsrettssystem uten å måtte regulere spredningen av kultur perfekt og for alltid. En fornuftig patentpolitikk kunne gå god for, og gi sterk støtte til et patentsystem uten å måtte blokkere spredning av legemidler til et land som uansett ikke er rikt nok til å ha råd til markedsprisen. En fornuftig politikk kan en dermed si kunne være en balansert politikk. I det meste av vår historie har både opphavsretts- og patentpolitikken i denne forstand vært balansert.

Men vi som kultur har mistet denne følelsen for balanse. Vi har mistet det kritiske blikket som hjelper oss til å se forskjellen mellom sannhet og ekstremisme. En slags eiendomsfundamentalisme, uten grunnlag i vår tradisjon, hersker nå i vår kultur – sært, og med konsekvenser mer alvorlig for spredningen av idéer og kultur enn nesten enhver annen politisk enkeltavgjørelse vi som demokrati kan fatte.

En enkel idé blender oss, og under dekke av mørket skjer mye som de fleste av oss ville avvist hvis vi hadde fulgt med. Så ukritisk aksepterer vi idéen om eierskap til idéer at vi ikke engang legger merke til hvor forferdelig det er å nekte tilgang til idéer for et folk som dør uten dem. Så ukritisk aksepterer vi idéen om eiendom til kulturen at vi ikke engang stiller spørsmål ved når kontrollen over denne eiendommen fjerner vår evne, som folk, til å utvikle vår kultur demokratisk. Blindhet blir vår sunne fornuft, og utfordringen for enhver som vil gjenvinne retten til å dyrke vår kultur er å finne en måte å få denne sunne fornuften til å åpne øynene sine.

Hittil sover sunn fornuft. Det er intet opprør. Sunn fornuft ser ennå ikke hva det er å gjøre opprør mot. Ekstremismen som nå dominerer denne debatten, resonnerer med idéer som virker naturlige, og resonansen er forsterket av våre moderne RCA-er. De fører en panisk krig for å bekjempe «piratvirksomhet», og knuser en kultur som tilrettelegger for kreativitet i kryssilden. De forsvarer idéen om «kreativt eierskap,» mens de endrer ekte skapere til moderne leilendinger. De blir fornærmet av idéen om at rettigheter bør være balanserte, selv om hver av hovedaktørene i denne innholdskrigen selv hadde fordeler av et mer balansert ideal. Hykleriet rår. Men i en by som Washington blir ikke hykleriet en gang lagt merke til. Mektige lobbyvirksomheter, kompliserte problemer, og MTV-oppmerksomhetsspenn gir en «perfekt storm» for fri kultur.

I august 2003 brøt en kamp ut i USA om en avgjørelse fra Verdens opphavsrettsorganisasjon (WIPO) om å avlyse et møte.[199] På forespørsel fra en lang rekke interessenter hadde WIPO bestemt å avholde et møte for å diskutere «åpne og samarbeidende prosjekter for å skape goder for fellesskapet.» Disse prosjektene hadde lyktes i å produsere goder for fellesskapet uten å basere seg eksklusivt på bruken av proprietære immaterielle rettigheter. Eksempler inkluderer Internett og verdensveven, begge utviklet på grunnlag av protokoller i allemannseie. Agendaen inkluderte den begynnende trend for å støtte åpne akademiske tidsskrifter blant annet Public Library of Science-prosjektet som jeg beskriver i kapittel 14 (s. 205).Den inkluderte et prosjekt for å utvikle enkeltnukleotidforskjeller (SNPs), som er antatt å få stor betydning i biomedisinsk forskning. (Dette ikke-kommersielle prosjektet besto av et konsortium av Wellcome Trust og farmasøytiske og teknologiske selskaper, inkludert Amersham Biosciences, AstraZeneca, Aventis, Bayer, Bristol-Myers Squibb, Hoffmann-La Roche, Glaxo-SmithKline, IBM, Motorola, Novartis, Pfizer, og Searle.) Den inkluderte Globalt posisjonssystem (GPS) som Ronald Reagen frigjorde tidlig på 1980-tallet. Og den inkluderte «åpen kildekode og fri programvare.»

Formålet med møtet var å vurdere denne rekken av prosjekter fra et felles perspektiv: at ingen av disse prosjektene hadde som grunnlag immateriell ekstremisme. I stedet, hos alle disse, ble immaterielle rettigheter balansert med avtaler om å holde tilgang åpen, eller for å legge begrensninger på hvordan proprietære krav kan bli brukt.

Dermed var, i forhold til perspektivet i denne boken, denne konferansen ideell.[200] Prosjektene innenfor temaet var både kommersielle og ikke-kommersielle verk. De involverte i hovedsak vitenskapen, men fra mange per-

198

spektiver. Og WIPO var et ideelt sted for denne diskusjonen, siden WIPO var den fremstående internasjonale aktør som drev med immaterielle rettighetsspørsmål.

Faktisk fikk jeg en gang offentlig kjeft for å ikke anerkjenne dette faktum om WIPO. I februar 2003 holdt jeg et innledende foredrag på en forberedende konferanse for Verdenstoppmøtet om informasjonssamfunnet (WSIS). På en pressekonferanse før innlegget, ble jeg spurt hva jeg skulle snakke om. Jeg svarte at jeg skulle snakke litt om viktigheten av balanse rundt immaterielle verdier for utviklingen av informasjonssamfunnet. Ordstyreren på arrangementet avbrøt meg da brått for å informere meg og journalistene tilstede at ingen spørsmål rundt immaterielle verdier ville bli diskutert av WSIS, da slike spørsmål kun skulle diskuteres i WIPO. I innlegget jeg hadde forberedt var temaet om immaterielle verdier en forholdsvis liten del av det hele. Men etter denne forbløffende uttalelsen, gjorde jeg immaterielle verdier til hovedfokus for mitt innlegg. Det var ikke mulig å snakke om et «informasjonssamfunn» uten at en også snakket om andelen av informasjon og kultur som ikke er vernet av opphavsretten. Mitt innlegg gjorde ikke min overivrige moderator veldig glad. Og hun hadde uten tvil rett i at omfanget til vern av immaterielle rettigheter normalt hørte inn under WIPO. Men etter mitt syn, kunne det ikke bli for mye diskusjon om hvor mye immaterielle rettigheter som trengs, siden etter mitt syn, hadde selve idéen om en balanse rundt immaterielle rettigheter gått tapt.

Så uansett om WSIS kan diskutere balanse i intellektuell eiendom eller ikke, så hadde jeg trodd det var tatt for gitt at WIPO kunne og burde. Og dermed virket møtet om «åpne og samarbeidende prosjekter for å skape fellesgoder» å passe perfekt for WIPOs agenda.

Men det er ett prosjekt i listen som er svært kontroversielt, i hvert fall blant lobbyistene. Dette prosjektet er «åpen kildekode og fri programvare.» Microsoft spesielt er skeptisk til diskusjon om emnet. Fra deres perspektiv, ville en konferanse for å diskutere åpen kildekode og fri programvare være som en konferanse for å diskutere Apples operativsystem. Både åpen kildekode og fri programvare konkurrerer med Microsofts programvare. Og internasjonalt har mange myndigheter begynt å utforske krav om at de skal bruke åpen kildekode eller fri programvare, i stedet for «proprietær programvare,» til sine egne interne behov.

Jeg mener ikke å gå inn i den debatten her. Det er viktig kun for å gjøre det klart at skillet ikke er mellom kommersiell og ikke-kommersiell programvare. Det er mange viktige selskaper som er fundamentalt avhengig av fri programvare, der IBM er den mest fremtredende. IBM har i stadig større grad skiftet sitt fokus til GNU/Linux-operativsystemet, den mest berømte biten av «fri programvare» – og IBM er helt klart en kommersiell aktør. Dermed er det å støtte «fri programvare» ikke å motsette seg kommersielle aktører. Det er i stedet å støtte en måte å drive programvareutvikling som er forskjellig fra Microsofts.[201]

Mer viktig for vårt formål, er at å støtte «åpen kildekode og fri programvare», ikke er å motsette seg opphavsrett. «Åpen kildekode og fri programvare» er ikke programvare uten opphavsrettslig vern. I stedet, på samme måte som programvare fra Microsoft, insisterer opphavsrettsinnehaverne av fri programvare ganske sterkt på at vilkårene i deres programvarelisens blir respektert av de som tar i bruk fri programvare. Vilkårene i den lisensen er uten tvil forskjellig fra vilkårene i en proprietær programvarelisens. For eksempel krever fri programvare lisensiert med General Public License (GPL), at kildekoden for programvare gjøres tilgjengelig av alle som endrer og videredistribuerer programvaren. Men dette kravet er kun effektivt hvis opphavsrett råder over programvare. Hvis opphavsretten ikke råder over programvare, så kunne ikke fri programvare pålegge slike krav på de som tar i bruk programvaren. Den er dermed like avhengig av åndsverksloven som Microsoft.

Det er dermed forståelig at Microsoft, som utviklere av proprietær programvare, gikk imot et slikt WIPO-møte, og like fullt forståelig at de bruker sine lobbyister til å få USAs myndigheter til å gå imot møtet. Og ganske riktig, det er akkurat dette som ifølge rapporter hadde skjedd. I følge Jonathan Krim i *Washington Post*, lyktes Microsofts lobbyister i å få USAs myndigheter til å legge ned veto mot et slikt møte.[202] Og uten støtte fra USA ble møtet avlyst.

Jeg klandrer ikke Microsoft for å gjøre det de kan for å fremme sine egne interesser i samsvar med loven. Og lobbyvirksomhet mot myndighetene er åpenbart i samsvar med loven. Deres lobbyvirksomhet er ikke overraskende i dette tilfellet, og der er ikke ikke veldig overraskende at den mektigste programvareprodusenten i USA har lyktes med sin lobbyvirksomhet.

Det som var overraskende var USAs regjerings begrunnelse for å være imot møtet. Igjen, sitert av Krim, forklarte Lois Boland, direktør for internasjonale forbindelser ved USAs patent- og varemerkekontor, at «programvare med åpen kildekode går imot formålet til WIPO, som er å fremme immaterielle rettigheter.» Hun skal ifølge sitatet ha sagt, «Å holde et møte som har som formål å fraskrive seg eller frafalle slike rettigheter synes for oss å være i strid med formålene til WIPO.» Disse utsagnene er forbløffende på flere nivåer.

For det første er de ganske enkelt ikke riktige. Som jeg beskrev, er det meste av åpen kildekode og fri programvare fundamentalt avhengig av den immaterielle retten kalt «opphavsrett.» Uten den vil begrensningene definert av disse lisensene ikke fungere. Dermed er det å si at de «går imot» formålet om å fremme immaterielle rettigheter å avsløre en ekstraordinær mangel på forståelse – den type feil som er tilgivelig hos en førsteårs jusstudent, men pinlig fra en høyt plassert statstjenestemann som håndterer utfordringer rundt immaterielle rettigheter.

For det andre, hvem har noen gang hevdet at WIPOs eksklusive mål var å «fremme» immaterielle rettigheter maksimalt? Som jeg fikk kjeft for på den forberedende konferansen til WSIS, skal WIPO vurdere, ikke bare hvordan best beskytte immaterielle rettigheter, men også hva som er den beste balansen rundt immaterielle rettigheter. Som enhver økonom og advokat vet, er det vanskelige spørsmålet i immateriell rettighetsjuss å finne den balansen. Men at det skulle være en grense, trodde jeg, var ubestridt. Man ønsker å spørre Fru Boland om hvorvidt generiske legemiddel (legemidler basert på legemidler med patenter som er utløpt) er i strid med WIPOs oppdrag? Svekker allemannseie immaterielle rettigheter? Ville det vært bedre om Internetts protokoller hadde vært patentert?

For det tredje, selv om en tror at formålet med WIPO var å maksimere immaterielle rettigheter, så innehas immaterielle rettigheter, i vår tradisjon, av individer og selskaper. De får bestemme hva som skal gjøres med disse rettighetene, igjen fordi det er *de* som eier rettighetene. Hvis de ønsker å «frafalle» eller «frasi» seg sine rettigheter, så er det helt etter boka i vår tradisjon. Når Bill Gates gir bort mer enn 20 milliarder dollar til gode formål, så er ikke det uforenlig med målene til eiendomssystemet. Det er heller tvert i mot, akkurat hva eiendomssystemet er ment å oppnå, at individer har retten til å bestemme hva de vil gjøre med *sin* eiendom.

Når Fru Boland sier at det er noe galt med et møte «som har som sitt formål å fraskrive eller frafalle slike rettigheter,» så sier hun at WIPO har en interesse i å påvirke valgene til enkeltpersoner som eier immaterielle rettigheter. At på en eller annen måte bør WIPOs oppdrag være å stoppe individer fra å «fraskrive» eller «frafalle» seg sine immaterielle rettigheter. At interessen til WIPO ikke bare er maksimale immaterielle rettigheter, men også at de skal utøves på den mest ekstreme og restriktivt mulige måten.

Det er en historie om akkurat et slikt eierskapssystem som er velkjent i den anglo-amerikanske tradisjon. Det kalles «føydalisme.» Under føydalismen var eiendommer ikke bare kontrollert av et relativt lite antall individer og aktører. Men det føydale systemet hadde en sterk interesse i å sikre at landeiere i systemet ikke svekket føydalismen ved å frigjøre folkene og eiendommene som de kontrollerte til det frie markedet. Føydalismen var avhengig av maksimal kontroll og konsentrering. Det sloss mot enhver frihet som kunne forstyrre denne kontrollen.

Som Peter Drahos og John Braithwaite beskriver, dette er nøyaktig det valget vi nå gjør om immaterielle rettigheter.[203] Vi kommer til å få et informasjonssamfunn. Så mye er sikkert. Vårt eneste valg nå er hvorvidt dette informasjonssamfunnet skal være *fritt* eller *føydalt*. Trenden er mot det føydale.

Da denne kampen brøt ut, blogget jeg om dette. En heftig debatt brøt ut i kommentarfeltet. Fru Boland hadde en rekke støttespillere som forsøkte å vise hvorfor hennes kommentarer ga mening. Men det var spesielt en kommentar som gjorde meg trist. En anonym kommentator skrev:

> George, du misforstår Lessig: Han snakker bare om verden slik den burde være («målet til WIPO, og målet til enhver regjering, bør være å fremme den riktige balansen for immaterielle rettigheter, ikke bare å fremme immaterielle rettigheter»), ikke som den er. Hvis vi snakket om verden slik den er, så har naturligvis Boland ikke sagt noe galt. Men i verden slik Lessig vil at den skal være, er det åpenbart at hun har sagt noe galt. En må alltid være oppmerksom på forskjellen mellom Lessigs og vår verden.

Jeg gikk glipp av ironien først gangen jeg leste den. Jeg leste den raskt, og trodde forfatteren støttet idéen om at det våre myndigheter burde gjøre, var å søke balanse. (Min kritikk av Fru Boland, selvfølgelig, var ikke om hvorvidt hun søkte balanse eller ikke; min kritikk var at hennes kommentarer avslørte en feil kun en førsteårs jusstudent burde kunne gjøre. Jeg har ingen illusjoner når det gjelder ekstremismen hos våre myndigheter, uansett om de er republikanere eller demokrater. Min eneste tilsynelatende illusjon er hvorvidt våre myndigheter bør snakke sant eller ikke.)

Det var derimot åpenbart at den som postet meldingen ikke støttet idéen. I stedet latterliggjorde forfatteren selve idéen om at i den virkelig verden skulle «målet» til myndighetene være «å fremme den riktige balanse» for immaterielle rettigheter. Det var åpenbart tåpelig for ham. Og det avslørte åpenbart, trodde han, min egen tåpelige utopisme. «Typisk for en akademiker,» kunne forfatteren like gjerne ha fortsatt.

Jeg forstår kritikken av akademisk utopisme. Jeg mener også at utopisme er tåpelig, og jeg vil være blant de første til å gjøre narr av de absurde urealistiske idealer til akademikere gjennom historien (og ikke bare i vårt eget lands historie).

Men når det har blitt dumt å anta at rollen til våre myndigheter bør være å «oppnå balanse,» da kan du regne meg blant de dumme, for det betyr at dette faktisk har blitt ganske seriøst. Hvis det bør være åpenbart for alle at myndighetene ikke søker å oppnå balanse, at myndighetene ganske enkelt er et verktøy for de mektigste lobbyistene, at idéen om å forvente bedre av myndighetene er absurd, at idéen om å kreve at myndighetene snakker sant og ikke lyver bare er naiv, hva har da vi, det mektigste demokratiet i verden, blitt?

Det kan være galskap å forvente at en mektig myndighetsperson skal si sannheten. Det kan være galskap å tro at myndighetenes politikk skal gjøre mer enn å tjene de mektigstes interesser. Det kan være galskap å argumentere for å bevare en tradisjon som har vært en del av vår tradisjon for mesteparten av vår historie – fri kultur.

Hvis dette er galskap, så la det bli flere gærninger. Snart.

Det finnes øyeblikk av håp i denne kampen. Og øyeblikk som overrasker. Da FCC vurderte mindre strenge eierskapsregler, som ville ytterligere konsentrere medieeierskap, dannet det seg en en ekstraordinær koalisjon på tvers av partiene for å bekjempe endringen. For kanskje første gang i historien organiserte interesser så forskjellige som NRA, ACLU, moveon.org, William Safire, Ted Turner og Codepink Women for Piece seg for å protestere på denne endringen i FCC-reglene. Så mange som 700 000 brev ble sendt til FCC med krav om flere høringer og et annet resultat.

Disse protestene stoppet ikke FCC, men like etter stemte en bred koalisjon i Senatet for å reversere avgjørelsen i FCC. De fiendtlige høringene som ledet til avstemningen avslørte hvor mektig denne bevegelsen hadde blitt. Det var ingen betydningsfull støtte for FCCs avgjørelse, mens det var bred og vedvarende støtte for å bekjempe ytterligere konsentrering i media.

Men selv denne bevegelsen går glipp av en viktig brikke i puslespillet. Å være stor er ikke ille i seg selv. Frihet er ikke truet bare på grunn av at noen blir veldig rik, eller på grunn av at det bare er en håndfull store aktører. Den dårlige kvaliteten til Big Macs eller Quartar Punders betyr ikke at du ikke kan få en god hamburger andre steder.

Faren med mediekonsentrering kommer ikke fra selve konsentreringen, men kommer fra føydalismen som denne konsentreringen fører til når den kobles til endringer i opphavsretten. Det er ikke kun det at noen mektige selskaper styrer en stadig voksende andel av mediene. Det er det at denne konsentreringen kan påkalle en like oppsvulmet rekke rettigheter – eiendomsrettigheter i en historisk ekstrem form – som gjør størrelsen ille.

Det er derfor betydningsfullt at så mange vil kjempe for å kreve konkurranse og økt mangfold. Likevel, hvis kampanjen oppfattes som om den kun omhandler størrelse, så er ikke det veldig overraskende. Vi amerikanere har en lang historie med å slåss mot «stort,» klokt eller ikke. At vi kan være motivert til å slåss mot «det store», er igjen ikke noe nytt.

Det ville vært noe nytt, og noe veldig viktig, hvis like mange kan være med på en kampanje for å bekjempe økende ekstremisme bygget inn i idéen om «intellektuell eiendom.» Ikke fordi balanse er fremmed for vår tradisjon. Jeg argumenterer for at balanse er vår tradisjon. Men fordi evnen til å tenke kritisk på omfanget av alt som kalles «eiendom» ikke lenger er godt trent i denne tradisjonen.

Hvis vi var Akilles, så ville dette vært vår hæl. Dette ville være stedet for våre tragedie.

Mens jeg skriver disse avsluttende ordene, er nyhetene fylt med historier om at RIAA saksøker nesten tre hundre individer.[204] Eminem har nettopp blitt saksøkt for å ha «samplet» noen andres musikk.[205] Historien om hvordan Bob Dylan har «stjålet» fra en japansk forfatter har nettopp gått verden over.[206] En på innsiden i Hollywood – som insisterer på at han må forbli anonym – rapporterer «en utrolig samtale med disse studiofolkene. De har fantastisk [gammelt] innhold som de ville elske å bruke, men det kan de ikke på grunn av at de først må klarere rettighetene. De har hauger med ungdommer som kunne gjøre fantastiske ting med innholdet, men det vil først kreve hauger med advokater for å klarere det først.» Kongressrepresentanter snakker om å gi datavirus politimyndighet for å ta ned datamaskiner som antas å bryte loven. Universiteter truer med å utvise ungdommer som bruker en datamaskin for å dele innhold.

Imens, på andre siden av Atlanteren, har BBC nettopp annonsert at de vil bygge opp et «kreativt arkiv» der britiske borgere kan laste ned BBC-innhold, og rippe, mikse og brenne det.[207] Og i Brasil har kulturministeren, Gilberto Gil, i seg selv en folkehelt i brasiliansk musikk, slått seg sammen med Creative Commons for å gi ut innhold og frie lisenser i dette latinamerikanske landet.[208] Jeg har fortalt en mørk historie. Sannheten er mer blandet. En teknologi har gitt oss mer frihet. Sakte begynner noen å forstå at denne friheten trenger ikke å bety anarki. Vi kan få med oss fri kultur inn i det tjueførste århundre, uten at artister taper, og uten at potensialet for digital teknologi blir knust. Det vil kreve omtanke, og viktigere, det vil kreve at noen omformer RCA-ene av i dag til Causbyere.

Sunn fornuft må gjøre opprør. Den må reagere for å frigjøre kulturen. Og snart, hvis dette potensialet noen gang skal bli realisert.

Etterord

I hvert fall noen av de som har lest helt hit vil være enig med meg om at noe må gjøres for å endre retningen vi holder. Balansen i denne boken kartlegger hva som kan gjøres.

Jeg deler dette kartet i to deler: det som enhver kan gjøre nå, og det som krever hjelp fra lovgiverne. Hvis det er en lærdom vi kan trekke fra historien om å endre på sunn fornuft, så er det at det krever å endre hvordan mange mennesker tenker på den aktuelle saken.

Det betyr at denne bevegelsen må starte i gatene. Det må rekrutteres et signifikant antall foreldre, lærere, bibliotekarer, skapere, forfattere, musikere, filmskapere, forskere – som alle må fortelle denne historien med sine egne ord, og som kan fortelle sine naboer hvorfor denne kampen er så viktig.

Når denne bevegelsen har hatt sin effekt i gatene, så er det et visst håp om at det kan ha effekt i Washington. Vi er fortsatt et demokrati. Hva folk mener betyr noe. Ikke så mye som det burde, i hvert fall når en RCA står imot, men likevel, det betyr noe. Og dermed vil jeg skissere, i den andre delen som her følger, endringer som Kongressen kunne gjøre for å bedre sikre en fri kultur.

Oss, nå

Sunn fornuft er på samme side som opphavsrettskrigerne på grunn av at debatten så langt har vært rammet inn rundt ytterpunktene – som en stor enten/eller: enten eiendom eller anarki, enten total kontroll, eller så får ikke kunstnerne betalt. Hvis dette virkelig var valget så burde krigerne vinne.

Tabben her er feilen med å utelukke den gyldne middelvei. Det er ytterpunkter i denne debatten, men ytterpunktene er ikke det hele. Det er de som tror på maksimal opphavsrett – «Alle rettigheter forbeholdt» – og de som avviser opphavsrett – «Ingen rettigheter forbeholdt.» «Alle rettigheter forbeholdt»-typen mener du bør søke om tillatelse før du «bruker» et opphavsrettsbeskyttet verk på noe vis. «Ingen rettigheter forbeholdt»-typen mener du bør kunne gjøre med innhold som du selv ønsker uavhengig av om du har tillatelse eller ikke.

Da Internett først oppsto hadde det en arkitektur som i praksis ikke la opp til håndheving av opphavsrettigheter. Innhold kunne kopieres billig og uten kvalitetstap og rettigheter kunne ikke enkelt kontrolleres. Dermed var, uavhengig av hva noen ønsket, det effektive regimet for opphavsrett under den originale utformingen av Internett «ingen rettigheter forbeholdt.» Innhold ble «tatt» uavhengig av rettighetene. Alle rettigheter var effektivt ubeskyttet.

Denne opprinnelige egenskapen ga en reaksjon (i motsatt retning, men ikke helt lik) fra opphavsrettseierne. Den reaksjonen har vært tema for denne boken. Gjennom lovgiving, søksmål og endringer i nettverkets utforming har opphavsrettsinnehaverne vært i stand til å endre den grunnlegende egenskapen til omgivelsen for det originale Internett. Hvis den opprinnelige arkitekturen gir et effektivt utgangspunkt med «ingen rettigheter forbeholdt,» så vil fremtidens arkitektur gjøre det effektive utgangspunktet til «alle rettigheter forbeholdt.» Arkitekturen og loven som omgir Internetts utforming vil i stadig større grad gi en omgivelse hvor all bruk av innhold krever tillatelse. «Klipp og lim»-verden som definerer Internett i dag vil bli en «skaff tillatelse til å klippe og lime»-verden som er en skapers mareritt.

Det som trengs er en måte å si noe midt imellom – hverken «alle rettigheter forbeholdt» eller «ingen rettigheter forbeholdt», men «noen rettigheter forbeholdt» – og dermed en måte å respektere opphavsretter mens en gjør det mulig for skaperne å frigjøre innhold når de ønsker det. Med andre ord, vi trenger en måte å gjeninnføre settet med friheter som vi kunne ta for gitt tidligere.

Gjenoppbygging av tidligere antatte friheter: Eksempler

Hvis du trer tilbake fra slaget jeg har beskrevet her, så vil du kjenne igjen dette problemet fra andre omgivelser. Tenk på personvern. Før Internett trengte de fleste av oss ikke å bekymre oss over hvor mye data om våre liv som vi kringkastet til verden. Hvis du gikk inn i en bokhandler og tittet på verkene til Karl Marx, så trengte du ikke bekymre deg for å måtte forklare hva du bladde i for dine naboer eller din sjef. «Privatsfæren» rundt hva du bladde i var sikret.

Hva gjorde at det var sikret?

Vel, hvis vi tenker på begrepene til modalitetene jeg beskrev i kapittel 10 (s. 97), så var ditt privatliv sikret på grunn av en ineffektiv arkitektur for innsamling av data, og dermed en markedbegrensning (kostnad) for enhver som ønsket å samle disse dataene. Hvis du var en mistenkt spion for Nord-Korea som arbeidet for CIA, så ville uten tvil ditt privatliv ikke være sikret. Men det er på grunn av at CIA ville (får vi håpe) finne det verdifullt nok å bruke de titusenvis av kronene som trengtes for å spore deg. Men for folk flest (igjen så kan vi håpe) lønte det seg ikke å spionere på oss. Denne høyst ineffektive arkitekturen til den virkelige verden betyr at de fleste av oss kan nyte en rimelig robust mengde privatliv. Dette privatlivet er garantert oss på grunn av friksjon. Ikke fra lovverket (det er ingen lov som beskytter «privatlivet» i det offentlige rom), og mange plasser ikke av normer (kikking og sladder er bare moro), men i stedet fra kostnadene som friksjon påfører enhver som ønsker å spionere.

Så kommer Internett, hvor kostnaden med å spore, særlig det som blir bladd i, har blitt svært liten. Hvis du er en kunde av Amazon, så vil Amazon samle informasjon om hva du har sett på mens du blar på siden deres. Du vet dette på grunn av at det i en spalte på siden vises en liste med «nylig viste» sider. På grunn av arkitekturen til nettet, og hvordan informasjonskapsler fungerer på nettet, så er det enklere å samle inn disse dataene enn å la være. Friksjonen har forsvunnet, og dermed forsvinner også ethvert «privatliv» som var beskyttet av denne friksjonen.

Amazon er naturligvis ikke problemet. Men vi kan begynne å bekymre oss for biblioteker. Hvis du er en av disse sprø venstrevridde som mener at folk bør ha «retten» til å besøke et bibliotek, uten at myndighetene får vite hvilke bøker du ser på (jeg er også en av disse venstrevridde), da kan det hende denne endringen i teknologien for overvåkning angår deg. Hvis det blir enkelt å samle inn og sortere hvem som gjør hva i det elektroniske rom, så forsvinner det friksjonsinduserte privatliv fra tidligere tider.

Det er denne virkeligheten som forklarer at mange gjør en innsats for å definere «privatliv» på Internett. Det er erkjennelsen om at teknologi kan fjerne det friksjon før ga oss, som får mange til å be om lover som gjør det friksjonen gjorde.[209] Og uansett om du er for eller imot disse lovene, så er det mønsteret som er det viktige her. Vi må ta eksplisitte steg for å sikre en slags frihet som var passivt sikret tidligere. En endring i teknologi tvinger nå de som tror på privatlivets fred til å gjøre eksplisitte handlinger der hvor privatliv tidligere var gitt som utgangspunkt.

En lignende historie kan fortelles om stiftelsen av Fri programvarebevegelsen. Da datamaskiner med programvare først ble gjort kommersielt tilgjengelig, var programvaren – både kildekoden og programmene – fritt tilgjengelig. Du kunne ikke kjøre et program skrevet for en Data General-maskin på en IBM-maskin, så Data General og IBM brydde seg ikke mye om å kontrollere programvaren sin.

Dette var verden Richard Stallman ble født inn i, og som forsker ved MIT lærte han å elske samfunnet som utviklet seg når en var fri til å utforske og fikle med programvaren som kjørte på datamaskiner. Som en av de smarte typene, i tillegg til å være en flink programmerer, begynte Stallman å basere seg på friheten han hadde til bygge på eller endre på andres verk.

I hvert fall i akademia er ikke dette en veldig radikal idé. Ved et matematisk institutt ville enhver ha friheten til å fikle med et bevis som noen andre la frem. Hvis du trodde du hadde en bedre måte å bevise et teorem, så kunne du ta det noen andre hadde gjort og endre det. Ved et institutt for klassisk historie, hvis du mente en kollegas oversettelse av en nylig oppdaget tekst hadde feil, så hadde du friheten til å forbedre den. Dermed, for Stallman, virket det åpenbart at du burde stå fritt til å fikle med, og forbedre koden som kjørte på en maskin. Også dette var kunnskap. Hvorfor skulle det ikke være åpent for kritikk på samme måte som alt annet?

Ingen svarte på det spørsmålet. I stedet endret arkitekturen for inntekter i dataverden seg. Etter hvert som det ble mulig å importere programmer fra et system til et annet, så ble det økonomisk attraktivt (i hvert fall etter noens syn) å skjule koden til programmet man laget. I tillegg begynte selskaper å selge ekstrautstyr til stormaskiner. Hvis jeg bare kunne ta din printerdriver og kopiere den, så ville det gjøre det enklere for meg enn det var for deg å selge en printer i markedet.

Dermed begynte praksisen med proprietær kode å spre seg, og tidlig på 1980-tallet fant Stallman at han var omringet av proprietær kode. Verden av fri programvare hadde blitt fjernet av en endring i økonomien rundt data-behandling. Og han trodde at hvis han ikke gjorde noe med dette, så ville friheten til å endre og dele programvare bli fundamentalt svekket.

Derfor, i 1984, startet Stallmann på et prosjekt for å bygge et fritt opera-tivsystem, slik i hvert fall en flik av fri programvare skulle overleve. Dette var starten på GNU-prosjektet, som «Linux»-kjernen til Linus Torvalds senere ble lagt til i for å produsere GNU/Linux-operativsystemet.

Stallmans teknikk var å bruke åndsverksloven til å bygge en verden av programvare som må forbli fri. Programvare lisensiert med GPL fra Free Software Foundation kan ikke endres og distribueres uten at kildekoden for den endrede programvaren også blir gjort tilgjengelig. Dermed må enhver som bygger på programvare lisensiert med GPL også frigjøre sitt byggverk. Dette trodde Stallman ville sikre at et det utviklet seg et miljø av kode som forble fritt for andre å bygge på. Hans fundamentale mål var frihet. Nyska-pende kreativ kode var et biprodukt.

Stallman gjorde dermed for programvare det personvernforkjempere nå gjør for privatsfæren. Han søkte etter en måte å gjenoppbygge den type fri-het som før var tatt for gitt. Gjennom aktiv bruk av lisenser som gjelder for opphavsrettsbeskyttet kildekode, gjenerobret Stallman en arena der fri pro-gramvare ville overleve. Han beskyttet aktivt det som før hadde vært passivt garantert.

Til slutt, la oss se på et veldig nytt eksempel som resonnerer mer direkte med historien i denne boken. Dette er overgangen for hvordan akademiske og vitenskapelige tidsskrifter blir produsert.

Etter hvert som teknologien utviklet seg, blir det åpenbart for mange at å skrive ut tusenvis av kopier av tidsskrifter hver måned, og sende dem til biblioteker kanskje ikke er den mest effektive måten å spre kunnskap på. I stedet blir tidsskrifter mer og mer elektroniske, og biblioteker og deres bru-kere gis tilgang til disse elektroniske tidsskriftene gjennom passordbeskytte-de nettsteder. Noe lignende har skjedd innen justissektoren i nesten tredve år: Lexis og Westlaw har hatt elektroniske versjoner av domstolavgjørelser tilgjengelig for sine tjenesteabonnenter. Selv om en høyesterettsdom ikke er opphavsrettsbeskyttet, og enhver står fritt til å gå til et bibliotek og lese den, så står Lexis og Westlaw også fritt til å kreve betaling fra sine brukerne for å gi tilgang til den samme høyesterettsdommen gjennom deres respektive tjenester.

Det er stort sett ingenting galt med dette, og muligheten til å ta betalt for tilgang selv for allemannseid materiale er helt klart et godt incentiv for folk til å utvikle nye og nyskapende måter for å spre kunnskap. Rettspraksis har vært enig, hvilket er det som gjør at Lexis og Westlaw har fått lov til å blomstre. Og hvis det ikke er noe galt med å selge det som er allemannseie, så bør det i prinsippet ikke være noe galt i å selge tilgang til materiale som ikke er allemannseie.

Men hva hvis den eneste måten å få tilgang til sosiale og vitenskapelige data var gjennom proprietære tjenester? Hva hvis ingen hadde muligheten til å bla igjennom disse datasettene uten å betale for et abonnement?

Som flere begynner å oppdage, er dette stadig oftere virkeligheten med vitenskapelige tidsskrifter. Da disse tidsskriftene ble distribuert i papirutgaven, kunne bibliotekene gjøre tidsskriftene tilgjengelig for enhver som hadde tilgang til biblioteket. Dermed kunne pasienter med kreft bli krefteksperter på grunn av at biblioteket ga dem tilgang. Eller pasienter som forsøkte å forstå risikoen med en bestemt behandling, kunne forske på disse risikoene ved å lese alle tilgjengelige artikler om den behandlingen. Denne friheten var dermed et resultat av hvordan biblioteker fungerte (normer) og teknologien til papirtidsskrifter (arkitektur) – nemlig at det var veldig vanskelig å kontrollere tilgang til et papirtidsskrift.

Etter hvert som tidsskrift blir elektroniske, krever derimot utgiverne at bibliotekene ikke gir alle tilgang til tidsskriftene. Dette betyr at frihetene som papirtidsskrifter ga i offentlige biblioteker, begynner å forsvinne. Dermed, på samme måte som med personvern og programvare, krymper endringer i teknologien og markedet en frihet som vi tok for gitt tidligere.

Denne reduserte friheten har fått mange til å ta aktive steg for å gjenopprette friheten som har gått tapt. Et eksempel er Det Offentlige Vitenskapsbiblioteket (PLoS), som er et ikke-kommersielt selskap dedikert til å gjøre vitenskapelig forskning tilgjengelig til alle som har en nettforbindelse. Forfattere av vitenskapelige verk laster sitt verk opp til Det Offentlige Vitenskapsbiblioteket. Dette verket går så igjennom fagfellevurdering. Hvis det blir akseptert, så blir verket lagret i et offentlig, elektronisk arkiv, og gjort gratis og permanent tilgjengelig. PLoS selger også trykte utgaver av verkene, men opphavsretten til papirtidsskriftene fratar ingen retten til å fritt videredistribuere verket.

Dette er en av mange slike innsatser for å gjenopprette en frihet som tidligere ble tatt for gitt, men som nå er truet av endringer i teknologi og marked. Det er ingen tvil om at dette alternativet konkurrerer med de tradisjonelle forlagene og deres innsats for å tjene penger på den eksklusive distribusjonen av innhold. Men konkurranse antas i vår tradisjon for å være bra – spesielt når det bidrar til å spre kunnskap og vitenskap.

Gjenoppbygging av fri kultur: En idé

Den samme strategien kan brukes på kultur, som et svar på den økende kontrollen som gjennomføres gjennom lov og teknologi.

Her kommer Creative Commons inn. Creative Commons er et ikke-kommersielt selskap etablert i Massachusetts, men med hjemmet sitt ved Stanford University. Selskapets mål er å bygge et lag av *fornuftig* opphavsrett på toppen av det ekstreme som nå regjerer. Det gjør dette ved å gjøre det enkelt for folk å bygge på andre folks verk, ved å gjøre det enkelt for skapere å uttrykke friheten for andre til å ta og bygge på deres verk. Dette gjøres mulig med enkle merker, knyttet til menneskelesbare beskrivelser, som igjen er knyttet til vanntette lisenser.

Enkelt – som betyr uten en mellommann, eller uten en advokat. Ved å utvikle et fritt sett med lisenser som folk kan knytte til sitt innhold, sikter Creative Commons å merke en mengde innhold som enkelt og pålitelig kan bygges på. Disse merkene er så lenket til maskinlesbare versjoner av lisensen som gjør det mulig for datamaskiner å automatisk identifisere innhold som enkelt kan deles. Denne samlingen av tre uttrykk – en juridisk lisens, en menneskelesbar beskrivelse og et maskinlesbart merke – utgjør en Creative Commons-lisens. En Creative Commons-lisens utgjør en tildeling av frihet til enhver som har tilgang til lisensen. Og viktigere, et uttrykk for at personen som bruker lisensen tror på noe annet enn «Alle»- eller «Ingen»-ytterkantene. Innhold merket med CC-merket betyr ikke at en har sagt fra seg opphavsretten, men derimot at enkelte friheter er gitt bort.

Disse frihetene går ut over friheten som loves av rimelig bruk. Frihetenes presise omriss er avhenging av valgene som skaperen gjør. Skaperen kan velge en lisens som tillater enhver bruk, så lenge opphavspersonen navngis. Hun kan velge en lisens som kun tillater ikke-kommersiell bruk. Hun kan velge en lisens som tillater enhver bruk så lenge de samme friheter gis videre til andre brukere («del, og del på like vilkår»). Eller enhver bruk så lenge ingen bearbeidelse blir gjort. Eller enhver bruk i utviklingsland. Eller enhver bruk som «smakebit,» så lenge det ikke lages komplette kopier. Og til slutt, enhver bruk til opplæring.

Disse valgene etablerer dermed en rekke friheter som går ut over åndsverkslovens utgangspunkt. De muliggjør også friheter som går ut over tradisjonell rimelig bruk. Og det viktigste er at de uttrykker disse frihetene på en måte som de påfølgende brukerne kan bruke og basere seg på uten å hyre inn en advokat. Creative Commons sikter dermed mot å bygge et lag av innhold, styrt av et lag av fornuftig åndsverkslov, som andre kan bygge på. Frivillig valg fra individer og skapere vil gjøre dette innholdet tilgjengelig. Og dette innholdet vil så gjøre det mulig for oss å gjenopprette allemannseiet.

Dette er bare et av mange prosjekter innen Creative Commons. Og Creative Commons er naturligvis ikke den eneste organisasjonen som bidrar til slike friheter. Men det som skiller Creative Commons fra mange andre er at vi er ikke bare interessert i å snakke om et allemannseie, eller i å få lovgiverne til å bidra til å bygge et allemannseie. Vårt mål er å bygge en bevegelse av konsumenter og produsenter av innhold («innholdskondusenter,» som advokat Mia Garlick kaller dem) som hjelper til å bygge allemannseie og demonstrerer med sine egne verk hvor viktig allemannseiet er for annen kreativitet.

Målet er ikke å sloss mot «alle rettigheter forbeholdt»-folkene. Målet er å utfylle dem. Problemene som loven skaper for oss som kultur, er skapt av sprø og utilsiktede konsekvenser av lover skrevet for flere århundrer siden, anvendt på en teknologi som kun Jefferson kunne ha forestilt seg. Reglene kan godt å gitt mening da bakgrunnen var teknologiene som var tilgjengelig for hundrevis av år siden, men de gir ikke mening når bakgrunnen er digitale teknologier. Nye regler – med andre friheter, uttrykt slik at mennesker uten advokater kan bruke dem – trengs. Creative Commons gir folk en effektiv måte å begynne å lage disse reglene.

Hvorfor ønsker skapere å delta i å gi slipp på total kontroll? Noen deltar for å øke spredningen av innholdet sitt. Et eksempel er Cory Doctorow som er en science fiction-forfatter. Hans første roman, *Down and Out in the Magic Kingdom*, ble sluppet gratis på nettet med en Creative Commons-lisens, samme dag som den ble lagt ut for salg i bokhandler.

Hvorfor ville en utgiver noensinne gå med på dette? Jeg mistenker at hans utgiver tenkte som dette: Det er to grupper av mennesker der ute: (1) de som vil kjøpe Corys bok uansett om den er på Internett eller ikke, og (2) de som kanskje aldri hører om Corys bok hvis den ikke blir gjort tilgjengelig gratis på Internett. En del av (1) vil laste ned Corys bok i stedet for å kjøpe den. Vi kan kalle dem slemme-(1). En del av (2) vil laste ned Corys bok, like den, og deretter bestemme seg for å kjøpe den. Vi kan kalle dem gode-(2). Hvis det er flere gode-(2) enn det er slemme-(1), så vil strategien med å gi ut Corys bok gratis på nettet antagelig *øke* salget av Corys bok.

Faktisk støtter erfaringene fra hans utgiver helt klart denne konklusjonen. Førsteutgaven av boken var utsolgt flere måneder tidligere enn utgiveren hadde forventet. Denne første romanen til en science fiction-forfatter var en total suksess.

Idéen om at gratis innhold kan øke verdien for ikke-gratis innhold, ble bekreftet av et eksperiment gjennomført av en annen forfatter. Peter Wayner, som skrev en bok om Fri programvare-bevegelsen med tittelen *Free For All*, gjorde en elektronisk utgave av boken gratis tilgjengelig på nettet med en Creative Commons-lisens etter at boken var utsolgt fra forlaget. Han fulgte deretter med på prisen for boken i bruktbokhandler. Som forutsett, etter hvert som antall nedlastinger steg, steg også bruktprisen på boken.

Dette er eksempler på bruk av Creative Commons for å bedre spre proprietært innhold. Jeg mener at dette er en nydelig og alminnelig bruk av allemannseie. Det er andre som bruker Creative Commons-lisenser av andre grunner. Mange som bruker «sampling-lisensen» gjør det på grunn av at alt annet ville være hyklerisk. Sampling-lisensen sier at andre står fritt til, for kommersielle eller ikke-kommersielle formål, å bruke biter av innhold fra det lisensierte verket. De har bare ikke friheten til å gjøre hele innholdet tilgjengelig for andre. På grunn av at den *juridiske* kostnaden med sampling er så høy (Walter Leaphart, manager for rap-gruppen Public Enemy, som ble skapt ved å sample musikken til andre, har uttalt at han ikke «tillater» Public Enemy å sample mer, på grunn av at den juridiske kostnaden er så høy[210]), slipper disse artistene innhold ut i det kreative miljøet som andre kan bygge videre på, slik at deres form for kreativitet kan vokse.

Til slutt er det mange som merker sitt innhold med en Creative Commons-lisens kun fordi de ønsker å uttrykke til andre hvor viktig de synes balanse er i denne debatten. Hvis du bare aksepterer systemet slik det er, så sier du faktisk at du tror på «alle rettigheter forbeholdt»-modellen. Fint for deg, men mange gjør ikke det. Mange tror at uansett hvor riktig den regelen er for Hollywood og raringer, så er den ikke en riktig beskrivelse av hvordan de fleste skaperne ser på rettighetene knyttet til sitt innhold. Creative Commons-lisensen uttrykker begrepet «noen rettigheter forbeholdt,» og gir mange muligheten til å si det til andre.

I de første seks månedene av Creative Commons-eksperimentet, ble over en million objekter lisensiert med disse fri kultur-lisensene. Neste steg er partnerskap med mellomvaretilbyderne av innhold for å hjelpe dem å bygge enkle måter inn i teknologiene de lager, slik at brukerne kan merke innholdet med friheten gitt med Creative Commons. Deretter er neste steg å holde øye med, og feire skaperne som lager nytt innhold basert på frigjort innhold.

Dette er de første stegene for å gjenoppbygge et allemannseie. De er ikke kun argumenter, de er handlinger. Å bygge allemannseiet er første steg for å vise folk hvor viktig dette er for kreativitet og nyskapning. Creative Commons baserer seg på frivillige steg for å få til denne gjenoppbyggingen. De vil føre til en verden hvor mer enn frivillige steg er mulig.

Creative Commons er bare ett eksempel på frivillig innsats fra enkeltpersoner og skapere for å endre blandingen av rettigheter som nå styrer det kreative området. Prosjektet konkurrerer ikke med opphavsretten. Den utfyller den. Dets mål er ikke å bekjempe rettighetene til forfatterne, men å gjøre det enklere for forfattere og skapere å utøve sine rettigheter mer fleksibelt og billigere. Den forskjellen, tror vi, vil gjøre det mulig for kreativiteten å spre seg lettere.

Dem, snart

Vi vil ikke vinne tilbake en fri kultur kun ved individuelle handlinger. Det trengs også viktige lovreformer. Vi har en lang vei å gå før politikerne vil lytte til disse idéene, og implementere disse reformene. Men det betyr også at vi har tid til å bygge opp bevisstheten rundt endringene som trengs.

I dette kapittelet skisserer jeg fem typer endringer: fire som er generelle og en som er spesifikk for den mest opphetede kampen for tiden, musikk. Hver av dem er et steg, ikke et mål. Men hver av disse stegene vil føre oss et godt stykke mot målet vårt.

1. Flere formaliteter

Hvis du kjøper et hus, så må du registrere salget i et skjøte. Hvis du kjøper eiendom for å bygge et hus, så må du registrere kjøpet i et skjøte. Hvis du kjøper en bil så får du en eierskiftemelding og registrerer bilen. Hvis du kjøper en flybillett, så har den navnet ditt på den.

Disse er alle formaliteter knyttet til eiendom. De er krav som vi alle må forholde oss til hvis vi ønsker at eiendommen vår skal bli beskyttet.

Dette står i kontrast til gjeldende åndsverkslov, der du automatisk får opphavsrett uavhengig av om du overholder noen formaliteter eller ikke. Du trenger ikke å registrere den. Du trenger ikke en gang merke innholdet ditt. Utgangspunktet er kontroll, og «formaliteter» er bannlyst.

Hvorfor?

Som jeg foreslo i kapittel 10 (s. 97), var motivasjonen for å avskaffe formalitetene god. I verden før digitale teknologier, la formalitetene en byrde på opphavsrettsinnehaverne uten at det ga nevneverdige fordeler. Dermed var det en fremgang da loven slakket opp på de formelle kravene som opphavsrettseieren måtte oppfylle for å beskytte og sikre sitt verk. Disse formalitetene kom i veien.

Men Internett endrer alt dette. Formaliteter trenger i dag ikke være en byrde. I stedet er det slik at en verden uten formaliteter, er en verden som hemmer kreativiteten. I dag er det ingen enkel måte å vite hvem som eier hva, og hvem en må gjøre avtale med for å kunne bruke eller bygge på det kreative verket til andre. Det er intet register, og det er intet system for å spore – det er ingen enkel måte å vite hvordan en får tillatelse. Og likevel er det, gitt den massive økningen i omfanget for opphavsrettens regler, et nødvendig steg å få tillatelse for ethvert verk som baserer seg på vår fortid. Og dermed tvinger *fraværet* av formaliteter mange til å være stille der de ellers ville talt.

Loven burde derfor endre dette kravet[211] – men den bør ikke endres ved å gå tilbake til det gamle ødelagte systemet. Vi bør kreve formaliteter, men vi bør etablere et system som vil skape incentivene for å minimere byrden disse formalitetene påfører.

Det er tre viktige formaliteter: merke opphavsrettsbeskyttede verk, registrere opphavsrett, og fornye krav om opphavsrett. Tradisjonelt var den første av disse tre noe opphavsrettsinnehaveren gjorde, og de andre to var noe myndighetene gjorde. Men et revidert system med formaliteter bør fjerne myndighetene fra prosessen, med unntak av det ene formålet med å godkjenne standarder utviklet av andre.

Registrering og fornying

I det gamle systemet måtte en opphavsrettseier sende inn en registrering til opphavsrettskontoret for å registrere eller fornye opphavsretten. Når en sendte inn registreringen, måtte opphavsrettseieren betale en avgift. Som med de fleste offentlige kontorer hadde opphavsrettskontoret lite incentiv til å minimere belastningen som registreringen ga. Det hadde også lite incentiv til å minimere avgiften. Og ettersom opphavsrettskontoret ikke var et hovedmål for regjeringens politikk, har kontoret historisk vært veldig underfinansiert. Dermed, når folk som kjenner til prosessen hører denne idéen om formaliteter, så er deres første reaksjon panikk – ingenting kan være verre enn å tvinge folk å forholde seg til det virvaret som heter opphavsrettskontoret.

Likevel har det alltid overrasket meg at vi, som kommer fra en tradisjon med ekstraordinær nyskapning innen myndighetsutforming, ikke lenger kan være nyskapende om hvordan myndighetsfunksjoner kan utformes. Det at det er et offentlig formål i en styringsrolle, betyr ikke at myndighetene er de eneste som kan administrere rollen. I stedet burde vi skape incentiver for at private aktører tilbyr tjenesten til offentligheten, ifølge standarder som myndighetene definerer.

I en registreringssammenheng er Internett en opplagt modell. Det finnes minst 32 millioner nettsteder registrert rundt om i verden. Eiere av domenenavnene til disse nettstedene må betale en avgift for å beholde sin registrering. For de viktigste toppnivå-domenene (.com, .org, .net) er det et sentralt register. Selve registreringene er derimot gjennomført av mange konkurrerende registrarer. Denne konkurransen presser ned registreringskostnadene, og enda viktigere så bidrar dette til å gjøre hver enkelt registrering enklere.

Vi burde ta i bruk en lignende modell for registrering og fornying av opphavsretter. Opphavsrettskontoret kan godt fungere som det sentrale registeret, men de burde ikke drive registrarvirksomhet. I stedet burde det etablere en database, og et sett med standarder for registrarer. Det bør godkjenne registrarer som følger disse standardene. Disse registrarene ville dermed konkurrere med hverandre om å levere det billigste og enkleste systemet for å registrere og fornye opphavsretter. Denne konkurransen ville redusere betydelig belastningen som denne formaliteten gir – mens det gir en database over registreringer som kan forenkle lisensiering av innhold.

Merking

Det å ikke merke kreative verk med opphavsrettsinformasjon førte tidligere til at en mistet opphavsretten. Det var en veldig streng straff for å ikke overholde en regulatorisk regel – omtrent som å dømme noen til dødsstraff for å ha parkert ulovlig i den kreative rettighetsverden. Her er det heller ikke noen grunn til at markeringskravene trenger å bli håndhevd på denne måten. Og viktigere er at det ikke er noen grunn til at merkingskravene trenger å håndheves likt på tvers av alle medier.

Målet med merkingen er å signalisere til offentligheten at dette verket er opphavsrettsbeskyttet, og at forfatteren ønsker å håndheve sine rettigheter. Merket gjør det også enkelt å spore opp en opphavsrettseier for å skaffe tillatelse til å bruke verket.

Ett av problemene som opphavsrettssystemet konfronterte tidlig var at ulike opphavsrettsbeskyttede verk måtte markeres forskjellig. Det var ikke klart hvordan og hvor en statue skulle merkes, eller en plate, eller en film. Et nytt merkingskrav kan løse disse problemene ved å anerkjenne forskjellene i mediene, og ved å tillate merkingssystemet til å utvikle seg etter hvert som teknologien muliggjør det. Systemet kan muliggjøre/aktivere et spesielt signal når en ikke merker – ikke å miste opphavsretten, men å miste retten til å straffe noen for å ikke ha skaffet seg tillatelse først.

La oss starte med det siste poenget. Hvis en opphavsrettsinnehaver tillater at hans verk blir publisert uten opphavsrettsmerking, så trenger ikke konsekvensen være at opphavsretten er tapt. Konsekvensen kan i stedet være at enhver da har rett til å bruke dette verket inntil opphavsrettsinnehaveren klager og demonstrerer at det er hans verk, og at han ikke gir tillatelse.[212] Forståelsen av et umerket verk ville dermed være «bruk såfremt ingen klager.» Hvis noen klager, så er forpliktelsen at en må slutte å bruke verket i ethvert nytt verk fra da av, selv om det ikke er noen straffereaksjon knyttet til eksisterende bruk. Dette vil skape et sterkt incentiv for opphavsrettseiere til å merke sine verk.

Dette i sin tur reiser spørsmålet om hvordan et verk best bør merkes.

Her må systemet igjen justeres etter hvert som teknologiene utvikler seg. Den beste måten å sikre at systemet utvikler seg, er å begrense opphavsrettskontorets rolle til å godkjenne standarder for å merke innhold som har vært utviklet av andre.

For eksempel, hvis en plateindustriforening kommer opp med en metode for å merke CD-er, så ville den foreslå dette til opphavsrettskontoret. Opphavsrettskontoret ville så holde en høring, hvor andre forslag kunne legges frem. Opphavsrettskontoret ville så velge det forslaget som det vurderte som det beste, og det ville basere valget *utelukkende* på vurderingen om hvilken metode som best kunne integreres inn i registrerings- og fornyingssystemet. Vi ville ikke basere oss på at myndighetene laget noe nytt, men vi ville basere oss på at myndighetene sikret de nye produktene på linje med dets andre viktige funksjoner.

Til slutt vil klart markert innhold gjøre registreringskravene enklere. Hvis fotografier var merket med forfatter og år, så ville det være liten grunn til å ikke tillate en fotograf til å fornye for eksempel alle fotografier tatt i et bestemt år, samtidig. Målet med formaliteten er ikke å belaste skaperne. Systemet selv bør holdes så enkelt som mulig.

Formålet med formaliteter er å gjøre ting mer klart. Det eksisterende systemet gjør ingenting for å gjøre ting mer klart. Det virker heller som om det er utformet for å gjøre ting mindre klart.

Hvis formaliteter slik som registrering ble gjeninnført, så ville en av de mest vanskelige sidene med å stole på allemannseie bli fjernet. Det ville bli enkelt å identifisere hvilket innhold som kan antas å være fritt tilgjengelig. Det ville være enkelt å identifisere hvem som kontrollerer rettighetene for et bestemt type innhold. Det ville være enkelt å hevde disse rettighetene, og å fornye denne hevden på riktig tidspunkt.

2. Kortere vernetid

Vernetiden i opphavsretten har gått fra fjorten år til nittifem år der selskap har forfatterskapet, og livstiden til forfatteren pluss sytti år for individuelle forfattere.

I *The Future of Ideas* foreslo jeg syttifemårs vernetid, tildelt i femårsbolker med et krav om å fornye hvert femte år. Dette virket radikalt nok på den tiden. Men etter at vi tapte *Eldred* mot *Ashcroft*, ble forslaget enda mer radikalt. *The Economist* anbefalte et forslag om fjorten års vernetid.[213] Andre har foreslått å knytte vernetiden til vernetiden for patenter.

Jeg er enig med dem som tror vi trenger en radikal endring i opphavsrettens levetid. Men hvorvidt den er fjorten år eller syttifem, så er det fire prinsipper som det er viktig å tenke på når det gjelder varigheten til opphavsretten.

1. *Hold den kort:* Lengden bør være så lang at den gir nødvendig incentiv til å skape, men ikke lenger. Hvis den er knyttet opp til svært sterk beskyttelse for forfattere (slik at forfattere er i stand til å få tilbake rettigheter fra utgiverne), så kan rettigheter til samme verk (ikke avledede

verk) bli ytterligere utvidet. Nøkkelen er å ikke binde verk opp med juridiske reguleringer når det ikke lenger gir fordeler til en forfatter.

2. *Gjør det enkelt:* Skillelinjen mellom verk uten opphavsrettslig vern, og innhold som er beskyttet må forbli klart. Advokater liker uklarheten som «rimelig bruk» og forskjellen mellom «idéer» og «uttrykk» har. Denne type lovverk gir dem en masse arbeid. Men de som skrev Grunnloven hadde en enklere idé: vernet eller ikke vernet. Verdien av korte vernetider er at det er lite behov for å bygge inn unntak i opphavsretten når vernetiden holdes kort. En klar og aktiv «advokatfri sone» gjør kompleksiteten av «rimelig bruk» og «idé/uttrykk» mindre nødvendig å håndtere.

3. *Gjør det aktivt:* En bør være nødt til å fornye opphavsrettsbeskyttelsen. Spesielt hvis den maksimale varigheten er lang, så bør opphavsrettseieren være nødt til å signalisere regelmessig at han ønsker at beskyttelsen fortsetter. Dette trenger ikke være en enorm belastning, men det er ingen grunn til at denne monopolbeskyttelsen må deles ut gratis. I snitt tar det nitti minutter for en krigsveteran å søke om pensjon.[214] Hvis vi belaster veteraner med så mye, så ser jeg ikke hvorfor vi ikke kan kreve at forfattere bruker ti minutter hvert femtiende år for å fylle ut et enkelt skjema.

4. *Gjør det for fremtiden:* Uansett hva lengden på vernetiden i opphavsretten bør være, så er den klareste lærdommen økonomiene kan lære oss er at en levetid når den er gitt, aldri bør bli utvidet. Det kan ha vært en tabbe i 1923 at loven kun tilbød forfattere en varighet på femtisyv år. Jeg tror ikke det, men det er mulig. Hvis det var en tabbe, så var konsekvensen at vi fikk færre forfattere som skrev i 1923 enn vi ellers ville hatt. Men vi kan ikke korrigere den feilen i dag ved å utvide vernetiden. Uansett hva vi gjør i dag, så kan vi ikke øke antallet forfattere som skrev i 1923. Vi kan naturligvis øke belønningen for dem som skriver nå (eller alternativt, øke opphavsrettsbyrden som kveler mange verk som i dag er usynlige. Men å øke deres belønning vil ikke øke deres kreativitet i 1923. Det som ikke ble gjort ble ikke gjort, og det er ingenting vi kan gjøre med det nå.

Disse endringene vil sammen gi en *gjennomsnittlig* opphavsrettslig vernetid som er mye kortere enn den gjeldende vernetiden. Frem til 1976 var gjennomsnittlig vernetid kun 32.2 år. Vårt mål bør være det samme.

Uten tvil vil ekstremistene kalle disse idéene «radikale.» (Tross alt, så kaller jeg dem «ekstremister.») Men igjen, vernetiden jeg anbefalte var lengre enn vernetiden under Richard Nixon. Hvor «radikalt» kan det være å be om en mer sjenerøs opphavsrettighet enn da Richard Nixon var president?

3. Fri bruk versus rimelig bruk

Som jeg observerte i starten av denne boken, ga eiendomsretten opprinnelig landeiere retten til å kontrollere sin eiendom fra jorda og helt opp til himmelen. Så kom flymaskiner, og omfanget av eiendomsretter ble raskt endret. Det var intet oppstyr, ingen konstituell utfordring. Det ga ikke mening lenger å gi bort så mye kontroll, gitt fremveksten av denne nye teknologien.

Vår Grunnlov gir Kongressen myndighet til å tildele forfattere «eksklusive rett» til «deres skrifter.» Kongressen har gitt forfattere en eksklusiv rett til «deres skrifter» pluss alle avledede skrifter (laget av andre) som er tilstrekkelig nær forfatterens opprinnelige verk. Dermed, hvis jeg skriver en bok, og du baserer en film på den boken, så har jeg myndighet til å nekte deg å gi ut den filmen, selv om den filmen ikke er «min skrift.»

Kongressen støttet opphavet til denne retten i 1870, da den utvidet den eksklusive retten i opphavsretten til å inneholde retten til å kontrollere oversettelser og dramatiseringer av et verk.[215] Domstolene har utvidet denne sakte gjennom lovfortolkninger siden da. Denne utvidelsen har vært kommentert av en av jussverdens beste dommere, dommer Benjamin Kaplan.

> Vi har blitt så tilvendt til utvidelsen av monopolet til en lang rekke med såkalte avledede verk at vi ikke lenger ser hvor rart det er å akseptere en slik utvidelse av opphavsretten, mens vi nynner på abrakadabraen rundt idéer og uttrykk.[216]

Jeg tror det er på tide å anerkjenne at det er flymaskiner på dette området, og at utvidelser av rettigheter for avledede verk ikke lenger gir mening. Mer presist gir de ikke mening for hele verneperioden til opphavsretten. Og de gir ikke mening som tildeling uten begrensning. La oss vurdere hver begrensning for seg.

Vernetid: Hvis Kongressen ønsker å tildele avledede rettigheter, da bør den rettigheten ha mye kortere vernetid. Det gir mening å beskytte John Grishams rett til å selge filmrettighetene til hans siste roman (eller i det minste er jeg villig til å anta at det gir mening), men det gir ikke mening at denne rettigheten skal vare like lenge som vernetiden til den underliggende opphavsretten. Den avledede rettigheten kan være viktig for å bidra til kreativitet, men den er ikke viktig lenge etter at det kreative verket er ferdig.

Omfang: På samme måte bør omfanget for avledede verk snevres inn. Her igjen er det noen tilfeller der avledede rettigheter er viktige. Disse bør spesifiseres. Men loven bør skille klart mellom regulert og uregulert bruk av opphavsrettsbeskyttet materiale. Da all «gjenbruk» av kreativt materiale var kontrollert av bedrifter, så ga det kanskje mening å kreve advokater for å forhandle om hvor grensen gikk. Det gir ikke lenger mening å la advokater forhandle om hvor grensene går. Tenk på alle de kreative mulighetene som digitale teknologier muliggjør. Forestill deg så å helle sirup inn i maskinene. Det er hva dette generelle kravet om tillatelse gjør med den kreative prosessen. Det kveler den.

Dette var poenget som Alben kom med da han beskrev hvordan han laget Clint Eastwood-CD-en. Mens det gir mening å kreve forhandlinger for overskuelige avledede rettigheter – å lage en film av en bok, eller et noteark av et dikt – så gir det ikke mening å kreve forhandlinger for det uforutsigbare. Her gir en lovfestet rett mer mening.

217

I hver av disse tilfellene burde loven markere hvilke bruksområder som er beskyttet, og en bør så kunne anta at andre bruksområder ikke er beskyttet. Dette er det motsatte av anbefalingen fra min kollega Paul Goldstein.[217] Hans syn er at loven bør skrives slik at beskyttelsen utvides når bruksområdene utvides.

Analysen til Goldstein gir absolutt mening hvis kostnadene ved dette rettssystemet var lave. Men som vi nå ser i sammenheng med Internett, gir usikkerhet rundt omfanget av beskyttelse, og incentivet til å beskytte den eksisterende arkitektur for inntekter kombinert med en sterk opphavsrett, en svekket nyskapningsprosess.

Loven kan motvirke dette problemet enten ved å fjerne beskyttelsen ut over de delene som er eksplisitt nevnt, eller ved å tillate gjenbruksretter på visse lovbestemte betingelser. For hver av disse alternativene ville effekten være å frigjøre en stor del av kulturen slik at andre kan få den til å vokse. Og under et lovbestemt rettighetsregime, så ville slik gjenbruk gi kunstnerne flere inntekter.

4. Frigjør musikken – igjen

Slaget som startet hele denne krigen var om musikk, så det ville ikke være rimelig å avslutte denne boken uten å ta opp problemet som er mest presserende for de fleste – musikk. Det er ingen andre policy-tema som bedre forklarer hva en kan lære i denne boken enn slagene om deling av musikk.

Appellen til fildeling var det som satte fortgang i Internetts vekst. Det drev behovet for tilgang til Internett kraftigere enn noe annet enkeltbruksområde. Det var Internetts «killer app» – kanskje i to betydninger av ordet. Det var uten tvil det bruksområdet som drev etterspørselen etter båndbredde. Det kan godt ende opp med å være bruksområdet som driver igjennom krav om reguleringer som til slutt dreper nyskapning på nettet.

Målet med opphavsrett, både generelt og for musikk spesielt, er å skape incentiver for å komponere, fremføre og aller viktigst, spre, musikk. Loven gjør dette ved å gi en eksklusiv rett til en komponist til å kontrollere offentlige fremføringer av sitt verk, og til en utøvende artist til å kontrollere eksemplarer av sine fremføringer.

Fildelingsnettverk kompliserer denne modellen ved å gjøre det mulig å spre innhold uten at utøveren har fått betalt. Men dette er naturligvis ikke alt et fildelingsnettverk gjør. Som jeg beskrev i kapittel 5 (s. 59), så muliggjør de fire ulike former for deling:

A. Det er noen som bruker delingsnettverk som erstatning for å kjøpe CD-er.

B. Det er også noen som bruker delingsnettverk for å prøvelytte, mens de vurderer hva slags CD-er de vil kjøpe.

C. Det er mange som bruker fildelingsnettverk for å få tilgang til innhold som ikke lenger er i salg, men fortsatt er vernet av opphavsrett, eller som ville ha vært altfor vanskelig å få kjøpt via nettet.

D. Det er mange som bruker fildelingsnettverk for å få tilgang til innhold som ikke er opphavsrettsbeskyttet, eller for å få tilgang som opphavsrettsinnehaveren åpenbart går god for.

Enhver reform av loven må ha disse ulike bruksområdene i fokus. Den må unngå å belaste type-D-deling selv om den tar sikte på å fjerne type A. Hvor ivrig loven søker å fjerne type-A-deling, bør videre være avhengig av størrelsen på type-B-deling. Som med videospillere, hvis nettoeffekten av deling ikke er spesielt skadelig, så er behovet for regulering betydelig svekket.

Som jeg sa i kapittel 5 (s. 59), er det kontroversielt om delingen forårsaker skade. Men i dette kapittelet vil jeg anta at skaden er reell. Jeg antar, med andre ord, at type-A-deling er betydelig større enn type-B, og er den dominerende bruken av delingsnettverk.

Uansett, det er et avgjørende faktum om den gjeldende teknologiske sammenhengen som vi må huske på hvis vi skal forstå hvordan loven bør reagere.

I dag er fildeling vanedannende. Om ti år vil det ikke være det. Det er avhengighetsskapende i dag på grunn av at det er den enkleste måten å få tilgang til et bredt spekter av innhold. Det vil ikke være den enkleste måten å få tilgang til et bredt spekter av innhold om ti år. I dag er tilgang til Internett knotete og tregt – vi i USA er heldige hvis vi har en bredbåndstjeneste med 1,5 MB/s, og svært sjelden får vi tjenesten med den hastigheten både opp og ned. Selv om trådløs tilgang vokser, må de fleste av oss få tilgang via kabler. De fleste får kun tilgang via en maskin med et tastatur. Idéen om å alltid være tilkoblet Internett er i hovedsak bare en idé.

Men det vil bli en realitet, og det betyr at måten vi får tilgang til Internett på i dag, er en teknologi i endring. Beslutningstakere bør ikke lage regler basert på teknologi i endring. De bør lage regler basert på hvor teknologien er på vei. Spørsmålet bør ikke være om hvordan loven skal regulere delingen slik verden er nå. Spørsmålet bør være, hva slags lov vil vi trenge når nettverket blir det nettverket helt klart er på vei mot. Det nettverket er et hvor enhver maskin som bruker strøm i essensen er på nettet. Uansett hvor du er – muligens med unntak av i ørkenen og fjerntliggende fjellpartier – kan du umiddelbart bli koblet til Internett. Forestill deg Internett så allstedsnærværende som den beste mobiltelefontjenesten, hvor du er tilkoblet med et enkelt trykk på en bryter.

I den verden vil det være ekstremt enkelt å koble seg til en tjeneste som gir deg direkte tilgang til innhold – slik som Internett-radio, innhold som strømmes til brukeren når brukeren ønsker det. Her er dermed det kritiske poenget: Når det er *ekstremt* enkelt å koble seg til tjenester som gir tilgang til innhold, så vil det være *enklere* å koble seg til tjenester som gir deg tilgang til innhold enn det vil være å laste ned og lagre innhold *på de mange enhetene som du vil ha for å vise frem innhold*. Det vil med andre ord være enklere å abonnere enn det vil være å være en databaseadministrator, hvilket enhver er i en «last ned og del»-verden som Napster-lignende teknologier i essensen er. Innholdstjenester vil konkurrere med innholdsdeling, selv om tjenestene krever penger for innholdet de gir tilgang til. Mobiltelefontjenester i Japan tilbyr allerede musikk (mot et gebyr) strømmet via mobiltelefoner (forbedret med plugger for øretelefoner). Japanerne betaler for dette innholdet selv om «gratis» innhold er tilgjengelig i form av MP3er via nettet.[218]

Dette poenget om fremtiden er med å foreslå et perspektiv om nåtiden: Det er ettertrykkelig midlertidig. «Problemet» med fildeling – i den grad det er et reelt problem – er et problem som mer og mer vil forsvinne etter hvert som det blir enklere å koble seg på Internett. Og dermed er det en stor feil for beslutningstakere i dag å «løse» dette problem basert på en teknologi som vil være borte i morgen. Spørsmålet bør ikke være hvordan regulere Internett for å fjerne fildeling (nettet vil utvikle seg slik at det problemet blir borte). Spørsmålet bør i stedet være hvordan en sikrer at kunstnere får betalt, gjennom denne overgangen fra forretningsmodellene i det tjuende århundre og til teknologiene i det tjueførste århundre.

Svaret begynner med å erkjenne at det er ulike «problemer» å løse her. La oss starte med type-D-innhold – ikke opphavsrettsbeskyttet innhold, eller opphavsrettsbeskyttet innhold som kunstneren ønsker å få delt. «Problemet» med dette innholdet er å sikre at teknologien som muliggjør denne type deling ikke blir gjort ulovlig. Tenk på det slik: telefonbokser kan uten tvil brukes til å levere krav om løsepenger. Men det er mange som trenger å bruke telefonbokser som ikke har noe med løsepenger å gjøre. Det ville være galt å forby telefonbokser for å eliminere kidnapping.

Type-C-innhold reiser et annet «problem.» Dette er innhold som var publisert, en gang i tiden, og ikke lenger er tilgjengelig. Det kan være utilgjengelig fordi kunstneren ikke lenger er verdifull nok for plateselskapet han har signert med til at de vil formidle hans verk. Eller det kan være utilgjengelig fordi verket er glemt. Uansett bør målet til loven være å muliggjøre tilgang til dette innholdet, ideelt sett på en måte som gir noe tilbake til kunstneren.

Igjen, her er modellen bruktbokhandelen. Etter at en bok er utsolgt fra forlaget, så kan den fortsatt være tilgjengelig fra biblioteker og bruktbokhandler. Men biblioteker og bruktbokhandler betaler ikke opphavsrettseieren når noen leser eller kjøper en bok som er utsolgt fra forlaget. Dette gir absolutt mening, selvfølgelig, siden ethvert annet system ville være så tungvint at det ville gjøre det umulig for bruktbokhandler å eksistere. Men fra forfatterens synsvinkel er denne «delingen» av hans innhold uten at han får kompensasjon ikke helt ideell.

Modellen for bruktbokhandler antyder at loven ganske enkelt kan anse utsolgt-fra-forlaget-musikk for fritt vilt. Hvis utgiveren ikke gjør utgaver av musikken tilgjengelig for salg, så ville kommersielle og ikke-kommersielle tilbydere stå fritt, under denne regelen, til å «dele» det innholdet, selv om delingen involverte å lage en kopi. Kopien her ville være teknisk detalj for å gjennomføre handelen. I en sammenheng der kommersiell publisering er avsluttet, så burde friheten til å handle med musikk være lik den som gjelder for bøker.

Alternativt kan loven opprette en lovbestemt lisens som ville sørge for at kunstnere får noe fra handelen med deres verk. For eksempel, hvis loven satte en lav lovbestemt sats for kommersiell deling av innhold som ikke ble tilbudt for salg fra en kommersiell utgiver, og hvis denne raten automatisk ble overført til en tiltrodd tredjepart til fordel for kunstneren, så kunne selskaper utvikle seg rundt idéen om handel med dette innholdet mens kunstneren ville ha fordel av denne handelen.

Dette systemet ville også skape et incentiv for utgivere å la verk forbli kommersielt tilgjengelig. Verk som er kommersielt tilgjengelig ville ikke bli underlagt denne lisensen. Dermed kan utgiverne beskytte retten til å ta betalt hvilket som helst beløp for innhold hvis de holdt det kommersielt tilgjengelig. Men hvis de ikke holdt det tilgjengelig, og det i stedet var harddiskene til tilhengere rundt omkring i verden som holdt det i live, da burde enhver lisensbetaling for slik kopiering være mye mindre enn det en vanligvis ville skylde en kommersiell utgiver.

De vanskelige tilfellene er innhold av type A og B. Og igjen, disse tilfellene er kun vanskelig fordi utstrekningen av problemet vil endre seg over tid, etter hvert som teknologier for å få tilgang til innhold endrer seg. Lovens løsning bør derfor være like fleksibelt som problemet er, og forstå at vi er midt i en radikal endring i teknologi for levering og tilgang til innhold.

Så her er en løsning som i første omgang kan virke veldig underlig for begge sider i denne krigen, men som jeg tror vil gi mer mening når en får tenkt seg om.

Når retorikken om ukrenkeligheten til eiendom er fjernet, er de grunnleggende påstanden til innholdsindustrien denne: En ny teknologi (Internett) har skadet et sett med rettigheter som sikrer opphavsretten. Hvis disse rettighetene skal bli beskyttet, så bør innholdsindustrien kompenseres for denne skaden. På samme måte som tobakksteknologien skadet helsen til millioner av amerikanere, eller asbestteknologien forårsaket alvorlig sykdom hos tusenvis av gruvearbeidere, så har den digitale nettverksteknologien skadet interessene til innholdsindustrien.

Jeg elsker Internett, så jeg liker ikke å sammenligne det med tobakk eller asbest. Men analogien er rimelig når en ser det fra lovens perspektiv. Og det foreslår en rimelig respons: I stedet for å forsøke å ødelegge Internett eller p2p-teknologien som i dag skader innholdsleverandører på Internett, så bør vi finne en relativt enkel måte å kompensere de som blir skadelidende.

Idéen er basert på et forslag lansert av jussprofessor William Fisher ved Harvard.[219] Fisher foreslår en veldig lur måte rundt den pågående stillingskrigen på Internett. Ifølge hans plan ville alt innhold som kan sendes digitalt (1) være markert med et digitalt vannmerke (ikke bekymre deg over hvor enkelt det ville være å unngå disse merkene, som du vil se er det ikke noe incentiv for å unngå dem). Når innholdet er merket, så ville entreprenører utvikle (2) systemer for å registrere hvor mange enheter av hvert innhold som ble distribuert. På grunnlag av disse tallene ville så (3) kunstnerne bli kompensert. Kompensasjonen kunne bli finansiert med (4) en passende skatt.

Forslaget til Fisher er grundig og omfattende. Det reiser en million spørsmål, de fleste av dem godt besvart i hans kommende bok, *Promises to Keep*. Endringene jeg vil gjøre er relativt enkle: Fisher ser for seg at hans forslag erstatter det eksisterende opphavsrettssystemet. Jeg ser for meg at det vil utfylle det eksisterende systemet. Målet med forslaget vil være å gjøre det enklere å gi kompensasjon i den grad skade kan påvises. Denne kompensasjonen ville være midlertidig, med målsetning om å gjøre overgangen lettere mellom to regimer. Og det ville kreve fornying etter en periode på noen år. Hvis det fortsatt gir mening å forenkle gratis utveksling av innhold gjennom et skattesystem, så kan det videreføres. Hvis denne form for beskyttelse ikke lenger er nødvendig, så kan systemet foldes inn i det gamle systemet for å kontrollere tilgang.

Fisher ville steile over idéen om å tillate systemet til å falle vekk. Hans mål er ikke bare å sikre at kunstnerne blir betalt, men også å sikre at systemet støtter størst mulig omfang av «semiotisk demokrati». Men målet om semiotisk demokrati kan oppfylles hvis de andre endringer jeg beskriver kommer på plass – spesielt begrensninger på avledet bruk. Et system som ganske enkelt tar imot betaling for tilgang vil ikke belaste semiotisk demokrati veldig hvis det var få begrensninger på hva en får lov til å gjøre med selve innholdet.

Uten tvil vil det være vanskelig å måle nøyaktig «skaden» på en industri. Men vanskeligheten i å beregne dette vil veies opp av fordelen ved å tilrettelegge for nyskapning. Dette bakgrunnssystemet for å kompensere ville heller ikke trenge å forstyrre nyskapende forslag som Apples MusicStore. Som eksperter forutså da Apple lanserte sin MusicStore, så kan den slå «gratis» ved å være enklere enn det som gratis er. Dette har vist seg å være riktig: Apple har solgt millioner av sanger til selv den veldig høye prisen 99 cent per sang (til 99 cent er kostnaden tilsvarende prisen per sang på en CD, selv om plateselskapene ikke må betale noen av kostnadene knyttet til CD-produksjon). Apples lansering ble møtt av Real Networks, som tilbød musikk til kun 79 cent per sang. Og uten tvil vil det bli mye konkurranse rundt å tilby og å selge musikk på nettet.

Denne konkurransen er allerede på plass mot bakgrunnen med «gratis» musikk fra p2p-systemer. Slik selgerne av kabel-TV har visst i tredve år, og de som selger vann på flaske enda lengre, så er det slett ikke umulig å «konkurrere med gratis.» Faktisk vil konkurransen om ikke annet inspirere til å tilby nye og bedre produkter. Det er nøyaktig det et konkurransedyktig marked skulle handle om. Dermed har en i Singapore, hvor piratkopiering er utbredt, ofte luksuriøse kinosaler – med «førsteklasses» seter, og måltider servert mens du ser på en film – mens de kjemper og lykkes i å finne en måte å konkurrere med «gratis.»

Dette konkurranseregimet, med en sikringsmekanisme for å sikre at kunstnere ikke taper, ville bidra mye til nyskapning innen levering av innhold. Konkurransen ville fortsette å redusere type-A-deling. Det ville inspirere en ekstraordinær rekke av nye innovatører – som ville ha retten til å bruke innhold, og ikke lenger frykte usikre og barbarisk strenge straffer fra loven.

Oppsummert, så er dette mitt forslag:

Internett er i endring. Vi bør ikke regulere en teknologi i endring. Vi bør i stedet regulere for å minimere skaden påført interesser som er berørt av denne teknologiske endringen, samtidig som vi muliggjør, og oppmuntrer, den mest effektive teknologien vi kan lage.

Vi kan minimere skaden, og samtidig maksimere fordelen med innovasjon ved å

1. garantere retten til å engasjere seg i type-D-deling

2. tillate ikke-kommersiell type-C-deling uten erstatningsansvar, og kommersiell type-C-deling med en lav og lovfestet pris

3. mens denne overgangen pågår, skattlegge og kompensere for type-A-deling, i den grad faktisk skade kan påvises.

Men hva om «piratvirksomheten» ikke forsvinner? Hva om det finnes et konkurranseutsatt marked som tilbyr innhold til en lav kostnad, men et signifikant antall av forbrukere fortsetter å «ta» innhold uten å betale? Burde loven gjøre noe da?

Ja, det bør den. Men, nok en gang, hva den bør gjøre avhenger hvordan realitetene utvikler seg. Disse endringene fjerner kanskje ikke all type-A-deling. Men det virkelige spørmålet er ikke om de eliminerer deling i abstrakt betydning. Det virkelige spørsmålet er hvilken effekt det har på markedet. Er det bedre (a) å ha en teknologi som er 95 prosent sikker, og gir et marked av størrelse x, eller (b) å ha en teknologi som er 50 prosent sikker, og som gir et marked som er fem ganger større enn x? Mindre sikker kan gi mer uautorisert deling, men det vil sannsynligvis også gi et mye større marked for autorisert deling. Det viktigste er å sikre kunstneres kompensasjon uten å ødelegge Internett. Når det er på plass, kan det hende det er riktig å finne måter å spore opp de smålige piratene.

Men vi er langt unna å redusere problemet ned til dette delsettet av type-A-delere. Og vårt fokus inntil vi er der, bør ikke være å finne måter å ødelegge Internett. Vårt fokus inntil vi er der, bør være hvordan vi sikrer at artister får betalt, mens vi beskytter det stedet for nyskapning og kreativitet som Internett er.

5. Spark en masse advokater

Jeg er en advokat. Jeg lever av å utdanne advokater. Jeg tror på rettsvesenet. Jeg tror på åndsverksloven. Jeg har faktisk viet livet til å jobbe med loven, ikke fordi det er mye penger å tjene, men fordi det innebærer idealer som jeg elsker å leve opp til.

Likevel har mye av denne boken vært kritikk av advokater, eller rollen advokater har spilt i denne debatten. Loven taler om idealer, mens det er min oppfatning at yrkesgruppen vår er blitt for knyttet til klienten. Og i en verden der rike klienter har sterke synspunkter, vil uviljen hos vår yrkesgruppe til å stille spørsmål med, eller protestere mot dette sterke synet, ødelegge loven.

Bevisene for denne utviklingen er overbevisende. Jeg er angrepet som en «radikal» av mange innenfor dette yrket, og likevel er meningene jeg argumenterer for nøyaktig de meningene til mange av de mest moderate og betydningsfulle personene i historien til denne delen av lovverket. Mange trodde for eksempel at vår utfordring til lovforslaget om å utvide opphavsrettens vernetid var galskap. Mens for bare tredve år siden mente den dominerende foreleser og utøver i opphavsrettsfeltet, Melville Nimmer, at den var åpenbar.[220]

Min kritikk av rollen som advokater har spilt i denne debatten handler imidlertid ikke bare om en profesjonell skjevhet. Det handler enda mer om vår manglende evne til å faktisk ta inn over oss hva loven koster.

Økonomer er forventet å være gode til å forstå utgifter og inntekter. Men som oftest antar økonomene uten peiling på hvordan det juridiske systemet egentlig fungerer, at transaksjonskostnaden i det juridiske systemet er lav.[221] De ser et system som har eksistert i hundrevis av år, og de antar at det fungerer slik grunnskolens samfunnsfagundervisning lærte dem at det fungerer.

Men det juridiske systemet fungerer ikke. Eller for å være mer nøyaktig, det fungerer kun for de med mest ressurser. Det er ikke fordi systemet er korrupt. Jeg tror overhodet ikke vårt juridisk system (på føderalt nivå, i hvert fall) er korrupt. Jeg mener ganske enkelt at på grunn av at kostnadene med vårt juridiske systemet er så hårreisende høyt, vil en praktisk talt aldri oppnå rettferdighet.

Disse kostnadene forstyrrer fri kultur på mange vis. En advokats tid faktureres hos de største firmaene for mer enn 400 dollar pr. time. Hvor mye tid bør en slik advokat bruke på å lese sakene nøye, eller undersøke obskure rettskilder. Svaret er i økende grad: svært lite. Jussen er avhengig av nøye formulering og utvikling av doktrine, men nøye formulering og utvikling av doktrine er avhengig av nøyaktig arbeid. Men nøyaktig arbeid koster for mye, bortsett fra i de mest høyprofilerte og kostbare sakene.

Kostbarheten, klumsetheten og tilfeldigheten til dette systemet håner vår tradisjon. Og advokater, såvel som akademikere, bør se det som sin plikt å endre hvordan loven praktiseres – eller bedre, endre loven slik at den fungerer. Det er galt at systemet fungerer godt bare for den øverste 1-prosenten av klientene. Det kan gjøres radikalt mer effektivt, og billig, og dermed radikalt mer rettferdig.

Men inntil en slik reform er gjennomført, bør vi som samfunn holde lover unna områder der vi vet den bare vil skade. Og det er nettopp det loven altfor ofte vil gjøre hvis for mye av vår kultur er lovregulert.

Tenk på de fantastiske tingene ditt barn kan gjøre eller lage med digital teknologi – filmen, musikken, websiden, bloggen. Eller tenk på de fantastiske tingene ditt fellesskap kunne få til med digital teknologi – en wiki, oppsetting av låve, kampanje til å endre noe. Tenk på alle de kreative tingene, og tenk deretter på kald sirup helt inn i maskinene. Dette er hva ethvert regime som krever tillatelser fører til. Dette er virkeligheten slik den var i Brezhnevs Russland.

Loven bør regulere i visse områder av kulturen – men det bør regulere kultur bare der reguleringen bidrar positivt. Likevel tester advokater sjeldent sin kraft, eller kraften som de fremmer, mot dette enkle pragmatisk spørsmålet: «vil det bidra positivt?» Når de blir utfordret om den utvidede rekkevidden til loven, er advokat-svaret, «Hvorfor ikke?»

Vi burde spørre: «Hvorfor?» Vis meg hvorfor din regulering av kultur er nødvendig, og vis meg hvordan reguleringen bidrar positivt. Før du kan vise meg begge, holde advokatene din unna.

Notater

I denne teksten er det referanser til lenker på verdensveven. Og som alle som har forsøkt å bruke nettet vet, så vil disse lenkene være svært ustabile. Jeg har forsøkt å motvirke denne ustabiliteten ved å omdirigere lesere til den originale kilden gjennom en nettside som hører til denne boken. For hver lenke under, så kan du gå til http://free-culture.cc/notes og finne den originale kilden ved å klikke på nummeret etter #-tegnet. Hvis den originale lenken fortsatt er i live, så vil du bli omdirigert til den lenken. Hvis den originale lenken har forsvunnet, så vil du bli omdirigert til en passende referanse til materialet.

Forord

1. David Pogue, «Don't Just Chat, Do Something,» *New York Times*, 30. januar 2000.
2. Richard M. Stallman, *Free Software, Free Societies* 57 (Joshua Gay, red. 2002).
3. William Safire, «The Great Media Gulp,» *New York Times*, 22. mai 2003.

Introduksjon

4. St. George Tucker, *Blackstone's Commentaries* 3 (South Hackensack, N.J.: Rothman Reprints, 1969), 18.
5. USA mot Causby, U.S. 328 (1946): 256, 261. Domstolen fant at det kunne være å «ta» hvis regjeringens bruk av sitt land reelt sett hadde ødelagt verdien av eiendommen til Causby. Dette eksemplet ble foreslått for meg i Keith Aokis flotte stykke, «(intellectual) Property and Sovereignty: Notes Toward a cultural Geography of Authorship,» *Stanford Law Review* 48 (1996): 1293, 1333. Se også Paul Goldstein, *Real Property* (Mineola, N.Y.: Foundation Press (1984)), 1112–13.
6. Lawrence Lessing, *Man of High Fidelity:: Edwin Howard Armstrong* (Philadelphia: J. B. Lipincott Company, 1956), 209.
7. Se «Saints: The Heroes and Geniuses of the Electronic Era,» første elektroniske kirke i USA, hos www.webstationone.com/fecha, tilgjengelig fra link #1.
8. Lessing, 226.
9. Lessing, 256.
10. Amanda Lenhart, «The Ever-Shifting Internet Population: A New Look at Internet Access and the Digital Divide,» Pew Internet and American Life Project, 15. april 2003: 6, tilgjengelig fra link #2.
11. Dette er ikke det eneste formålet med opphavsrett, men det er helt klart hovedformålet med opphavsretten slik den er etablert i føderal grunnlov. Åndsverklovene i delstatene beskyttet historisk ikke bare kommersielle interesse når det gjaldt publikasjoner, men også

225

personverninteresser. Ved å gi forfattere eneretten til å publisere først, ga delstatenes ånds-verklovene forfatterne makt til å kontrollere spredningen av fakta om seg selv. Se Samuel D. Warren og Louis Brandeis, «The Right to Privacy,» *Harvard Law Review* 4 (1890): 193, 198–200.

12. Se Jessica Litman, *Digital Copyright* (New York: Prometheus bøker, 2001), kap. 13.

13. Amy Harmon, «Black Hawk Download: Moving Beyond Music, Pirates Use New Tools to Turn the Net into an Illicit Video Club,» *New York Times*, 17. januar 2002.

14. Neil W. Netanel, «Copyright and a Democratic Civil Society,» *Yale Law Journal* 106 (1996): 283.

«Piratvirksomhet»

15. *Bach* v. *Longman*, 98 Eng. Rep. 1274 (1777) (Mansfield).

16. Se Rochelle Dreyfuss, «Expressive Genericity: Trademarks as Language in the Pepsi Gene-ration,» *Notre Dame Law Review* 65 (1990): 397.

17. Lisa Bannon, «The Birds May Sing, but Campers Can't Unless They Pay Up,» *Wall Street Journal*, 21. august 1996, tilgjengelig fra link #3; Jonathan Zittrain, «Calling Off the Copy-right War: In Battle of Property vs. Free Speech, No One Wins,» *Boston Globe*, 24. november 2002.

18. I *The Rise of the Creative Class* (New York: Basic Books, 2002), dokumenterer Richard Florida en endring i arbeidsstokken mot kreativitetsarbeide. Hans tekst omhandler derimot ikke direkte de juridiske vilkår som kreativiteten blir muliggjort eller hindret under. Jeg er helt klart enig med ham i viktigheten og betydningen av denne endringen, men jeg tror også at vilkårene som disse endringene blir aktivert under er mye vanskeligere.

Kapittel en: Skaperne

19. Leonard Maltin, *Of Mice and Magic: A History of American Animated Cartoons* (New York: Penguin Books, 1987), 34–35.

20. Jeg er takknemlig overfor David Gerstein og hans nøyaktige historie, beskrevet på link #4. Ifølge Dave Smith ved the Disney Archives, betalte Disney for å bruke musikken til fem sanger i *Steamboat Willie*: «Steamboat Bill,» «The Simpleton» (Delille), «Mischief Makers» (Carbonara), «Joyful Hurry No. 1» (Baron), og «Gawky Rube» (Lakay). En sjette sang, «The Turkey in the Straw,» var allerede allemannseie. Brev fra David Smith til Harry Surden, 10. juli 2003, tilgjenglig i arkivet til forfatteren.

21. Han var også tilhenger av allmannseiet. Se Chris Sprigman, «The Mouse that Ate the Public Domain,» Findlaw, 5. mars 2002, fra link #5.

22. Inntil 1976 ga åndsverkloven en forfatter to mulige verneperioder: en initiell periode, og en fornyingsperiode. Jeg har beregnet «gjennomsnittlig» vernetid ved å finne vektet gjennom-snitt av de totale registreringer for et gitt år, og andelen fornyinger. Hvis 100 opphavsretter ble registrert i år 1, bare 15 av dem ble fornyet, og fornyingsvernetiden er 28 år, så er gjen-nomsnittlig vernetid 32,2 år. Fornyingsdata og andre relevante data ligger på nettsidene tilknyttet denne boka, tilgjengelig fra link #6.

23. For en utmerket historie, se Scott McCloud, *Reinventing Comics* (New York: Perennial, 2000).

24. Se Salil K. Mehra, «Copyright and Comics in Japan: Does Law Explain Why All the Comics My Kid Watches Are Japanese Imports?» *Rutgers Law Review* 55 (2002): 155, 182. «det kan være en kollektiv økonomisk rasjonalitet som får manga- og anime-kunstnere til ikke å saksøke for opphavsrettsbrudd. Én hypotese er at alle manga-kunstnere kan være bedre stilt hvis de samlede individuelle egeninteresse til side og bestemmer seg for ikke å forfølge sine juridiske rettigheter. Dette er essensielt en løsning på fangens dilemma.»

25. Begrepet *intellektuell eiendom* er av relativ ny opprinnelse. Se See Siva Vaidhyanathan, *Copy-rights and Copywrongs*, 11 (New York: New York University Press, 2001). Se også Lawrence Lessig, *The Future of Ideas* (New York: Random House, 2001), 293 n. 26. Begrepet beskri-ver presist et sett med «eiendoms»-rettigheter – opphavsretter, patenter, varemerker og

forretningshemmeligheter – men egenskapene til disse rettighetene er svært forskjellige.

Kapittel to: «Kun etterapere»

26. Reese V. Jenkins, *Images and Enterprise* (Baltimore: Johns Hopkins University Press, 1975), 112.

27. Brian Coe, *The Birth of Photography* (New York: Taplinger Publishing, 1977), 53.

28. Jenkins, 177.

29. Basert på et diagram i Jenkins, s. 178.

30. Coe, 58.

31. For illustrerende saker, se for eksempel, *Pavesich* mot *N.E. Life Ins. Co.*, 50 S.E. 68 (Ga. 1905); *Foster-Milburn Co.* mot *Chinn*, 123090 S.W. 364, 366 (Ky. 1909); *Corliss* mot *Walker*, 64 F. 280 (Mass. Dist. Ct. 1894).

32. Samuel D. Warren og Louis D. Brandeis, «The Right to Privacy,» *Harvard Law Review* 4 (1890): 193.

33. Se Melville B. Nimmer, «The Right of Publicity,» *Law and Contemporary Problems* 19 (1954): 203; William L. Prosser, «Privacy,» *California Law Review* 48 (1960) 398–407; *White* mot *Samsung Electronics America, Inc.*, 971 F. 2d 1395 (9th Cir. 1992), sert. nektet, 508 U.S. 951 (1993).

34. H. Edward Goldberg, «Essential Presentation Tools: Hardware and Software You Need to Create Digital Multimedia Presentations,» cadalyst, februar 2002, tilgjengelig fra link #7.

35. Judith Van Evra, *Television and Child Development* (Hillsdale, N.J.: Lawrence Erlbaum Associates, 1990); «Findings on Family and TV Study,» *Denver Post*, 25. mai 1997, B6.

36. Intervju med Elizabeth Daley og Stephanie Barish, 13. desember 2002.

37. Se Scott Steinberg, «Crichton Gets Medieval on PCs,» E!online, 4. november 2000, tilgjengelig fra link #8; «Timeline,» 22. november 2000, tilgjengelig fra link #9.

38. Intervju med Daley og Barish.

39. ibid.

40. Se for eksempel Alexis de Tocqueville, *Democracy in America*, bk. 1, overs. Henry Reeve (New York: Bantam Books, 2000), kap. 16.

41. Bruce Ackerman og James Fishkin, «Deliberation Day,» *Journal of Political Philosophy* 10 (2) (2002): 129.

42. Cass Sunstein, *Republic.com* (Princeton: Princeton University Press, 2001), 65–80, 175, 182, 183, 192.

43. Noah Shachtman, «With Incessant Postings, a Pundit Stirs the Pot,» *New York Times*, 16. januar 2003, G5.

44. Telefonintervju med David Winer, 16. april 2003.

45. John Schwartz, «Loss of the Shuttle: The Internet; A Wealth of Information Online,» *New York Times*, 2 februar 2003, A28; Staci D. Kramer, «Shuttle Disaster Coverage Mixed, but Strong Overall,» Online Journalism Review, 2. februar 2003, tilgjengelig fra link #10.

46. Se Michael Falcone, «Does an Editor's Pencil Ruin a Web Log?» *New York Times*, 29. september 2003, C4. («Ikke alle nyhetsorganisasjoner har hatt like stor aksept for ansatte som blogger. Kevin Sites, en CNN-korrespondent i Irak som startet en blogg om sin rapportering av krigen 9. mars, stoppet å publisere 12 dager senere på forespørsel fra sine sjefer. I fjor fikk Steve Olafson, en *Houston Chronicle*-reporter, sparken for å ha hatt en personlig web-logg, publisert under pseudonym, som handlet om noen av temaene og folkene som han dekket.»)

47. Se for eksempel, Edward Felten og Andrew Appel, «Technological Access Control Interferes with Noninfringing Scholarship,» *Communications of the Association for Computer Machinery* 43 (2000): 9.

Kapittel tre: Kataloger

48. Tim Goral, «Recording Industry Goes After Campus P-2-P Networks: Suit Alleges $97.8 Billion in Damages,» *Professional Media Group LCC* 6 (2003): 5, tilgjengelig fra 2003 WL 55179443.
49. Occupational Employment Survey, U.S. Dept. of Labor (2001) (27–2042 – Musikere og Sangere). Se også National Endowment for the Arts, *More Than One in a Blue Moon* (2000).
50. Douglas Lichtman kommer med et relatert poeng i «KaZaA and Punishment,» *Wall Street Journal*, 10. september 2003, A24.

Kapittel fire: «Pirater»

51. Jeg er takknemlig til Peter DiMauro for å ha pekt meg i retning av denne ekstraordinære historien. Se også Siva Vaidhyanathan, *Copyrights and Copywrongs*, 87–93, som forteller detaljer om Edisons «eventyr» med opphavsrett og patent.
52. J. A. Aberdeen, *Hollywood Renegades: The Society of Independent Motion Picture Producers* (Cobblestone Entertainment, 2000) og utvidede tekster lagt ut på «The Edison Movie Monopoly: The Motion Picture Patents Company vs. the Independent Outlaws,» tilgjengelig fra link #11. For en diskusjon om det økonomiske motivet bak begge disse begrensningene, og begrensningene pålagt av Victor på fonografer, se Randal C. Picker, «From Edison to the Broadcast Flag: Mechanisms of Consent and Refusal and the Propertization of Copyright» (september 2002), University of Chicago Law School, James M. Olin Program in Law and Economics, Working Paper No. 159.
53. Marc Wanamaker, «The First Studios,» *The Silents Majority*, arkivert på link #12.
54. Endre og slå sammen lovforslag om å respektere opphavsretten: Høring om S. 6330 og H.R. 19853 foran (felles)-komiteene om patenter, 59. kongr. 59, 1. sess. (1906) (uttalelse til senator Alfred B. Kittredge fra Sør-Dakota, formann), gjengitt i *Legislative History of the 1909 Copyright Act*, E. Fulton Brylawski og Abe Goldman, red. (South Hackensack, N.J.: Rothman Reprints, 1976).
55. To Amend and Consolidate the Acts Respecting Copyright, 223 (uttalelse fra Nathan Burkan, advokat for the Music Publishers Association).
56. To Amend and Consolidate the Acts Respecting Copyright, 226 (uttalelse fra Nathan Burkan, advokat for the Music Publishers Association).
57. To Amend and Consolidate the Acts Respecting Copyright, 23 (uttalelse fra John Philip Sousa, komponist).
58. To Amend and Consolidate the Acts Respecting Copyright, 283–84 (uttalelse fra Albert Walker, representant for the Auto-Music Perforating Company of New York).
59. To Amend and Consolidate the Acts Respecting Copyright, 376 (forberedt innlegg fra Philip Mauro, sjefspatentrådgiver for the American Graphophone Company Association).
60. Endring i åndsverkloven: Høring om S. 2499, S.2900, H.R. 243, og H.R. 11794 foran (felles)-komiteen om patenter, 60. kongr., 1. sess., 217 (1908) (uttalelse fra senator Reed Smooth, formann), gjengitt i *Legislative History of the 1909 Copyright Act*, E. Fulton Brylawski og Abe Goldman, red. (South Hackensack, N.J.: Rothman Reprints, 1976).
61. Endring av åndsverkloven: Rapport som følger H.R. 2512, House Committee on the Judiciary, 90. Kongr., 1. sess., House Document no. 83, (8. mars 1967). Jeg er takknemlig til Glenn Brown for å ha gjort meg oppmerksom på denne rapporten.
62. Se 17 *United States Code*, seksjon 106 og 110. I begynnelsen skrev noen plateselskaper «Ikke lisensiert for radiokringkasting» og andre meldinger som ga inntrykk av å begrense muligheten til å spille en plate på en radiostasjon. Dommer Learned Hand avviste argumentet om at en advarsel klistret på en plate kunne begrense rettighetene til radiostasjonen. Se *RCA Manufacturing Co.* mot *Whiteman*, 114 F. 2d 86 (2nd Cir. 1940). Se også Randal C. Picker, «From Edison to the Broadcast Flag: Mechanisms of Consent and Refusal and the Propertization of Copyright,» *University of Chicago Law Review* 70 (2003): 281.
63. Endring i åndsverkloven – Kabel-TV: Høring om S. 1006 foran underkomiteen om patenter, varemerker og opphavsrett av Senate Committee on the Judiciary, 89. Kongr., 2. sess.,

78 (1966) (uttalelse fra Rosel H. Hyde, styreleder i den føderale kommunikasjonskommisjonen.

64. Endring i åndsverkloven – Kabel-TV, 116 (uttalelse fra Douglas A. Anello, sjefsjuristen i Nasjonalforeningen for kringkastere).

65. Endring i åndsverkloven – Kabel-TV, 126 (uttalelse fra Ernest W. Jennes, sjefsjurist ved Association of Maximum Service Telecasters, Inc.).

66. Endring i åndsverkloven – Kabel-TV, 169 (felles uttalelse fra Arthur B. Krim, president i United Artists Corp. og John Sinn, president i United Artists Television Inc.).

67. Copyright Law Revision – CATV, 209 (uttalelse fra Charlton Heston, president i Screen Actors Guild).

68. Copyright Law Revision – CATV, 216 (uttalelse fra Edwin M. Zimmerman, fungerende assisterende justisminister).

69. Se for eksempel National Music Publisher's Association, *The Engine of Free Expression: Copyright on the Internet – The Myth of Free Information*, tilgjengelig fra link #13. «Trusselen fra piratvirksomhet – bruken av noen andres kreative verk uten tillatelse eller kompensasjon – har vokst med Internett.»

Kapittel fem: «Piratvirksomhet»

70. Se IFPI (International Federation of the Phonographic Industry), *The Recording Industry Commercial Piracy Report 2003*, juli 2003, tilgjengelig fra link #14. Se også Ben Hunt, «Companies Warned on Music Piracy Risk,» *Financial Times*, 14. februar 2003, 11.

71. Se Peter Drahos og John Braithwaite, Information Feudalism: *Who Owns the Knowledge Economy?* (New York: The New Press, 2003), 10–13, 209. Avtalen om handelsrelaterte aspektene av immaterielle rettigheter (TRIPS) forplikter medlemsnasjonene til å få på plass administrative og håndhevingsmekanismer for immaterielle rettigheter, hvilket er et kostbart forslag for utviklingsland. I tillegg kan patentrettigheter føre til høyere priser for grunnleggende industrier som landbruk. Kritikerne av TRIPS stiller spørsmål om avviket mellom belastningen den legger på utviklingsland og fordelene den gir til industrialiserte land. TRIPS tillater myndigheter å bruke patenter til ikke-kommersielle formål som kommer folket til gode uten å først få tillatelse fra patentinnehaveren. Utviklingsland kan være i stand til å bruke dette til å få fordelene fra utenlandske patenter til lavere priser. Dette er en lovende strategi for utviklingsland innenfor TRIPS-rammeverket.

72. For en analyse av den økonomiske effekten av kopieringsteknologi, se Stan Liebowitz, *Rethinking the Network Economy* (New York: Amacom, 2002), 144–190. «I noen tilfeller ... vil effekten av piratvirksomhet på opphavsrettsinnehaverens mulighet til å nyte godt av verdien av verket være neglisjerbart. Et åpenbart tilfelle er der individet som tar nyter godt av piratvirksomheten ikke ville ha kjøpt originalen selv om piratvirksomhet ikke var en mulighet.» Ibid., 149.

73. *Bach* v. *Longman*, 98 Eng. Rep. 1274 (1777).

74. Se Clayton M. Christensen, *The Innovator's Dilemma: The Revolutionary National Bestseller That Changed the Way We Do Business* (New York: HarperBusiness, 2000). Professor Christensen undersøker hvorfor selskaper som gir opphav til og dominerer et produktområde ofte ikke er i stand til å komme opp med de mest kreative, paradigmeskiftende måtene å bruke deres egne produkter på. Denne jobben ender som oftest opp hos oppfinnere utenfra, som setter sammen eksisterende teknologi på nyskapende måter. For en diskusjon om Christensens idéer, se Lawrence Lessig, *Future*, 89–92, 139.

75. Se Ipsos-Insight, *TEMPO: Keeping Pace with Online Music Distribution* (september 2002), som rapporterer at 28 prosent av amerikanere eldre enn tolv år hadde lastet musikk ned fra Internett og 30 prosent hadde lyttet til digitale musikkfiler lagret på sine datamaskiner.

76. Amy Harmon, «Industry Offers a Carrot in Online Music Fight,» *New York Times*, 6. juni 2003, A1.

77. Se Liebowitz, *Rethinking the Network Economy*, 148–49.

78. Se Cap Gemini Ernst & Young, *Technology Evolution and the Music Industry's Business Model Crisis* (2003), 3. Denne rapporten beskriver musikkindustriens innsats for å stigmatisere

den voksende praksis med å ta opp på kassett på 1970-tallet, inkludert en reklamekampanje med en kasse-formet hodeskalle og uttrykket «Home taping is killing music.» På det tidspunktet som digitale lydkassetter ble en trussel, utførte the Office of Technical Assessment en spørreundersøkelse om forbrukeroppførsel. I 1988 hadde 40 prosent av forbrukerne eldre enn ti tatt opp musikk på et kassettformat. U.S. Congress, Office of Technology Assessment, *Copyright and Home Copying: Technology Challenges the Law*, OTA-CIT-422 (Washington, D.C.: U.S. Government Printing Office, oktober 1989), 145–56.

79. U.S. Congress, *Copyright and Home Copying*, 4.

80. Se Foreningen for musikkindustri i USA, *2002 Yearend Statistics*, tilgjengelig fra link #15. En senere rapport indikerer enda større tap. Se Foreningen for musikkindustri i USA, *Some Facts About Music Piracy*, 25. juni 2003, tilgjengelig fra link #16: «I de siste fire årene har antall utsendinger av enheter innspilt musikk falt med 26 prosent fra 1,16 milliarder enheter til 860 millioner enheter i 2002 i USA (basert på antall utsendt). I salg er omsetning redusert med 14 prosent, fra 14,6 milliarder dollar til 12,6 milliarder dollar siste år (basert på US dollar-verdi for utsendingene). Musikkindustrien på verdensbasis har gått ned fra å være en 39 milliarder dollars industri i 2000 til å bli en 32 milliarder dollars industri i 2002 (basert på US dollarverdi for utsendinger.»

81. Jane Black, «Big Music's Broken Record,» BusinessWeek online, 13. februar 2003, tilgjengelig fra link #17.

82. ibid.

83. Et estimat forteller at 75 prosent av musikken gitt ut av de store plateselskapene ikke lenger trykkes opp. Se Online Entertainment and Copyright Law – Coming Soon to a Digital Device Near You: Høring foran the Senate Committee on the Judiciary, 107. kongr., 1. sesj. (3. april 2001) (forberedet innlegg av the Future of Music Coalition), tilgjengelig fra link #18.

84. Mens det ikke finnes noen gode estimater over antallet bruktplatebutikker, så var det i 2002 7 7198 bruktbokhandler i USA, en økning på 20 prosent siden 1993. Se Book Hunter Press, *The Quiet Revolution: The Expansion of the Used Book Market* (2002), tilgjengelig fra link #19. Brukte plater utgjorde 260 millioner dollar i salg i 2002. Se National Association of Recording Merchandisers, «2002 Annual Survey Results,» tilgjengelig fra link #20.

85. Se referat fra forhandlingene, I Re: Napster Copyright Litigation side 34-35 (N.D. Cal., 11. juli 2001), nos. MDL-00-1369 MHP, C 99-5183 MHP, tilgjengelig fra link #21. For en oppsummering av søksmålet og dets effekt på Napster, se Joseph Menn, *All the Rave: The Rise and Fall of Shawn Fanning's Napster* (New York: Crown Business, 2003), 269–82.

86. Copyright Infringements (Audio and Video Recorders): høring om S. 1758 foran the Senate Committee on the Judiciary, 97. kongr., 1. and 2. sess., 459 (1982) (vitnesbyrd fra Jack Valenti, president, Motion Picture Association of America, Inc.).

87. Copyright Infringements (Audio and Video Recorders), 475.

88. *Universal City Studios, Inc.* mot *Sony Corp. of America*, 480 F. Supp. 429, (C.D. Cal., 1979).

89. Copyright Infringements (Audio and Video Recorders), 485 (vitnesbyrd fra Jack Valenti).

90. *Universal City Studios, Inc.* mot *Sony Corp. of America*, 659 F. 2d 963 (9th Cir. 1981).

91. *Sony Corp. of America* mot *Universal City Studios, Inc.*, 464 U.S. 417, 431 (1984).

92. Dette er de viktigste forekomstene i vår historie, men det er også andre tilfeller. For eksempel var teknologien til digitale lydkassetter (DAT) regulert av Kongressen for å minimere risikoen for piratkopiering. Medisinen som Kongressen valgte, påførte en belastning for DAT-produsenter, ved å legge en skatt på kassettsalg og ved å kontrollere DAT-teknologien. Se Audio Home Recording Act fra 1992 (overskrift 17 i *United States Code*), Pub. L. No. 102-563, 106 Stat. 4237, codified at 17 U.S.C. §1001. Igjen eliminerte heller ikke denne reguleringen muligheten for gratispassasjerer slik jeg har beskrevet. Se Lessig *Future*, 71. Se også Picker, «From Edison to the Broadcast Flag,» *University of Chicago Law Review* 70 (2003): 293–96.

93. *Sony Corp. of America* mot *Universal City Studios, Inc.*, 464 U.S. 417, (1984).

94. John Schwartz, «New Economy: The Attack on Peer-to-Peer Software Echoes Past Efforts,» *New York Times*, 22. september 2003, C3.

«Eiendom»

95. Brev fra Thomas Jefferson til Isaac McPherson (13. august 1813) i *The Writings of Thomas Jefferson*, vol. 6 (Andrew A. Lipscomb and Albert Ellery Bergh, eds., 1903), 330, 333–34.

96. Slik de juridiske realistene lærte bort amerikansk lov, var alle eiendomsretter immaterielle. En eiendomsrett er ganske enkelt den retten som et individ har mot verden til å gjøre eller ikke gjøre visse ting som er eller ikke er knyttet til et fysisk objekt. Retten i seg selv er immateriell, selv om objektet som det er (metafysisk) knyttet til er materielt. Se Adam Mossoff, «What Is Property? Putting the Pieces Back Together,» *Arizona Law Review* 45 (2003): 373, 429 n. 241.

Kapittel seks: Grunnleggerne

97. Jacob Tonson er vanligvis husket for sin omgang med 1700-tallets litterære storheter, spesielt John Dryden, og for hans kjekke «ferdige versjoner» av klassiske verk. I tillegg til *Romeo og Julie*, utga han en utrolig rekke liste av verk som ennå er hjertet av den engelske kanon, inkludert de samlede verk av Shakespeare, Ben Jonson, John Milton, og John Dryden. Se Keith Walker: «Jacob Tonson, Bookseller,» *American Scholar* 61:3 (1992): 424–31.

98. Lyman Ray Patterson, *Copyright in Historical Perspective* (Nashville: Vanderbilt University Press, 1968), 151–52.

99. Som Siva Vaidhyanathan så pent argumenterer, er det feilaktige å kalle dette en «åndsverk-lov.» Se Vaidhyanathan, *Copyrights and Copywrongs*, 40.

100. Philip Wittenberg, *The Protection and Marketing of Literary Property* (New York: J. Messner, Inc., 1937), 31.

101. A Letter to a Member of Parliament concerning the Bill now depending in the House of Commons, for making more effectual an Act in the Eighth Year of the Reign of Queen Anne, entitled, An Act for the Encouragement of Learning, by Vesting the Copies of Printed Books in the Authors or Purchasers of such Copies, during the Times therein mentioned (London, 1735), in Brief Amici Curiae of Tyler T. Ochoa et al., 8, *Eldred* v. *Ashcroft*, 537 U.S. 186 (2003) (No. 01-618).

102. Lyman Ray Patterson, «Free Speech, Copyright, and Fair Use,» *Vanderbilt Law Review* 40 (1987): 28. For en fantastisk overbevisende fortelling, se Vaidhyanathan, 37–48.

103. For en fascinerende fremstilling, se David Saunders, *Authorship and Copyright* (London: Routledge, 1992), 62–69.

104. Mark Rose, *Authors and Owners* (Cambridge: Harvard University Press, 1993), 92.

105. Ibid., 93.

106. Lyman Ray Patterson, *Copyright in Historical Perspective*, 167 (der Borwell blir sitert).

107. Howard B. Abrams, «The Historic Foundation of American Copyright Law: Exploding the Myth of Common Law Copyright,» *Wayne Law Review* 29 (1983): 1152.

108. Ibid., 1156.

109. Rose, 97.

110. ibid.

Kapittel syv: Innspillerne

111. Ønsker du å lese en flott redegjørelse om hvordan dette er «rimelig bruk,» og hvordan advokatene ikke anerkjenner det, så les Richard A. Posner og William F. Patry, «Fair Use and Statutory Reform in the Wake of *Eldred* » (utkast arkivert hos forfatteren), University of Chicago Law School, 5. august 2003.

Kapittel åtte: Omformerne

112. Teknisk sett var rettighetene som Alben måtte klarere i hovedsak de om publisitet – rettigheten en artist har til å kontrollere den kommersielle utnyttelsen av sitt bilde. Men disse

rettighetene belaster også «ripp, miks, brenn»-kreativiteten slik dette kapittelet demonstrerer.

113. U.S. Department of Commerce Office of Acquisition Management, *Seven Steps to Performance-Based Services Acquisition*, tilgjengelig fra link #22.

Kapittel ni: Samlere

114. Fristelsene er dog der fortsatt. Brewster Kahle forteller at Det hvite hus endrer sine egne pressemeldinger uten varsel. En pressemelding fra 13. mai 2003 inneholdt «Kampoperasjoner i Irak er over.» Det ble senere endret, uten varsel, til «Større kampoperasjoner i Irak er over.» E-post fra Brewster Kahle, 1. desember 2003.

115. Doug Herrick, «Toward a National Film Collection: Motion Pictures at the Library of Congress,» *Film Library Quarterly* 13 nos. 2–3 (1980): 5; Anthony Slide, *Nitrate Won't Wait: A History of Film Preservation in the United States* (Jefferson, N.C.: McFarland & Co., 1992), 36.

116. Dave Barns, «Fledgling Career in Antique Books: Woodstock Landlord, Bar Owner Starts a New Chapter by Adopting Business,» *Chicago Tribune*, 5 september 1997, ved Metro Lake 1L. Av bøker publisert mellom 1927 og 1946 var kun 2.2 prosent fortsatt tilgjengelig fra forlaget i 2002. R. Anthony Reese, «The First Sale Doctrine in the Era of Digital Networks,» *Boston College Law Review* 44 (2003): 593 n. 51.

Kapittel ti: «Eiendom»

117. Home Recording of Copyrighted Works: Hearings on H.R. 4783, H.R. 4794, H.R. 4808, H.R. 5250, H.R. 5488, and H.R. 5705 Before the Subcommittee on Courts, Civil Liberties, and the Administration of Justice of the Committee on the Judiciary of the House of Representatives, 97th Cong., 2nd sess. (1982): 65 (vitnemål fra Jack Valenti).

118. Advokater snakker ikke om «eiendom» som en absolutt ting, men som en samling med rettigheter som noen ganger er knyttet til et bestemt objekt. Dermed gir «eiendomsretten» min til bilen min meg en eksklusiv rett til å bruke den, men ikke retten til å kjøre i 200 kilometer i timen. For det beste forsøket på å knytte den vanlige betydningen av «eiendom» til «advokatspråk,» se Bruce Ackerman, *Private Property and the Constitution* (New Haven: Yale University Press 1977), 26–27.

119. Ved å beskrive hvordan loven påvirker de andre tre modalitetene, mener jeg ikke å foreslå at de andre tre ikke påvirker loven. Det gjør de selvfølgelig. Lovens eneste forskjell er at kun den snakker som om den hadde en selvsagt rett til å endre de andre tre. Retten til de andre tre uttrykkes mer beskjedent. Se Lawrence Lessig *Code: And Other Laws of Cyberspace* (New York: Basic Books, 1999): 90–95; Lawrence Lessig, «The New Chicago School,» *Journal of Legal Studies*, juni 1998.

120. Noen personer protesterer på denne måten å snakke om «frihet.» De protesterer fordi deres fokus når de vurderer begrensninger som eksisterer på et bestemt tidspunkt, kun er begrensninger påført av myndighetene. For eksempel, hvis en storm ødelegger en bru, mener disse personene at det er meningsløst å snakke om at ens frihet har blitt begrenset. Å snakke om dette som et tap av frihet, sier de, er å forveksle det som er politikk med det som helt naturlig skjer i livet. Jeg mener ikke å fornekte verdien av dette smalere synet, som er avhengig av sammenhengen en undersøker. Jeg ønsker derimot å argumentere mot det som mener at dette smale synet er det eneste riktige synet på frihet. Som jeg argumenterte i *Code*, kommer vi fra en lang tradisjon av politiske tanker med en videre fokus enn det smale spørsmålet om hva myndighetene gjorde når. For eksempel forsvarte John Stuart Mill talefriheten fra trangsynthetens tyranni, og ikke fra frykten for myndighetsforfølgelse. John Stuart Mill, *On Liberty* (Indiana: Hackett Publishing Co., 1978), 19. John R. Commons er berømt for å ha forsvart økonomisk arbeidsfrihet fra begrensninger pålagt av markedet; John R. Commons, «The Right to Work,» i Malcom Rutherford og Warren J. Samuels, eds., *John R. Commons: Selected Essays* (London: Routledge: 1997), 62. The Americans with Disabilities Act (tilsvarer norske bestemmelser om universell utforming) øker friheten til folk med funksjonshemninger ved å endre utformingen på utvalgte offentlige steder, og gir dermed enklere tilgang til disse stedene; 42 *United States Code*, del 12101 (2000). Hver av disse

inngrepene for å endre eksisterende vilkår endrer friheten til en bestemt gruppe. Effekten av disse inngrepene bør tas hensyn til for å forstå den effektive friheten som hver av disse gruppene møter.

121. Se Geoffrey Smith, «Film vs. Digital: Can Kodak Build a Bridge?» BusinessWeek online, 2. august 1999, tilgjengelig fra link #23. For en nyere analyse av Kodaks plass i markedet, se Chana R. Schoenberger, «Can Kodak Make Up for Lost Moments?» Forbes.com, 6. oktober 2003, tilgjengelig fra link #24.

122. Fred Warshofsky, *The Patent Wars* (New York: Wiley, 1994), 170–71.

123. Se for eksempel James Boyle, «A Politics of Intellectual Property: Environmentalism for the Net?» *Duke Law Journal* 47 (1997): 87.

124. William W. Crosskey, *Politics and the Constitution in the History of the United States* (London: Cambridge University Press, 1953), vol. 1, 485–86: «opphever, implisitt ved å være plassert i 'landets fremste lov,' *de evige rettigheter som forfattere hadde, eller var antatt å ha, som følge av rettspraksis*» (min utheving). [I USA bygger rettskjennelser som hovedregel på tidligere dommer (prejudikat). Unntaket er når forholdet det er tvist om reguleres av Grunnloven («landets fremste lov»). Dersom Grunnloven og et prejudikat eller en lokal lov er i konflikt med hverandre, går Grunnloven alltid foran. o.a.]

125. Selv om 13 000 titler ble publisert i USA fra 1790 til 1799, ble kun det kun sendt inn 556 opphavsrettsmeldinger; John Tebbel, *A History of Book Publishing in the United States*, vol 1, *The Creation of an Industry, 1630–1865* (New York: Bowker, 1972), 141. Av 21 000 trykksaker registrert før 1790 var kun tolv opphavsrettsbeskyttet i henhold til 1790-loven; William J. Maher, *Copyright Term, Retrospective Extension and the Copyright Law of 1790 in Historical Context*, 7–10 (2002), tilgjengelig fra link #25. Det betyr at det overveldende flertall av verk øyeblikkelig falt i det fri. Selv de verkene som ble opphavsrettsbeskyttet falt raskt i det fri, på grunn av at vernetiden i opphavsretten var kort. Den opprinnelige vernetiden i opphavsretten var fjorten år, med mulighet for forlengelse i ytterligere fjorten år. Copyright Act av 31. mai 1790, §1, 1 stat. 124.

126. Få opphavsrettsinnehavere valgte noensinne å fornye sine opphavsretter. For eksempel av de 25 006 opphavsretter registert i 1883, ble kun 893 fornyet i 1910. For en år-for-år-analyse av opphavsrettsfornyingsrater, se Barbara A. Ringer, «Study No. 31: Renewal of Copyright,» *Studies on Copyright*, vol. 1 (New York: Practicing Law Institute, 1963), 618. For en nyere og mer fullstendig analyse, se William M. Landes og Richard A. Posner, «Indefinitely Renewable Copyright,» *University of Chicago Law Review* 70 (2003): 471, 498–501, og tilhørende figurer.

127. Se Ringer, kap. 9, n. 2.

128. Disse statistikkene er undervurdert. Mellom årene 1910 og 1962 (det første året fornyingsvernetiden ble utvidet), var gjennomsnittlig vernetid aldri mer enn trettito år, og gjennomsnittet tretti år. Se Landes og Posner, «Indefinitely Renewable Copyright,» loc. cit.

129. Se Thomas Bender og David Sampliner, «Poets, Pirates, and the Creation of American Literature,» 29 *New York University Journal of International Law and Politics* 255 (1997), og James Gilraeth, ed., Federal Copyright Records, 1790–1800 (U.S. G.P.O., 1987).

130. Jonathan Zittrain, «The Copyright Cage,» *Legal Affairs*, juli/august 2003, tilgjengelig fra link #26.

131. Professor Rubenfeld har presentert et kraftfullt konstitusjonelt argument om skillet som opphavsretten burde sette (fra perspektivet til det første grunnlovstillegget) mellom kun «kopier» og avledede verk. Se Jed Rubenfeld, «The Freedom of Imagination: Copyright's Constitutionality,» *Yale Law Journal* 112 (2002): 1–60 (se spesielt sidene 53–59).

132. Dette er en forenkling av loven, men ikke en særlig stor en. Loven regulerer helt klart mer enn «eksemplarer» – en offentlig fremføring av en opphavsrettsbeskyttet sang er for eksempel regulert selv om fremføringen i seg selv ikke lager et eksemplar; 17 *United States Code*, del 106(4). Og det er helt klart at noen ganger regulerer det ikke et «eksemplar»; 17 *United States Code*, del 112(a). Men antagelsen under gjeldende lov (som regulerer «eksemplarer» 17 *United States Code*, del 102) er at hvis det er et eksemplar, så er det også en rettighet knyttet til det.

133. Dermed er mitt argument at for hvert sted der opphavsrettsloven utvides, så bør vi avvise

det. Det er i stedet at vi bør ha gode argumenter for dens utvidelse når det gjøres, og bør ikke avgjøre rekkevidden basert på vilkårlige og automatiske endringer forårsaket av teknologi.

134. Jeg mener ikke «natur» i betydningen at det ikke kunne vært annerledes, men heller at dagens nåværende tilstand innebærer en kopi. Optiske nettverk trenger ikke lage kopier av innhold de distribuerer, og et digitalt nettverk kan lages slik at det sletter alt det kopierer slik at det forblir samme antall kopier.

135. Se David Lange, «Recognizing the Public Domain,» *Law and Contemporary Problems* 44 (1981): 172–73.

136. Ibid. Se også Vaidhyanathan, *Copyrights and Copywrongs,* 1–3.

137. I prinsippet kan en kontrakt pålegge meg et krav. Jeg kan for eksempel kjøpe en bok fra deg der det følger med en kontrakt som sier at jeg kun skal lese den tre ganger, eller at jeg lover å lese den tre ganger. Men den forpliktelsen (og begrensningene for å skape den forpliktelsen) ville komme fra kontrakten og ikke fra opphavsrettslovgiving, og forpliktelsene i kontrakten ville ikke nødvendigvis videreføres til alle som senere kjøpte boken.

138. Se Pamela Samuelson, «Anticircumvention Rules: Threat to Science,» *Science* 293 (2001): 2028; Brendan I. Koerner, «Play Dead: Sony Muzzles the Techies Who Teach a Robot Dog New Tricks,» *American Prospect,* januar 2002; «Court Dismisses Computer Scientists' Challenge to DMCA,» *Intellectual Property Litigation Reporter,* 11. desember 2001; Bill Holland, «Copyright Act Raising Free-Speech Concerns,» *Billboard,* mai 2001; Janelle Brown, «Is the RIAA Running Scared?» Salon.com, april 2001; Electronic Frontier Foundation, «Frequently Asked Questions about *Felten and USENIX v. RIAA* Legal Case,» tilgjengelig fra link #27.

139. *Sony Corporation of America* v. *Universal City Studios, Inc.,* 464 U.S 417, 455 fn. 27 (1984). Rogers endret aldri sitt syn om videoopptakeren. Se James Lardner, *Fast Forward: Hollywood, the Japanese, and the Onslaught of the VCR* (New York: W. W. Norton, 1987), 27071.

140. For en tidlig og forutseende analyse, se Rebecca Tushnet, «Legal Fictions, Copyright, Fan Fiction, and a New Common Law,» *Loyola of Los Angeles Entertainment Law Journal* 17 (1997): 651.

141. FCC-kontroll: Høring foran senatets komite for handel, vitenskap og transport, 108. samling, 1 økt. (22. mai 2003) (uttalelse fra senator John McCain).

142. Lynette Holloway, «Despite a Marketing Blitz, CD Sales Continue to Slide,» *New York Times,* 23. desember 2002.

143. Molly Ivins, «Media Consolidation Must Be Stopped,» *Charleston Gazette,* 31. mai 2003.

144. James Fallows, «The Age of Murdoch,» *Atlantic Monthly* (September 2003): 89.

145. Leonard Hill, «The Axis of Access,» uttalelser ved Weidenbaum Center Forum, «Entertainment Economics: The Movie Industry,» St. Louis, Missouri, 3. april 2003 (avskrift av forberedt uttalelse tilgjengelig fra link #28; for Lear-historien som ikke er inkludert i den forberedte uttalelsen, se link #29).

146. NewsCorp./DirecTV Merger and Media Consolidation: Hearings on Media Ownership Before the Senate Commerce Committee, 108th Cong., 1st sess. (2003) (vitnemål fra Gene Kimmelman på vegne av Consumers Union og the Consumer Federation of America), tilgjengelig fra link #30. Kimmelman siterer Victoria Riskin, president for Writers Guild of America, West, i sine kommentarer ved FCC En Banc Hearing, Richmond, Virginia, 27. februar 2003.

147. ibid.

148. «Barry Diller Takes on Media Deregulation,» *Now with Bill Moyers,* Bill Moyers, 25. april 2003, redigert avskrift tilgjengelig fra link #31.

149. Clayton M. Christensen, *The Innovator's Dilemma: The Revolutionary National Bestseller that Changed the Way We Do Business* (Cambridge: Harvard Business School Press, 1997). Christensen anerkjenner at idéen ble først foreslått av Dean Kim Clark. Se Kim B. Clark, «The Interaction of Design Hierarchies and Market Concepts in Technological Evolution,» *Research Policy* 14 (1985): 235–51. For en nyere undersøkelse, se Richard Foster og Sarah Kaplan, *Creative Destruction: Why Companies That Are Built to Last Underperform the Market – and How to Successfully Transform Them* (New York: Currency/Doubleday, 2001).

150. Marihuana-politikkprosjektet forsøkte i februar 2003 å få plassert reklameinnslag som

direkte svarte på Nick og Norm-serien på stasjoner i Washington D.C.-området. Comcast avviste innslagene som «mot [deres] regler.» Den lokale NBC-fillialen, WRC, avviste innslagene uten å titte på dem. Den lokale ABC-fillialen, WJOA, gikk opprinnelig med på å kjøre innslagene, og tok imot betaling for å gjøre det, men bestemte seg senere for å ikke kjøre innslagene, og returnerte pengene. Intervju med Neal Levine, 15. oktober 2003. Disse begrensningene er naturligvis ikke begrenset til narkotikapolitikk. Se for eksempel Nat Ives, «On the Issue of an Iraq War, Advocacy Ads Meet with Rejection from TV Networks,» *New York Times*, 13. mars 2003, C4. Ut over valgkamprelatert sendetid er det veldig lite som FCC eller domstolene er villig til å gjøre for å få gi like vilkår for alle. For en generell oversikt, se Rhonda Brown, «Ad Hoc Access: The Regulation of Editorial Advertising on Television and Radio,» *Yale Law and Policy Review* 6 (1988): 449–79, og for en nylig oppdatering av posisjonen til FCC og domstolene, se *Radio-Television News Directors Association* v. *FCC*, 184 F. 3d 872 (D.C. Cir. 1999). Kommunale administrasjoner utøver den samme autoriteten som nettverkene. I et nylig eksempel fra San Francisco, avviste kollektivtransportmyndighetene en reklame som kritiserte deres Muni diesel-busser. Phillip Matier og Andrew Ross, «Antidiesel Group Fuming After Muni Rejects Ad,» SFGate.com, 16. juni 2003, tilgjengelig fra link #32. Begrunnelsen var at kritikken var «for kontroversiell.»

151. Siva Vaidhyanathan fanger et lignende poeng i hans «fire kapitulasjoner» for åndsverkloven i den digitale tidsalder. Se Vaidhyanathan, 159–60.

152. Det å demonstrere at alle eiendomsrettigheter alltid har vært utformet for å balansere interessene til fellesskapet og private, var det viktigste enkeltbidrag fra den juridiske realistbevegelsen. Se Thomas C. Grey, «The Disintegration of Property,» i *Nomos XXII: Property*, J. Roland Pennock og John W. Chapman, eds. (New York: New York University Press, 1980).

Nøtter

Kapittel elleve: Kimære

153. H. G. Wells, «The Country of the Blind» (1904, 1911). Se H. G. Wells, *The Country of the Blind and Other Stories*, Michael Sherborne, ed. (New York: Oxford University Press, 1996).

154. For en utmerket oppsummering, se rapporten lagd av GartnerG2 og Berkman Center for Internet and Society at Harvard Law School, «Copyright and Digital Media in a Post-Napster World,» 27. juni 2003, tilgjengelig ved link #33. Representantene John Conyers Jr. (demokrat i Michigan) og Howard L. (demokrat i California) har introdusert et lovforslag som vil behandle uautorisert elektronisk kopiering som en strafferettslig forbrytelse med opp til fem års fengselstraff; se Jon Healey «House Bill Aims to Up Stakes on Piracy,» *Los Angeles Times*, 17. juli 2003, tilgjengelig ved link #34. Nå er erstatningskravet 150 000 dollar per kopierte sang. Det ble lagt frem i en nylig (og mislykket) utfordring et RIAA krav til en internettleverandør om å avsløre identiteten til en bruker som var anklaget for å ha delt mer enn 600 sanger gjennom familiens datamaskin, se *RIAA* v. *Verizon Internet Services (In re. Verizon Internet Services)*, 240 F. Supp. 2d 24 (D.D.C. 2003). En slik bruker kan være ansvarlig for erstatningskrav opp til 90 millioner dollar. Slike astronomisk store verdier gir RIAA et kraftig arsenal til dens forfølgelse av fildelere. Fire studenter som er anklaget for massiv fildeling ved universitetsnettverk har forlikt for mellom 12 000 og 17 500 dollar, og dette må virke som en luselønn i forhold til de 98 millioner dollar RIAA kunne ha krevd dersom saken ble avgjort ved rettsak. Se Elizabeth Young, «Downloading Could Lead to Fines,» redandblack.com, august 2003, tilgjengelig ved link #35. For et eksempel på RIAAs målretter fildeling gjort av studenter, og stevningene de ga til universiteter for å få dem til å avsløre identiteten til fildelende studenter, se James Collins, «RIAA Steps Up Bid to Force BC, MIT to Name Students,» *Boston Globe*, 8. august 2003, D3, tilgjengelig ved link #36.

155. WIPO and the DMCA One Year Later: Assessing Consumer Access to Digital Entertainment on the Internet and Other Media: Hearing Before the Subcommittee on Telecommunications, Trade, and Consumer Protection, House Committee on Commerce, 106th Cong. 29 (1999) (uttalelse fra Peter Harter, visepresident, Global Public Policy and Standards, EMusic.com), tilgjengelig i LEXIS, Federal Document Clearing House Congressional Testimony File.

Kapittel tolv: Skader

156. Se Lynne W. Jeter, *Disconnected: Deceit and Betrayal at WorldCom* (Hoboken, N.J.: John Wiley & Sons, 2003), 176, 204; for detaljer om dette forliket, se pressemelding fra MCI, «MCI Wins U.S. District Court Approval for SEC Settlement» (7. juli 2003), tilgjengelig fra link #37.

157. Lovforslaget, som var modellert etter Californias erstatningsrettsreform-modell, ble vedtatt i Representantenes hus, men stoppet i Senatet i juli 2003. For en oversikt, se Tanya Albert, «Measure Stalls in Senate: 'We'll Be Back,' Say Tort Reformers,» amednews.com, 28. juli 2003, tilgjengelig fra link #38, og «Senate Turns Back Malpractice Caps,» CBSNews.com, 9. juli 2003, tilgjengelig fra link #39. President Bush har fortsatt å argumentere for erstatningsrettsreform de siste månedene.

158. Se Danit Lidor, «Artists Just Wanna Be Free,» *Wired*, 7. juli 2003, tilgjengelig fra link #40. For en oversikt over utstillingen, se link #41.

159. Se Joseph Menn, «Universal, EMI Sue Napster Investor,» *Los Angeles Times*, 23. april 2003. For et parallelt argument om effekten på nyskapning i distribusjonen av musikk, se Janelle Brown, «The Music Revolution Will Not Be Digitized,» Salon.com, 1. juni 2001, tilgjengelig fra link #42. Se også Jon Healey, «Online Music Services Besieged,» *Los Angeles Times*, 28. mai 2001.

160. Rafe Needleman, «Driving in Cars with MP3s,» *Business 2.0*, 16. juni 2003, tilgjengelig via link #43. Jeg er takknemlig til Dr. Mohammad Al-Ubaydli for dette eksemplet.

161. «Copyright and Digital Media in a Post-Napster World,» GartnerG2 and the Berkman Center for Internet and Society at Harvard Law School (2003), 33–35, tilgjengelig fra link #44.

162. GartnerG2, 26–27.

163. Se David McGuire, «Tech Execs Square Off Over Piracy,» Newsbytes, februar 2002 (Entertainment).

164. Jessica Litman, *Digital Copyright* (Amherst, N.Y.: Prometheus Books, 2001).

165. Det eneste ankekretsunntaket finnes i *Foreningen for musikkindustri i USA (RIAA)* mot *Diamond Multimedia Systems*, 180 F. 3d 1072 (9th Cir. 1999). Der konkluderte den niende ankekrets med at de som lagde bærbare MP3-spillere, ikke var ansvarlig for å bidra til opphavsrettsbrudd for en enhet som var ute av stand til å ta opp eller videredistribuere musikk (en enhet hvis eneste kopieringsfunksjon er å gjøre en musikkfil som allerede befinner seg på brukerens harddisk, flyttbar). På regionsdomstolsnivå finnes det eneste unntaket i *Metro-Goldwyn-Mayer Studios, Inc.* mot *Grokster, Ltd.*, 259 F. Supp. 2d 1029 (C.D. Cal., 2003), der domstolen fant at koblingen mellom distributør og en hvilken som helst gitt bruker for svakt til å gjøre distributør ansvarlig for medvirkende eller vikarierende erstatning for opphavsrettsbrudd.

166. I juli 2002 introduserte for eksempel representant Howard Berman «Peer-to-Peer Piracy Prevention Act» (H.R. 5211) som ville frita opphavsrettsinnehavere fra erstatningsansvar for skade gjort på datamaskiner når opphavsrettsinnehaverne brukte teknologi til å stoppe opphavsrettsbrudd. I august 2002 introduserte representant Billy Tauzin et lovforslag som krevde at teknologier som var i stand til å videre-kringkaste digitale kopier av filmer kringkastet på TV (datamaskiner, med andre ord) måtte respektere et «kringkastingsflagg» som ville slå av muligheten til å kopiere innholdet. Og i mars samme år introduserte senator Fritz Hollings «Consumer Broadband and Digital Television Promotion Act» som krevde opphavsrettsbeskyttelsesteknologi i alle digitale medie-enheter. Se GartnerG2, «Copyright and Digital Media in a Post-Napster World,» 27. juni 2003, 33–34, tilgjengelig fra link #44.

167. Lessing, 239.

168. Ibid., 229.

169. Dette eksemplet ble avledet fra avgifter fastsatt i det opprinnelige høringen i panelet for opphavsrettsroyaltyvoldgift (Copyright Arbitration Royalty Panel, CARP), og utledet fra et eksempel fremmet av professor William Fisher. Konferanseforedragssamling, iLaw (Stanford), 3. juli 2003, arkivert hos forfatteren. Professorene Fisher og Zittrain vitnet i CARP-høringen som ble avvist til slutt. Se Johnathan Zittrain, Digital Performance right in Sound Recordings and Ephemerial Recordings, Docket No. 2000-9, CARP DTRA 1 og 2, tilgjengelig fra link #45. For en utmerket analyse som fremmer et lignende argument, se Randal

C. Picker, «Copyright as Entry Policy: The Case of Digital Distribution,» *Antitrust Bulletin* (Sommer/høst 2002): 461: «Dette var ikke forvirret, dette var gode gamle sperrer for nykommere. Analoge radiostasjoner beskyttes fra digitale nykommere, og nykommere og variasjon reduseres. Ja, dette gjøres for å skaffe royalty-betaling til opphavsrettsinnehavere, men, uten inngripen fra mektige interesse kunne dette vært gjort på en media-nøytral måte.»

170. Mike Graziano og Lee Rainie, «The Music Downloading Deluge,» Pew Internet and American Life Project (24. april 2001), tilgjengelig fra link #46. The Pew Internet and American Life Project rapporterte at 37 millioner Amerikanere hadde lastet ned musikkfiler fra Internet før starten av 2001.

171. Alex Pham, «The Labels Strike Back: N.Y. Girl Settles RIAA Case,» *Los Angeles Times*, 10. september 2003, Business.

172. Jeffrey A. Miron og Jeffrey Zwiebel, «Alcohol Consumption During Prohibition,» *American Economic Review* 81, no. 2 (1991): 242.

173. Nasjonal narkotikakontrollpolitikk: Høring foran Kongressens komite for myndighetsreform, 108. Kongress, 1. sesjon. (5. mars 2003) (uttalelse fra John P. Walters, direktør for Nasjonal narkotikakontrollpolitikk).

174. Se James Andreoni, Brian Erard, og Jonathon Feinstein, «Tax Compliance,» *Journal of Economic Literature* 36 (1998): 818 (oversikt over litteratur om bruk i henhold til lovverket).

175. Se Frank Ahrens, «RIAA's Lawsuits Meet Surprised Targets; Single Mother in Calif., 12-Year-Old Girl in N.Y. Among Defendants,» *Washington Post*, 10. september 2003, E1; Chris Cobbs, «Worried Parents Pull Plug on File 'Stealing'; With the Music Industry Cracking Down on File Swapping, Parents are Yanking Software from Home PCs to Avoid Being Sued,» *Orlando Sentinel Tribune*, 30. august 2003, C1; Jefferson Graham, «Recording Industry Sues Parents,» *USA Today*, 15. september 2003, 4D; John Schwartz, «She Says She's No Music Pirate. No Snoop Fan, Either,» *New York Times*, 25. september 2003, C1; Margo Varadi, «Is Brianna a Criminal?» *Toronto Star*, 18. september 2003, P7.

176. Se Nick Brown, «Fair Use No More?: Copyright in the Information Age,» tilgjengelig fra link #49.

177. Se Jeff Adler, «Cambridge: On Campus, Pirates Are Not Penitent,» *Boston Globe*, 18. mai 2003, City Weekly, 1; Frank Ahrens, «Four Students Sued over Music Sites; Industry Group Targets File Sharing at Colleges,» *Washington Post*, 4. april 2003, E1; Elizabeth Armstrong, «Students 'Rip, Mix, Burn' at Their Own Risk,» *Christian Science Monitor*, 2. september 2003, 20; Robert Becker and Angela Rozas, «Music Pirate Hunt Turns to Loyola; Two Students Names Are Handed Over; Lawsuit Possible,» *Chicago Tribune*, 16. juli 2003, 1C; Beth Cox, «RIAA Trains Antipiracy Guns on Universities,» *Internet News*, 30. januar 2003, tilgjengelig fra link #48; Benny Evangelista, «Download Warning 101: Freshman Orientation This Fall to Include Record Industry Warnings Against File Sharing,» *San Francisco Chronicle*, 11. august 2003, E11; «Raid, Letters Are Weapons at Universities,» *USA Today*, 26. september 2000, 3D.

Maktfordeling
Kapittel tretten: Eldred

178. Det er en parallell her til pornografi som er litt vanskelig å beskrive, men som er veldig sterk. Et fenomen som Internett skapte var en verden av ikke-kommersiell pornografi – folk som distribuerte porno men som ikke tjente penger direkte eller indirekte fra denne distribusjonen. Noe slikt eksisterte ikke før Internett dukket opp, på grunn av at kostnaden med å distribuere porno var så høy. Likevel fikk denne nye klassen av distributører spesiell oppmerksomhet fra Høyesterett, da retten slo ned på Anstendig Kommunikasjons-loven fra 1996. Det var delvis på grunn av byrden på ikke-kommersielle talere at loven ble funnet å gå ut over Kongressens myndighet. Det samme poenget kan sies å gjelde for ikke-kommersielle utgivere etter at Internett dukket opp. Alle Eric Eldred-ene i verden før Internettet var ekstremt få. Likevel skulle en tro at det er minst like viktig å beskytte alle Eldred-ene i verden som det er å beskytte ikke-kommersielle pornografer.

179. Hele teksten er: «Sonny [Bono] ønsket at vernetiden i opphavsretten skulle vare evig. Jeg er informert av ansatte at en slik endring ville være i strid med Grunnloven. Jeg inviterer dere alle til å jobbe sammen med meg for å styrke våre opphavsrettslover på alle måter som er tilgjengelig for oss. Som dere vet, er det også et forslag fra Jack Valenti om en vernetid som varer evig minus en dag. Kanskje komiteen kan se på i neste periode.» 144 Kongr. Ref. H9946, 9951-2 (7. oktober 1998).

180. Associated Press, «Disney Lobbying for Copyright Extension No Mickey Mouse Effort; Congress OKs Bill Granting Creators 20 More Years,» *Chicago Tribune*, 17. oktober 1998, 22.

181. Se Nick Brown, «Fair Use No More?: Copyright in the Information Age,» tilgjengelig fra link #49.

182. Alan K. Ota, «Disney in Washington: The Mouse That Roars,» *Congressional Quarterly This Week*, 8. august 1990, tilgjengelig fra link #50.

183. *United States* mot *Lopez*, 514 U.S. 549, 564 (1995).

184. *United States* mot *Morrison*, 529 U.S. 598 (2000).

185. Hvis det er et prinsipp om opplistede kompetanser, så bør dette prinsippet kunne overføres fra en opplistet kompetanse til den neste. Det utslagsgivende poenget når det gjaldt handelsbestemmelsen, var at tolkningen staten kom med, ville gi staten ubegrenset kompetanse til å regulere handel – på tross av begrensningen om mellomstatlig handel. Også i denne sammenehengen ville statens tolkning gi staten ubegrenset kompetanse til å regulere opphavsrett – på tross av begrensningen om «et begrenset tidsrom.»

186. Innlegg fra Nashville sangforfatterforening, *Eldred* mot *Ashcroft*, 537 U.S. 186 (2003) (No. 01-618), n.10, tilgjengelig fra link #51.

187. Tallet 2 prosent er en ekstrapolering fra en undersøkelse gjort av Kongressens forskningstjeneste, med bakgrunn i de estimerte fornyelsespennene. Se Brief of Petitioners, *Eldred* mot *Ashcroft*, 7, tilgjengelig fra link #52.

188. Se David G. Savage, «High Court Scene of Showdown on Copyright Law,» *Los Angeles Times*, 6. oktober 2002, David Streitfeld, «Classic Movies, Songs, Books at Stake; Supreme Court Hears Arguments Today on Striking Down Copyright Extension,» *Orlando Sentinel Tribune*, 9. oktober 2002.

189. Brief of Hal Roach Studios and Michael Agee as Amicus Curiae Supporting the Petitoners, *Eldred* v. *Ashcroft*, 537 U.S. 186 (2003) (No. 01- 618), 12. Se også Brief of Amicus Curiae filed on behalf of Petitioners by the Internet Archive, *Eldred* v. *Ashcroft*, tilgjengelig fra link #53.

190. Jason Schultz, «The Myth of the 1976 Copyright 'Chaos' Theory,» 20. desember 2002, tilgjengelig fra link #54.

191. Innlegg fra Amici Dr. Seuss Enterprise et al., *Eldred* v. *Ashcroft*, 537 U.S. (2003) (No. 01-618), 19.

192. Dinitia Smith, «Immortal Words, Immortal Royalties? Even Mickey Mouse Joins the Fray,» *New York Times*, 28. mars 1998, B7.

Kapittel fjorten: Eldred II

193. Før Berlin-revideringen av Bernkonvensjonen i 1908, så hendte det at nasjonal opphavsrettslov gjorde beskyttelsen avhengig av formaliteter som registrering, deponering og merking av at forfatteren gjorde krav på kopibeskyttelse. Derimot har alle revisjoner etter 1908 forutsatt at «Nytelsen og utøvelsen» av rettigheter garantert av konvensjonen «er ikke betinget av at noen formalitet iakttas.» Forbudet mot formaliteter finnes i dag som paragraf 5(2) av Bernkonvensjonen – Paristeksten. Mange land fortsetter å kreve en eller annen form for deponering eller registrering, men ikke som et krav til opphavsrett. Fransk lov, for eksempel, krever et eksemplardepositum til nasjonale oppbevaringsteder, hovedsakelig Nasjonalmuseet. Kopier av bøker publisert i Storbritannia må deponeres til det Britiske Biblioteket. Den tyske opphavsrettsloven sørger for et forfatterregister der forfatterens offisielle navn kan bli fylt inn for anonyme og pseudonyme verk. Paul Goldstein, *International Intellectual Property Law, Cases and Materials* (New York: Foundation Press, 2001), 153–54.

238

Konklusjon

194. Commission on Intellectual Property Rights, «Final Report: Integrating Intellectual Property Rights and Development Policy» (London, 2002), tilgjengelig fra link #55. Ifølge en pressemelding fra verdens helseorganisasjon sendt ut 9. juli 2002, mottar kun 230 000 av de 6 millioner som trenger legemidler i utviklingsland pengene de trenger – og halvparten av dem er i Brasil.

195. Se Peter Drahos og John Braithwaite, Information Feudalism: *Who Owns the Knowledge Economy?* (New York: The New Press, 2003), 37.

196. International Intellectual Property Institute (IIPI), *Patent Protection and Access to HIV/AIDS Pharmaceuticals in Sub-Saharan Africa, a Report Prepared for the World Intellectual Property Organization* (Washington, D.C., 2000), 14, tilgjengelig fra link #56. For en førstehånds beskrivelse av kampen om Sør-Afrika, se Høring foran underkomiteen for kriminalomsorg, medikamentregelverk og menneskelige ressurser, House Committee on Government Reform, H. Rep., 1. økt., Ser. No. 106-126 (22. juli 1999), 150–57 (uttalelse fra James Love).

197. International Intellectual Property Institute (IIPI), *Patent Protection and Access to HIV/AIDS Pharmaceuticals in Sub-Saharan Africa, a Report Prepared for the World Intellectual Property Organization* (Washington, D.C., 2000), 15.

198. Se Sabin Russel, «New Crusade to Lower AIDS Drug Costs: Africa's Needs at Odds with Firms' Profit Motive,» *San Francisco Chronicle*, 24. mai 1999, A1, tilgjengelig fra link #57 («tvangslisenser og gråmarkeder utgjør en trussel for hele systemet for beskyttelse av immateriell eiendom»); Robert Weissman, «AIDS and Developing Countries: Democratizing Access to Essential Medicines,» *Foreign Policy in Focus* 4:23 (august 1999), tilgjengelig fra link #58 (beskriver USAs policy); John A. Harrelson, «TRIPS, Pharmaceutical Patents, and the HIV/AIDS Crisis: Finding the Proper Balance Between Intellectual Property Rights and Compassion, a Synopsis,» *Widener Law Symposium Journal* (våren 2001): 175.

199. Jonathan Krim, «The Quiet War over Open-Source,» *Washington Post*, august 2003, E1, tilgjengelig fra link #59; William New, «Global Group's Shift on 'Open Source' Meeting Spurs Stir,» *National Journal's Technology Daily*, 19. august 2003, tilgjengelig fra link #60; William New, «U.S. Official Opposes 'Open Source' Talks at WIPO,» *National Journal's Technology Daily*, 19. august 2003, tilgjengelig fra link #61.

200. Jeg bør nevne at jeg var en av folkene som ba WIPO om dette møtet.

201. Microsofts posisjon om åpen kildekode og fri programvare er mer sofistikert. De har flere ganger forklart at de har ikke noe problem med programvare som er «åpen kildekode», eller programvare som er allemannseie. Microsofts prinsipielle motstand er mot «fri programvare» lisensiert med en «copyleft»-lisens, som betyr at lisensen krever at de som lisensierer skal adoptere samme vilkår for ethvert avledet verk. Se Bradford L. Smith, «The Future of Software: Enabling the Marketplace to Decide,» *Government Policy Toward Open Source Software* (Washington, D.C.: AEI-Brookings Joint Center for Regulatory Studies, American Enterprise Institute for Public Policy Research, 2002), 69, tilgjengelig fra link #62. Se også Craig Mundie, Microsoft senior vice president, *The Commercial Software Model*, diskusjon ved New York University Stern School of Business (3. mai 2001), tilgjengelig fra link #63.

202. Krim, «The Quiet War over Open-Source,» tilgjengelig fra link #64.

203. Se Drahos with Braithwaite, *Information Feudalism*, 210–20.

204. John Borland, «RIAA Sues 261 File Swappers,» CNET News.com, september 2003, tilgjengelig fra link #65; Paul R. La Monica, «Music Industry Sues Swappers,» CNN/Money, 8. september 2003, tilgjengelig fra link #66; Soni Sangha og Phyllis Furman sammen med Robert Gearty, «Sued for a Song, N.Y.C. 12-Yr-Old Among 261 Cited as Sharers,» *New York Daily News*, 9. september 2003, 3; Frank Ahrens, «RIAA's Lawsuits Meet Surprised Targets; Single Mother in Calif., 12-Year-Old Girl in N.Y. Among Defendants,» *Washington Post*, 10. september 2003, E1; Katie Dean, «Schoolgirl Settles with RIAA,» *Wired News*, 10. september 2003, tilgjengelig fra link #67.

205. Jon Wiederhorn, «Eminem Gets Sued … by a Little Old Lady,» mtv.com, 17. september 2003, tilgjengelig fra link #68.

206. Kenji Hall, Associated Press, «Japanese Book May Be Inspiration for Dylan Songs,» Kansascity.com, 9. juli 2003, tilgjengelig fra link #69.

207. «BBC Plans to Open Up Its Archive to the Public,» pressemelding fra BBC, 24. august 2003, tilgjengelig fra link #70.

208. «Creative Commons and Brazil,» Creative Commons Weblog, 6. august 2003, tilgjengelig fra link #71.

Etterord

209. Se for eksempel Marc Rotenberg, «Fair Information Practices and the Architecture of Privacy (What Larry Doesn't Get),» *Stanford Technology Law Review* 1 (2001): par. 6–18, tilgjengelig fra link #72 (beskriver eksempler der teknologi definerer regler rundt privatliv). Se også Jeffrey Rosen, *The Naked Crowd: Reclaiming Security and Freedom in an Anxious Age* (New York: Random House, 2004) (kartlegger avveininger mellom teknologi og personvern).

210. *Willful Infringement: A Report from the Front Lines of the Real Culture Wars* (2003), produsert av Jed Horovitz, regissert av Greg Hittelman, en produksjon av Fiat Lucre, tilgjengelig fra link #72.

211. Forslaget jeg fremmer her ville kun gjelde for amerikanske verk. Jeg tror naturligvis at det ville være en fordel om samme idé ble adoptert også av andre land.

212. En kompliserende faktor er avledede verk, og den har jeg ikke løst her. Etter mitt syn skaper loven rundt avledede verk et mer komplisert system enn det som kan rettferdiggjøres ut fra de marginale incentivene dette gir.

213. «A Radical Rethink,» *Economist*, 366:8308 (25. januar 2003): 15, tilgjengelig fra link #74.

214. Department of Veterans Affairs, Veteran's Application for Compensation and/or Pension, VA Form 21-526 (OMB Approved No. 2900-0001), tilgjengelig fra link #75.

215. Benjamin Kaplan, *An Unhurried View of Copyright* (New York: Columbia University Press, 1967), 32.

216. Ibid., 56.

217. Paul Goldstein, *Copyright's Highway: From Gutenberg to the Celestial Jukebox* (Stanford: Stanford University Press, 2003), 187–216.

218. For eksempel, se, «Music Media Watch,» The J@pan Inc. Newsletter, 3 April 2002, tilgjengelig fra link #76.

219. William Fisher, *Digital Music: Problems and Possibilities* (sist revidert: 10. oktober 2000), tilgjengelig fra link #77; William Fisher, *Promises to Keep: Technology, Law, and the Future of Entertainment* (kommer) (Stanford: Stanford University Press, 2004), kap. 6, tilgjengelig fra link #78. Professor Netanel har foreslått en relatert idé som ville gjøre at opphavsretten ikke gjelder ikke-kommersiell deling fra og ville etablere kompensasjon til kunstnere for å balansere eventuelle tap. Se Neil Weinstock Netanel, «Impose a Noncommercial Use Levy to Allow Free P2P File Sharing,» tilgjengelig fra link #79. For andre forslag, se Lawrence Lessig, «Who's Holding Back Broadband?» *Washington Post*, 8. januar 2002, A17; Philip S. Corwin på vegne av Sharman Networks, Et brev til Senator Joseph R. Biden, Jr., leder i the Senate Foreign Relations Committee, 26. februar. 2002, tilgjengelig fra link #80; Serguei Osokine, *A Quick Case for Intellectual Property Use Fee (IPUF)*, 3. mars 2002, tilgjengelig fra link #81; Jefferson Graham, «Kazaa, Verizon Propose to Pay Artists Directly,» *USA Today*, 13. mai 2002, tilgjengelig fra link #82; Steven M. Cherry, «Getting Copyright Right,» IEEE Spectrum Online, 1. juli 2002, tilgjengelig fra link #83; Declan McCullagh, «Verizon's Copyright Campaign,» CNET News.com, 27. august 2002, tilgjengelig fra link #84. Forslaget fra Fisher er ganske likt forslaget til Richard Stallman når det gjelder DAT. I motsetning til Fishers forslag, ville Stallmanns forslag ikke betale kunstnere proporsjonalt, selv om mer populære artister ville få mer betalt enn mindre populære. Slik det er typisk med Stallman, la han fram sitt forslag omtrent ti år før dagens debatt. Se link #85.

220. Lawrence Lessig, «Copyright's First Amendment» (Melville B. Nimmer Memorial Lecture), *UCLA law Review* 48 (2001): 1057, 1069–70.

221. Et godt eksempel er arbeidet til professor Stan Liebowitz. Liebowitz bør få ros for sin nøye gjennomgang av data om opphavsrettsbrudd, som fikk ham til å stille spørsmål med sin egen uttalte posisjon – to ganger. I starten forutsa han at nedlasting ville påføre industrien vesentlig skade. Han endret så sitt syn i lys av dataene, og han har siden endret sitt syn på

nytt. Sammenlign Stan J. Liebowitz, *Rethinking the Network Economy: The True Forces That Drive the Digital Marketplace* (New York: Amacom, 2002), (gikk igjennom hans originale syn men uttrykte skepsis) med Stan J. Liebowitz, «Will MP3s Annihilate the Record Industry?» artikkelutkast, juni 2003, tilgjengelig fra link #86. Den nøye analysen til Liebowitz er ekstremt verdifull i sin estimering av effekten av fildelingsteknologi. Etter mitt syn underestimerer han for øvrig kostnaden til det juridiske system. Se, for eksempel, *Rethinking*, 174–76.

Takk til

Denne boken er produktet av en lang, og så langt, mislykket kamp som begynte da jeg leste om Eric Eldreds krig for å sørge for at bøker forble frie. Eldreds innsats bidro til å lansere en bevegelse, Fri kultur-bevegelsen, og denne boken er tilegnet ham.

Jeg fikk veiledning på ulike steder fra venner og akademikere, inkludert Glenn Brown, Peter DiCola, Jennifer Mnookin, Richard Posner, Mark Rose og Kathleen Sullivan. Og jeg fikk korreksjoner og veiledning fra mange fantastiske studenter ved Stanford Law School og Stanford University. Det inkluderer Andrew B. Coan, John Eden, James P. Fellers, Christopher Guzelian, Erica Goldberg, Robert Hallman, Andrew Harris, Matthew Kahn, Brian-Link, Ohad Mayblum, Alina Ng og Erica Platt. Jeg er særlig takknemlig overfor Catherine Crump og Harry Surden, som hjalp til med å styre forskningen deres og til Laura Lynch, som briljant håndterte hæren de samlet, samt bidro med sitt eget kritiske blikk på mye av dette.

Yuko Noguchi hjalp meg å forstå lovene i Japan, så vel som Japans kultur. Jeg er henne takknemlig, og til de mange andre i Japan som hjalp meg med forundersøkelsene til denne boken: Joi Ito, Takayuki Matsutani, Naoto Misaki, Michihiro Sasaki, Hiromichi Tanaka, Hiroo Yamagata og Yoshihiro Yonezawa. Jeg er også takknemlig overfor professor Nobuhiro Nakayama og Tokyo University Business Law Center, som ga meg muligheten til å bruke tid i Japan, og Tadashi Shiraishi og Kiyokazu Yamagami for deres generøse hjelp mens jeg var der.

Dette er de tradisjonelle former for hjelp som akademikere regelmessig trekker på. Men i tillegg til dem, har Internett gjort det mulig å motta råd og korrigering fra mange som jeg har aldri møtt. Blant de som har svart med svært nyttige råd etter forespørsler om boken på bloggen min er Dr. Muhammed Al-Ubaydli, David Gerstein og Peter Dimauro, i tillegg en lang liste med dem som hadde spesifikke idéer om måter å utvikle mine argumenter på. De inkluderte Richard Bondi, Steven Cherry, David Coe, Nik Cubrilovic, Bob Devine, Charles Eicher, Thomas Guida, Elihu M. Gerson, Jeremy Hunsinger, Vaughn Iverson, John Karabaic, Jeff Keltner, James Lindenschmidt, K. L. Mann, Mark Manning, Nora McCauley, Jeffrey McHugh, Evan McMullen, Fred Norton, John Pormann, Pedro A. D. Rezende, Shabbir Safdar, Saul Schleimer, Clay Shirky, Adam Shostack, Kragen Sitaker, Chris Smith, Bruce Steinberg, Andrzej Jan Taramina, Sean Walsh, Matt Wasserman, Miljenko Williams, «Wink,» Roger Wood, «Ximmbo da Jazz,» og Richard Yanco. (jeg beklager hvis jeg gikk glipp av noen, med datamaskiner kommer feil, og en krasj i e-postsystemet mitt gjorde at jeg mistet en haug med flotte svar.)

Richard Stallman og Michael Carroll har begge lest utkast til hele boken, og hver av dem har bidratt med svært nyttige korreksjoner og råd. Michael hjalp meg å se mer tydelig betydningen av regulering for avledede verk. Og Richard korrigerte en pinlig stor mengde feil. Selv om mitt arbeid er delvis inspirert av Stallmans, er han ikke enig med meg på vesentlige steder i denne boken.

Til slutt, og for evig, er jeg Bettina takknemlig, som alltid har insistert på at det ville være endeløs lykke borte fra disse kampene, og som alltid har hatt rett. Denne trege eleven er som alltid takknemlig for hennes evigvarende tålmodighet og kjærlighet.

Om denne utgaven

Denne utgaven av *Fri kultur* er resultatet av tre års frivillig arbeide. Idéen kom fra en diskusjon jeg hadde med en venn for omtrent ti år siden, om opphavsrettsdebatten i Norge og hvor sjelden de negative sidene ved økende regulering av åndsverk kom opp i offentligheten. Sommeren 2012 tok jeg endelig en ny titt på idéen og bestemte meg for å gi ut boken *Free Culture* på norsk, da denne beskriver problemstillingen veldig godt.

Takket være Skolelinux-prosjektet hadde jeg allerede erfaring med å oversette Docbook-dokumenter, og det fremsto som et godt format også for denne boken. Jeg fant en Docbook-utgave laget av Hans Schou og forbedret den slik at det ble mulig å lage en bok. Dette ble starten på oversetterprosjektet. Jeg tilrettela for utgave på både engelsk og bokmål, og etterlyste frivillige til å hjelpe til med å oversette.

Flere meldte seg. Anders Hagen Jarmund, Kirill Miazine og Odd Kleiva bidro til den første oversettelsen. Ralph Amissah og hans SiSu-utgave bidro med registeroppføringer. Morten Sickel og Alexander Alemayhu hjalp til med å gjenskape og oversette noen av de originale figurene. Wivi Reinholdtsen, Ingrid Yrvin, Johannes Larsen, Gisle Hannemyr, Thomas Gramstad og Trond Trosterud bidro med svært nyttig korrekturlesing. Håkon Wium Lie hjalp meg med å spore opp gode skrifttyper uten brukbegrensninger som erstatning for skrifttypene i den opprinnelige engelske utgaven. Typesettingen ble gjort med dblatex, som ble valgt i stedet for alternativene takket være uvurderlig og kjapp hjelp fra Benoît Guillon og Andreas Hoenen i Debian. Benoît Guillon ble til og med inspirert til å sette i gang med en fransk utgave. Thomas Gramstad hjalp meg forstå ISBN-systemet slik at boken fikk ISBN-numrene som trengs for å gjøre bokhandel-distribusjon mulig. Marc Jeanmougin hjalp meg med forsiden.

På slutten av prosjektet, da oversettelsen var ferdig og det var på tide å publisere, sa NUUG Foundation seg villig til å sponse trykking av bøker til medlemmene av Stortinget og andre beslutningstakere i Norge.

Støtten fra Lawrence Lessig har vært svært verdifull, og jeg er glad for hans raske og positive respons. Jeg er også imponert over at han fortsatt hadde de originale skjermbildene, 11 år etter at boken ble gitt ut første gang.

Jeg er svært takknemlig for tålmodigheten Mari og resten av min familie har vist meg gjennom dette prosjektet.

– Petter Reinholdtsen, Oslo 2015-10-17

Register

11. september 2001, terrorangrep den, 42, 43, 43, 93
60 Minutes, 92

A

ABC, 43, 130, 234
Adobe eBook Reader, 118–122
Afrika, medisinering for HIV-pasienter i, 195–197
Agee, Michael, 171, 172
Aibo robothund, 122–125, 127
AIDS-medisiner, 195–197
akademiske tidsskrifter, 198, 208, 209
Akerlof, George, 177
Alben, Alex, 85–88, 153, 154, 217, 232
Alice i Eventyrland (Carroll), 121, 122
alkoholforbud, 155
All in the Family, 130, 131
allemannseie (public domain)
    balanse for innhold fra USA i, 108
    bibliotek av verk avledet fra, 165, 166
    definert, 31
    den engelske juridiske etableringen av, 79, 80
    e-bok-begrensninger på, 121, 122
    fremtidige patenter versus fremtidige opphavs-rettigheter i, 109
    lisenssystemet for gjenoppbygging av, 208–212
    offentlige prosjekter i, 198
    tilgangsavgifter for materiale i, 208
    tradisjonell frist for konvertering til, 31
Allen, Paul, 85
Amazon, 206, 207
American Graphophone Company, 55
Amerikansk forening for juss-biblioteker, 177
Andromeda, 156
Anello, Douglas, 57
animasjonsfilmer, 29–31
Ankedomstol
    Niende krets, 88
antiretrovirale legemiddel, 195–197
Apple Corporation, 199, 222
archive.org, 93, *Se også* Internett-arkivet
Aristoteles, 119
arkitektur, begrensninger med opphav i, 101–103, 233
arkiver, digitale, 91–95, 136, 170, 173, 174
Armstrong, Edwin Howard, 16–18, 143, 151
Arrow, Kenneth, 177

artister
    musikkindustriens betaling til, 51, 56, 57, 67, 150, 152–154, 222, 240
    offentliggjøringsrettigheter for bilder av, 232
    retrospektive samlinger om, 85–87
ASCAP, 27
Asia, kommersiell piratvirksomhet i, 59, 60, 222
AT&T, 18
automatiske piano, 55
aviser
    arkiver over, 92
    eierskapskonsolideringer av, 129
avledede verk
    historisk endring i opphavsrettslig dekning av, 110
    piratvirksomhet versus, 30–34, 111, 113, 114
    rimelig bruk versus, 116
    teknologisk utvikling og, 115, 116
Ayer, Don, 176, 180–182, 185, 186, 189

B

Bacon, Francis, 79
Barish, Stephanie, 41, 42, 42, 47, 227
Barlow, Joel, 19
Barnes & Noble, 117
Barry, Hank, 146, 148
BBC, 203
Beatles, 54, 55
Beckett, Thomas, 79
Bell, Alexander Graham, 16
Berlinvedtaket (1908), 190
Berman, Howard L., 235, 236
Bern-konvensjonen (1908), 190
Bernstein, Leonard, 65
beskyttelse av kunstnere versus forretningsinteres-ser, 20
Betamax, 67, 68
bevisst krenkelse, 116
biblioteker
    arkiveringsfunksjonen til, 92
    av allemannseid litteratur, 165, 166
    personvernrettigheter i bruk av, 207
    tidsskrifter i, 208, 209
bilder, eierskap til, 38, 39, 145
biler, MP3-lydsystem i, 148
biomedisinsk forskning, 198

249